ポジティブ生徒指導・予防的学級経営ガイドブック

いじめ、不登校、学級崩壊を予防する問題解決アプローチ

ブランディ・シモンセン／ダイアン・マイヤーズ＝著
宇田 光／西口利文＝監訳
有門秀記／市川 哲／川島一晃／高見佐知／福井龍太／松山康成＝訳

Classwide Positive Behavior Interventions and Supports
A Guide to Proactive Classroom Management

明石書店

目 次

序 章 ポジティブ生徒指導 PBIS とは	1

本章の目標　1
ポジティブ生徒指導 PBIS　1
ポジティブ生徒指導 PBIS への実証的な支持　6
ポジティブ生徒指導 PBIS の理論的な基盤　7
学習の4段階　10
本書の内容について　12
まとめ　13
学習の4段階：序章　13

■第Ⅰ部■　ポジティブ生徒指導 PBIS の基礎

第1章 全校ポジティブ生徒指導 SW-PBIS──すべての子供や教師に対応する全体支援 …… 17

本章の目標　17
全校ポジティブ生徒指導 SW-PBIS とは何か　17
なぜ全校ポジティブ生徒指導 SW-PBIS が必要なのか　18
全校ポジティブ生徒指導 SW-PBIS の諸要素　20
まとめ　34
学習の4段階：1章　34

第2章 学級ポジティブ生徒指導 CW-PBIS──成果、データ、および仕組みに焦点を当てる…… 36

本章の目標　36
学級ポジティブ生徒指導 CW-PBIS の概要　37
学級ポジティブ生徒指導 CW-PBIS の成果　37
データ：学級ポジティブ生徒指導 CW-PBIS で意思決定を支援する　38
仕組み：学級ポジティブ生徒指導 CW-PBIS を実践する教師を支援する　51
実践：第Ⅱ部に向けての簡単な紹介　57
まとめ　58
学習の4段階：2章　58

■第Ⅱ部■　学級ポジティブ生徒指導 CW-PBIS の実践

第3章 しっかり構造化して子供を授業に引き込む …………………………… 63

本章の目標　63
子供を引き込む授業と構造　64
教室をしっかりと構造化する　64
子供を授業に引き込む　71
まとめ　75
学習の4段階：3章　75

第4章 ポジティブな期待行動を選んで教える …………………………… 78

本章の目標　78
ポジティブな期待行動　79
学級でのポジティブな期待行動を選び、定義する　79
学級ポジティブ生徒指導 CW-PBIS のマトリックスを作って示す　82
期待行動を目に見える形で指導する　85
維持と般化の年間指導計画を立てる　91

まとめ　94
学習の4段階：4章　94

第 5 章　好ましい行動を強化する方策 ‥‥‥‥‥‥‥‥‥‥‥‥‥‥‥‥‥‥‥‥‥‥ 96

本章の目標　96
好ましい行動を強化する方策を練る　97
具体的で随伴する褒め言葉　98
グループ随伴性　99
行動契約　103
トークン・エコノミー法　104
支援を減らしていく：決定規則　112
まとめ　114
学習の4段階：5章　114

第 6 章　好ましくない行動への対処法 ‥‥‥‥‥‥‥‥‥‥‥‥‥‥‥‥‥‥‥‥‥‥ 116

本章の目標　116
好ましくない行動に対して一連の方策を立てる　117
起きる前に問題行動を予防する：先行刺激の修正　118
特定の随伴性エラーを修正する　119
分化強化　121
計画的な無視　123
過剰修正　124
レスポンス・コスト法　125
タイムアウト法　127
問題行動に対応する際の検討事項　129
まとめ　133
学習の4段階：6章　133

▋第Ⅲ部▋　ポジティブ生徒指導 PBIS の基本原理

第 7 章　ポジティブ生徒指導 PBIS の行動原理 ‥‥‥‥‥‥‥‥‥‥‥‥‥‥‥‥ 137

本章の目標　137
行動原則：その意味すること　137
行動のABC：3項（ならびに4項）随伴性　139
行動的な指導方略　151
まとめ　166
学習の4段階：7章　168

終 章　結 論——これからどこへ向かうのか？ ‥‥‥‥‥‥‥‥‥‥‥‥‥‥‥ 171

本章の目標　171
別れを告げる　171
私たちは何をしてきたか？　172
あなたは何をしたか？　172
次に何をするか？　173
子供との関係を作る　174
ギフトを分かち合う：学級ポジティブ生徒指導 CW-PBIS を実践する重要事項チェックリスト　176

文 献　179
監訳者あとがき　185

 **章**

ポジティブ生徒指導PBISとは

本章の目標

1．ポジティブ生徒指導 PBIS とは何かを述べることができる。
2．ポジティブ生徒指導 PBIS により、エビデンスに基づく実践方法を述べることができる。
3．ポジティブ生徒指導 PBIS の理論的な基礎をはっきりすることができる。

想像してみよう……

　今日は授業最初の日。あなたは自分の学級が勉強しやすいようにと、完璧な掲示物を何日もかけて準備してきました。机も、どの角を曲がってもちょうど 90 度の状態に並べてあるし、よく練られた授業プランが、満を持しています。さてベルが鳴り、1 限の授業に子供が入ってきました。パンツをずり下げたりショーツを高くしたり、帽子を後ろ前にかぶっている子供がいます。聞いたことのないバンドの広告が入ったシャツを着ている子供もいます。最初に入ってきた何人かの子供は整列している机に分け入って乱して、整頓された机を台無しにします。あなたの作ったカラフルな飾りつけを見て、2 人の子供が冷やかしているのが聞こえます。子供の一部は、教師の品定めをしています。あなたは急に、頭が真っ白になってしまいます。

ポジティブ生徒指導 PBIS

　指導はわくわくするのだが、圧倒されることもある仕事だ。教師には、エビデンスに基づく実践を生み出すことが求められている。学業面でも行動面でもいろいろな強さや弱さを持っている、子供 1 人ひとりの支援の必要性に合わせて指導すること。質の高い熱心な指導をすること。設けられた基準に照らして、子供の学習を評価すること。それに、あなたの職

の範疇を超えた他の雑務をこなすこと。こうした要求に応えるには、子供の行動もうまく扱えなくてはならない。不幸にも、特に経験の浅い多くの教師は、子供の行動を支援することに苦労する。この行動マネジメントがうまくいかずに、一部の教師は離職を選ぶ[62・110]。

　幸いにも研究者は、ポジティブで秩序があり効果的な教室環境を教師が作り出す具体的な指導法を、何十年と追究してきた。そこで私たちは、その指導法を読者にかみくだいて、いつでも教室で使えるテキストにした。それは、ポジティブ生徒指導 PBIS（肯定的な行動の介入と支援〈positive behavior interventions and supports; 以下「PBIS」〉）という枠組みでとらえるものである。これが、私たちが述べている学級経営方略の理論的・実証的な基礎となっている。引き続き、PBIS の概要や PBIS への実証的な支持、それに PBIS の理論的な基礎を述べる。そして、本書では学習の 4 段階を用いて、各章を振り返る。

■ PBIS は予防のための枠組みである

　PBIS とは予防のための枠組みであり、学校や学級での個々の子供に対する、エビデンスに基づく実践を導く[117・116]。言い換えれば、PBIS とはカリキュラムでも、「パッケージ化された」プログラムでもない。PBIS は問題解決アプローチなのだ[71]。強調するのは、次のことだ。(1) あらゆる子供に対して一連の支援を行うこと、(2) 支援の実践とその結果を評価すること、(3) 実践を改善し維持するために、データを用いて意思決定を導くこと。このことによって、子供やスタッフが成功できるようにするには、どの時点で追加の介入をすべきなのかがわかる。つまり、PBIS は伝統的な指導を特徴づける「失敗するのを待っている」モデルとは真逆の方向に進む、予防に基づくやり方なのだ。

　PBIS は公衆衛生や予防科学における何十年もの研究[例：16・130]に基づいている。これらの研究から、全体への予防（ティア 1、全体支援）の支援に力を注ぎ、リスクのある子供に的を絞った（ティア 2）支援を行い、しっかりしたサポートを継続的に求める個人に対しては、個別的・集中的な支援（ティア 3）を提供すべきだとわかってきた[114・130]。この連続する支援はしばしば三角形の絵で表現されていて（図序1 を参照）、学校では応答による介入（response to intervention: RTI）あるいは多層支援のシステム（multi-tiered systems of support: MTSS）[115] としても知られている。この方法は学業面でも社会的行動面でも子供を支援するのに利用できるし、利用すべきである。PBIS はこの社会的行動を支援する「三角形」で示されるが、次に、PBIS がどのようなものかを、お話ししよう。

ティア 1 の支援

　ティア 1 の支援は、**すべて**の子供に対して全状況において**全**スタッフが提供する。地域にある学校は、どこも文化や文脈に沿った独自のやり方を考える必要がある[119]。地域の学校では、ティア 1 で、次のような共通の実践を行う。

- 少数（3 〜 5 つ）のポジティブに述べられた学校での期待を決めること（例：安全、尊重、責任など）。
- これらの期待は学校や学級でのさまざまな状況においてどういうことなのかをはっ

図序1　学業支援と行動支援の連続体

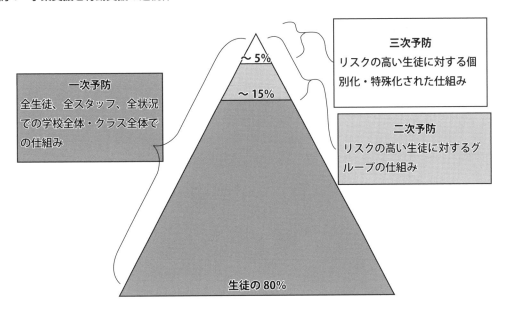

出所：www.pbis.org

（Copyright 2020 Center on Positive Behavioral Interventions and Supports, University of Oregon. Reprinted with permission from author.）

きりとさせ、目に見える形で教えていくこと（例：「カフェテリアでの安全というのは、どんなことでしょうか？」「あなたは教室に入るときに、どうやって尊重の気持ちを表しますか？」）。

• 期待に沿うように促し、期待に沿わない行動は予防するように、学校や学級の環境を調整していく（例：視覚的な手がかりを増やす、物理的に環境を調整する、あらゆる場面でのスーパービジョンを増やすなど）。

• 一連の方策で、期待に沿っている子供を認めていく（好ましい行動をねらって、それを「キャッチする」ことに焦点を当てるなど）。

• 一連の方策で、期待に沿わない子供に応答していく（好ましくない行動には、予想通りに、指導に焦点を当てることで対応するなど）。

• すべての子供を支援する実践を、データを用いて導き、評価をする。

ティア1の支援を行う委員会では、教職員や関係者ら（管理職、学年や教科主任、スペシャリストや支援スタッフ、その他の専門ではないスタッフ、生徒、親）が、実施計画や研修計画を立て、全スタッフの研修を実施する。委員会を定期的に開催し、学校のあらゆる事態、学級の内外でティア1を計画し、状況を観察し、評価する。この委員会はまた、スタッフによる実践努力を支援する仕組みも開発する。全校でのティア1のサポートについては、第1章で述べる。ティア1の支援が忠実に行われれば、ほとんどの子供（約80％）がうまくいくと予期できる。しかし、一部の子供（約20％）は、さらに支援を必要とする。

ティア2の支援

　さまざまな場面での行動リスク（軽い妨害や「小さな」違反を繰り返すなど）を抱える子供は、的を絞ったティア2のグループ支援を受ける。ティア2は、ティア1（前節の黒丸で示した箇所）に含まれている実践を、より強めたものだと考えてよい。例えば、期待に沿う行動における手かがりを示して教え、強化したら、ティア2では、(1) 手がかりの数を**増やし**、(2) **強く**（より明瞭に、より少人数で、具体的なスキルに絞って）教えて、(3) 強化のスケジュールや強度を**上げて**やればよい。万能策はないので、学校ではたいてい実証的に支持されたティア2の「メニュー」だけを示している。例えば少人数でのソーシャルスキル・トレーニング[68]、年下の子供（幼稚園から3年生）への成功の第一歩[131]、確認し関係を築く（Check and Connect〔訳注：Check and Connect では、メンタープログラムでの子供の日々の状況を確認しながら関係を築き上げていく。一方、CCE では確認、関係を築く、に加えて、問題行動を指定して、その子供が目標に向かうように仕向けていく〕）[102・103]、確認し関係を築き成長を期待する（Check, Connect, and Expect: CCE）[23]、チェックイン・チェックアウトや行動教育プログラム（Behavior Education Program: BEP）[38・28]などがある。

　ティア2による支援をするには、学校はまず、教育行動支援の専門性を持つスタッフからなる委員会を決める必要がある。例えば管理職、特別支援の教師、カウンセラー、ソーシャルワーカー、学校心理士、一般の教科担当教師である。彼らは、(1) すでにある子供のデータや教師の様子を見てティア2の支援の必要がある子供を特定して、(2) 各々の子供に適切なティア2の「相手」を決めて、(3) 選択した介入をどう実施するかを立案し、(4) 定期的（週ごとか隔週）にデータを点検して子供がティア2にどう反応しているかを確かめ、各子供の進行中のティア2の支援について決断する。つまり、支援を減らしていってティア1へ戻るか、ティア2の支援を継続するか、支援を増強してティア3へ進む。追加の支援をしたほとんどの子供がティア2に応答するが、なかにはもっと集中的で個別化されたティア3の支援を必要とする子供もいる。

■ PBIS の鍵となる特徴

　PBIS では、からみ合う4つの鍵を強調している。それは、成果、データ、実践、仕組みである[114・116]（図序2）。成果とは地域の学校ごとに決められて、文脈や文化的に妥当で観察でき測定できる目標の文章からなり、PBIS が子供やスタッフによってうまくやれていることの指標となる。例えば、ある地域の学校が年度末までに停学になる子供の数（または%）を減らしたいとする。そのとき、その学校の成果を記述する文章は「PBIS を全校で忠実に実施すれば、年度末までに停学または退学になる子供を10%減らすことができる」という具合である。もう1つ例を挙げると、ある教師が1学期に宿題忘れの問題に気づき、2学期には宿題をやってくる率を高めたいかもしれない。このとき適切な成果は「宿題をしっかりしてくるよう指導して、してきたら褒めるようにすることで、私の学級の子供は2学期には宿題を80%提出する」となる。

　いかなる成果が適切かを知り、現実的な成功の基準を設けるには、学校や教師はデータを収集して用いる必要がある[101]。この観点から、実施の忠実さや効果を量的に示すものをデー

図序2　ポジティブ生徒指導 PBIS の重要な特徴：成果、データ、実践、仕組み

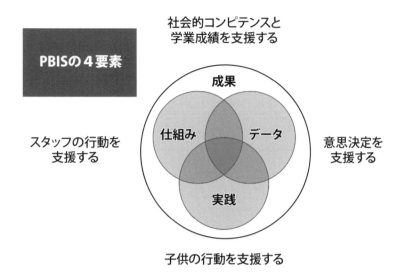

タと言う。学校や教師は定期的に子供の行動のデータ（オフィスへの委託、停学、退学など）、成績（カリキュラムに基づく査定、教師作成テスト、地域や州全体のテスト得点など）、出席（怠学や不登校の件数）、その他の鍵となる指標を集める。これに加えて、学校や教師は実施の忠実性についてデータを集めて、意図通りに進んでいるかを確かめる。データを定期的に見ていくと、委員会は各ティア内、ティア間での実践を選択したり、修正したり、停止する判断ができる。

　実践とは、子供への介入と支援のことである。思い出して（振り返って）いただくと、前の節では各ティアでの実践例を示してきた。子供やスタッフ、学校の状況は多様なので、文化や状況次第で、常に選択修正して実践いくべきだ（Sugai et al., 2011〔訳注：文献リストに対応する文献なし〕）。

　例えば、期待行動に沿う指導や、きっかけの提示、強化は、全学年を通じてすべきである。ただ、それは高校3年生と幼稚園児とでは異なって「見える」ようだ。同様に、ティア3の行動支援計画（Behavior Support Plan: BSP）を開発する際の家族との話し合いも、郊外の小学校、地元の中学校、都市部の高校、地域の K-12 一貫校など、どこでやるかによって異なっているかもしれない。よって、教職員は、学校地域（スタッフ、子供、親）を巻き込んで、エビデンスに基づく実践をして評価するべきである。そして、実践が文化的文脈的にふさわしいようにするのである（Sugai et al., 2011〔訳注：文献リストに対応する文献なし〕）。

　計画通りに実践がなされ維持されるように、学校は、スタッフをサポートする仕組みに力を注ぐべきだ。仕組みには次のようなものがある。管理職が支援的に加わること、委員会を立ち上げること（ティア1を支援する全校委員会、ティア2を支援する専門委員会、ティア3を支援する個別の子供対象の委員会）、研修や指導による専門性開発の支援、スタッフを認めて

いくこと、簡単に入力でき柔軟に出力できるデータ構造にすること。鍵となる特徴の中でも、スタッフを支援する体制は、おそらく最も大切だろう。ポジティブな職場環境と献身的なスタッフがなくては、他のどれも実現できないのだ！

　まとめてみると、PBIS 実践校は、その学校にとって意義のある、測定可能な**データ**に基づいて子供に焦点を当てた**実践**を行って**成果**を上げ、スタッフに焦点を当てた**仕組み**を作る。第 1 章と 2 章で、全校ポジティブ生徒指導（schoolwide positive behavior interventions and supports: SW-PBIS; 以下「SW-PBIS」）と学級ポジティブ生徒指導（classwide positive behavior interventions and supports: CW-PBIS; 以下「CW-PBIS」）における、これら 4 つの鍵となる特徴について述べる。とりあえずは、PBIS への実証的な支持に話を移したい。

ポジティブ生徒指導 PBIS への実証的な支持

　PBIS について話を進める前に、PBIS を支持する研究を少し見ておきたい。そうすれば、額面通りに受け取るのでなく、自分の学級や学校でうまくいく方法か否かを自分で判断できる。各ティアでの実践を支持するエビデンスを簡単に述べてみる。興味を持った読者の皆さんは、文献 58 が詳しく書いているので読んでいただきたい。

■ ティア 1 の実証的な支持

　SW-PBIS のティア 1 実施による肯定的な成果が、ランダム化された数々の実証研究によって支持されている[例：11・10・12・13・59・129]。PBIS 実践校では、特に、子供の向社会的行動が増加すること[13]、問題行動（オフィス規律委託や停学・退学）が減少すること[12・13・59]、組織での健康度の向上[10・11]、いじめ報告件数の減少[129]などを証明してきた。また、統計的な有意な差が見られないが、有望な傾向として学業成果が対照学校と比べて向上する[12・59]。また、忠実に実施している学校は、忠実性のより低い学校よりもよい成果が得られている[95]。

　加えて、一連の評価研究によると、州や学区への支援を高めれば、ポジティブな成果が見られている[7・79・82]。こうしたエビデンスがあるために、これほど多くの学校が SW-PBIS を採用していることは驚くことではない。OSEP 技術援助センター（www.pbis.org）の支援を受けて、全米で 2 万校以上が PBIS を実施しており、さらに世界中で PBIS を実施する学校が出てきているのである。

■ ティア 2 の実証的な支持

　学校ではたいていティア 2 のメニューを示して、ティア 1 に応答しない行動をとる子供の多様な支援の必要性に応えている。幸い、実証的なエビデンスによれば、ティア 2 の介入は、子供のポジティブな成果につながっている。それらは、小グループでのソーシャルスキル・トレーニング[68]、成功への第一歩[120・132]、確認して関係を築く[102・103]、確認して関係を築き成長を期待する[23]、チェックイン・チェックアウト（Chech-In/Check-Out: CICO）あるいは行動教育プログラム[38・54・55・99]などである。どういう種類と機能の行動問題なのかをデータから把握して、介入するには、その子供とうまく合わせる必要がある。例えば CICO は、刺

激から逃れようとしている子供に対してより、ある行動が注意獲得の機能を果たしている子供に、介入が調整されない限りより適切であろう[76・80]。よって、ある子供に、特定のティア2も介入はプラスになっているのか。支援を減らして（ティア1）いくべきか。修正して別のティア2を選択すべきか。また、より強める（ティア3）べきか。こうした決断をするためには、データを取り続け、観察をしていくことが重要である。

＊

　まとめてみると、PBIS の枠組みで各ティアを支援することには、実証的なエビデンスが支持している。おそらく最も確かな根拠があるのは、全校でのティア1の介入と、具体的なティア2の介入、そして機能に基づいたティア3の支援である。大多数の研究は、全校での実施に着目している。ただ、3つのティアを学級内で実施してもよいとするエビデンスがある[38]。こうしたエビデンスの質と量から、学校であれ学級であれ PBIS の枠組みで、実証的なエビデンスの見られる介入を行うことが良さそうだと思っていただけただろうか。さて PBIS が「効果がある」（好ましい結果になる）と示したところで、次に**なぜ**それがうまくいくのか、つまり PBIS の理論的な基盤に話を移したい。

ポジティブ生徒指導 PBIS の理論的な基盤

　PBIS は、心理学や教育、その関連領域で、豊富な実証的支持のある行動主義に土台がある。（わかりやすく）直接的に観察できることを研究する、というかつて科学的に強調された視点から行動主義は生まれた。機能主義や実証主義などのアプローチでは、このような見方は一般的であった[1]。自然科学の進歩もまた、行動主義を後押しした。例えば、チャールズ・ダーウィン（1808–1892）の自然淘汰についての観察は、ソーンダイクの言う効果の法則のスキナーによる記述[106]にも、またスキナー自身の成果による選択[105・108]の記述においても引用がなされている。エドワード・ソーンダイク（1874–1949）とジョン・ワトソン（1878–1958）ら、多くの科学者が行動理論の理解に貢献した。しかし最も有名なのが、イワン・パブロフ（1849–1936）と B・F・スキナー（1904–1990）であろう。次に、パブロフやスキナーの貢献を調べてみる。レスポンデント条件づけとオペラント条件づけである。さらに、行動を、しっかりと応用科学に移行させた、応用行動分析について述べる。最後に、PBIS を形成し続けている他のいくつかの影響にも触れる。

■ 行動を説明する基礎理論：レスポンデント条件づけとオペラント条件づけ

　行動アプローチでは、私たちがなぜ行動するのかを説明する際には、主に2つのやり方がある。1つはレスポンデント条件づけ（古典的条件づけ）と言われるもので、パブロフ（1927）[87]が最初に示したものである。パブロフは、異なった条件でも生じるよう条件づけられた「反射的」な、つまり不随意な行動に着目した。もう1つのオペラント条件づけは、スキナー（1953・1963）[105・106]が最初に示したもので、「環境で結果を生むようになされる」[107]行動、つまりは自発的な行動に着目した。次に、2つの条件づけを具体的に見てみよう。

レスポンデント条件づけ

　無条件刺激が中性刺激といつも対になって、無条件反応（学習されていない行動や反射）を引き出すときに、レスポンデント条件づけが生じる。対にした結果、以前の中性刺激が基の無条件刺激がなくとも、同じ反応を引き起こすようになる。よって、中性刺激が条件刺激となり、その反応は条件反応と呼ばれるようになる。古典的な実験（図序3）で、パブロフは犬の唾液分泌（反射）を調べていた。具体的に彼は、犬に餌（無条件刺激）を見せ、その唾液分泌を測定したのである。しかしパブロフは、実験室用のコートを着た研究助手を見ただけでも、犬が唾液分泌を始めることに気づいた。助手が餌を持っていてもいなくても、関係なかった。どうしてこういうことが生じるのかを確かめようと、パブロフは一連の実験を行った。餌と音（元は中性刺激）とを対にして提示し、唾液分泌を測定したのだ。そのうち、餌がなくとも音が唾液分泌を引き起こすようになることがわかった。つまり、音が条件刺激となって、条件反応（唾液分泌）を引き起こしたのである。

　こうしたタイプの条件づけの例は、学級ではさほど明白には見られないかもしれない。しかし、レスポンデント条件づけの結果、典型的ではない状況で反射的な行動をする子供もいるだろう。例えば、子供が元々は無条件刺激（痛み、危害を受ける恐れ）に対し「戦うか逃げるか」の反応を経験しているときに、中性刺激（例：物や人、活動）が存在するとしよう。この中性刺激は、似たような中性的条件で、同じ戦うか逃げるかの反応を引き起こすよう条件づけられるかもしれない。例えば、以前に焼けたポップコーンが顔に当たった経験のある子供は、ポップコーンが焦げる臭いをかいで、後ずさりをするだろう。しかし、ずっとよくあることは、オペラント条件づけで強化されてきた行動のほうである。

オペラント条件づけ

　オペラント条件づけでは、子供の具体的行動が、結果によって、増強（強化される）されたり、減らされたり（罰せられる）する。その行動は学習されるのであり、自発的（子供はその行動をするかどうか「選択」する）であって、反射的ではない。スキナーの古典的な実験では、お腹をすかしたネズミやハトが対象となり、学習されるさまざまな行動を増加させるのに、餌が用いられた。レバーを押したりつついたりする行動である。初期の研究結果から、スキナーは2つの鍵となる概念を述べている。(1) 随伴性：行動とその結果との関係が、将来その行動が生じる確率に影響すること、(2) 生理的に重要な物（つまり餌）を含む随伴する強化子を用いて、行動は強化（強くしたり、増強したり）できること。スキナーはまた、一貫して強化（餌）が得られるなら、先行する刺激条件が行動の生じる確率に影響することも示した。例えば、もし照明がついているときだけ餌がもらえるなら、ネズミは照明がついているときにだけレバーを押す。この例で、照明は弁別刺激である。強化（餌）が得られるかどうかの信号となっているからだ。こうした考えは、第7章で行動に影響を及ぼすさまざまな先行刺激を説明する際にも取り上げる。

　教室でオペラント条件づけが生じる例は、いくらでも挙げることができる。一般的に言って、以前の同様の刺激条件（つまり、教室事態である）において強化を受けて、子供はその行動をし続けるのだと考えよう。ある子供にとっては、それは自分たちが尊重しており、責

図序3　レスポンデント条件づけ（古典的条件づけ）の流れ

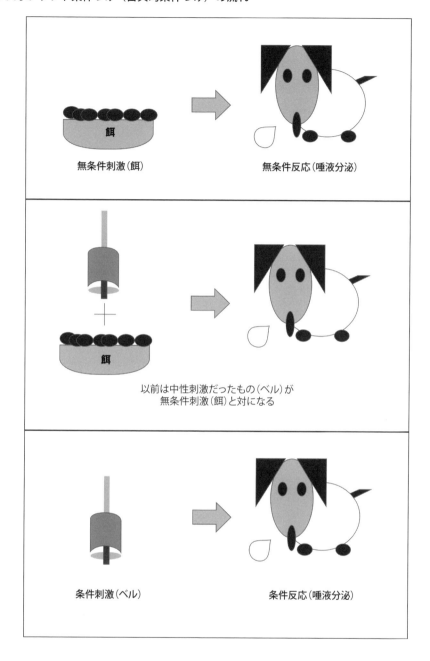

無条件刺激（餌）　　　　　　　　　　　無条件反応（唾液分泌）

以前は中性刺激だったもの（ベル）が
無条件刺激（餌）と対になる

条件刺激（ベル）　　　　　　　　　　　条件反応（唾液分泌）

任があり、安全であることを意味している。他の子供にとってそれは、特に何か具体的な教室での決まりきった手順・ルーチンの中で、妨害的な行動や引きこもり的な行動をすることを意味するかもしれない。そうした行動で、望ましい刺激（例：注意を引く）を得たり、望ましくない刺激（例：難しい課題）を避けられるからである。第5章や6章で述べる通り、オペラント条件づけを用いて、望ましい行動を増やしたり、望ましくない行動を減らしたりすることもできる。

■ 応用行動分析：科学を実験室から現実世界へ

スキナーは、自らの理論の「現実世界」への応用を論じている[105・107]。しかし、初期の行動研究の多くは、人ではなく実験室で動物を用いて行われた。そこで、行動主義の科学技術を現実世界に持ち込んで、応用問題を解決する必要があった（例：学級での子供の非行や、組織での労働者の業績）。『応用行動分析ジャーナル』の創刊号で、ベイア、ウルフ、リズレィ（1968）[6]が、応用行動分析（Applied Behavior Analysis: ABA）の鍵となる事柄を述べている。ABA は社会的に重要な（**応用**の）問題に、(1)**概念的**・理論的に健全な形で介入する。それは、個人の観察・測定可能な行為を変えようとする（**行動的**）もので、再現可能な詳しい事柄（**技術的**）まで述べられる。(2)選択された介入は、行動変化と機能的に関連づけられて（**分析的**）おり、その変化には意味があり（**効果的**）、かつ状況を超えて持続する（**一般的**）（ゴシック体の言葉は、文献 6 による ABA の 7 次元である）。

ABA とは、自閉スペクトラム症の子供を指導するものと学校では思われている。だが、より広い科学的なアプローチであって、多様な個人や環境にわたって応用できるものである。

■ その他の PBIS に影響を与えた考え

行動主義と ABA が、PBIS の理論的、実証的な土台となっているが、さらに、障害や特殊教育の領域で、人を大切にする価値観やノーマリゼーション、インクルージョンの運動も、PBIS を後押ししてきた[17]。こうした影響を受けて PBIS の研究者や実践者は、利用者によりやさしい言葉を使い、専門家主導ではなく個人やグループの潜在能力や持てる力を強調し、より幅広く結果を見て効果性を考えるようになった（例：生涯に及ぶ生活の質や生態学的な妥当性[17]）。したがって、初歩的に見れば、PBIS を「人々のための ABA」だと考えてもよい。同じ科学と理論に立脚しているが、学校スタッフや親にとってより使いやすくなっているのだ。

学習の4段階

指導の中で ABA や PBIS を使うことを考える際、大切な概念の 1 つが学習である[1・26]。学習には主に 4 つの段階がある。習得する、流暢にする、維持する、般化するである。指導の目標は学習者が各段階を経て、スキルや知識の一般化をすることにある（図序4）。次に各段階を簡単に紹介する。

■ 習得する

学習の最初の段階は新しいスキルや概念の習得である。子供が最初に新しいスキルや概念を獲得する際は、失敗をすることが多い。よって、この段階での学習は、正確に反応することである。例えば、子供が単語の読みを学ぶときには発音を間違えたり、音韻上の「ルール」を間違って用いるなど、判断を誤る。よって教師は最初、単語を正しく読めるように子供を助けていく必要がある。子供が初めて一緒に遊んでと頼むときも、言い方がぎごちな

図序4　指導の目標は、子供をスキルや概念の般化に向けて進めることである

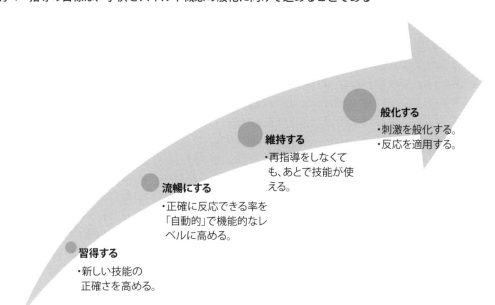

かったり、（突っつくなど）「愚かな」やり方で友だちの注意を引いたりするだろう。社会的に見て誤ったこともしてしまうのだ。教師の目標は、ソーシャルスキルを適切に用いるよう促すことだ。

■ 流暢にする

　子供が正しく応答できたならば、次に流暢さ、つまり応答の率に目を向けていく。流暢とは、あるスキルが機能的になることだ。もしこの文章の単語1つを読み理解するのに5分かかるようなら、あなたは正確な読み手かもしれないが、それは機能的なスキルだとは言えないだろう。つまり、流暢にする目標は、年齢相応に機能的で正確な反応率を達成することである。例えば、子供が正確にいくつかの単語を読みこなすようになったとしよう。次に教師は、1分間にどれだけの数の単語を読めるかとか、すらすらと音読できるかに目を向けるだろう。私たちは同様に、子供には年齢相応なソーシャルスキルを示して欲しいと考える。

■ 維持する

　子供が、あるスキルや概念が流暢になったら、教え直さなくともそのスキルを使えるよう維持することが目標となる。維持を促進する1つの方法は、練習の反復、つまり「過剰学習」[1・26]である。算数のドリルは良い例である。こうしたドリルの目標は、自動性（「自動的」と思えるほど速くできる）にある。私たちはたいてい十分に算数の練習を積んできている。そこで、「2＋2は？」とか「5×5は？」などという質問に、指を使うとか道具やその他の方法を用いなくとも解答できる。一方、関数の積分をするよう求められたら、微積分の教科書を見直したり、カーンアカデミーのウェブサイト（www.khanacademy.org）のモジュールを見たり、高校の数学教師にちょっと電話をして教えてもらうことになる。言い換えれ

ば、私たちの多くは数学の基礎を維持しているが、高度な応用数学まで維持しているわけではない。

維持できずに消えた数々のスキルを考えてみても、**すべての指導では常にスキルを維持し、概念が使えることを目指すべきだ**。再度教えなくても、その知識を長く使えるようにしておくべきなのだ。

■ 般化する

学習の最後の段階、つまり指導の究極の目標は、般化である。この段階では、子供は、(1)学んだスキルや概念を適切な状況で応用し、(2)新しい概念に合うように調整して適用していく（適応として知られる過程）。例えば、大人や仲間との会話の作法を子供に教えたとする。子供が同じスキルを、さまざまな「一般の」人（校長先生、将来の雇用主、警官、弟や妹）に対して用いることができたなら、子供はこのスキルを般化できたのだとわかる。汎用事例を活用する指導[57]など、般化を促すさまざまな方法がある[113]が、これについては第7章で取り上げる。

すでに述べてきたように、スキルや概念が習得され、流暢に使えて、時間が経っても維持されており、さまざまな状況に般化されることが、指導の目標である。本テキストのねらいを実現するために、各学習段階を通じて、皆さんのスキルや概念の学習が進展していくことを望んでいる。スキルや概念（学級で成果の方略をうまく使いこなして、好ましい行動をとるようにできるなど）については、皆さんはすでに初期の段階を過ぎてしまっていると思われる。よって、初歩段階は飛ばして、維持と般化の活動に進むとよい。他のスキルや概念については、最初から4つの段階を経て進んだほうがよいだろう。各章の終わりには、さらなる活動を用意している。これらの活動を用いて、これまでの基礎的な習得（理解）から、一般的なスキルや概念を使いこなせるところまで進んで欲しい。

本書の内容について

本書では、学級でのPBISを紹介することにあるが、さまざまな使い方ができよう。

- 教師の卵のための学級経営の初歩テキスト。
- 現職教師が学級経営を改善するためのリソース。
- PBIS実践学校や地域レベルの委員会がスタッフに研修を行う際のテキスト（毎月1章ずつ読んで、書かれているスキルを学習していってもいい）。
- 学級での実践を改善したいと考えている内部や外部のコンサルタントが用いるリソース。

PBISを実践すれば、どのような学級経営ができるだろうか。CW-PBISとは「どんなやり方」なのだろうか。またこうしたやり方を、教師はさまざまな学校（PBIS実施校もそうでないところも）でどう使えばよいだろうか、という具合である。

本書では、第Ⅰ部で、全校（第1章）や学級（第2章）別に、PBISのティア1の重要な特

徴について見ていく。続いて、第Ⅱ部では、CW-PBIS の実証的基礎に光を当て、教室でどのように実践するのか、その方法について述べることにする（第 3 ～ 6 章）。第Ⅲ部で、本書の内容を支える理論的な基盤を述べる（第 7 章）。

まとめ

　PBIS の実践校や教師は、実践によって有意義な成果を見出している。PBIS では、データを用いて成果に向けた進歩を評価して、決断し、予防の枠組みの中でエビデンスに基づく実践を作り上げ、適用し、持続的に実施できるような体制作りに力を注ぐ。PBIS は行動主義の初期の理論や、最近の ABA の応用に基礎を置いている。ABA を成り立たせる鍵の 1 つは、一般性にある。つまりこのことは、私たちの指導の目標が、習得して流暢さを高め、維持し、そして最終的には、学習したスキルと概念の般化を促すことにある。

序章　学習の 4 段階

≫ 習得する

1. レスポンデント条件づけやオペラント条件づけによって子供の行動が左右されている例を、あなたの学級で挙げてみましょう。
2. 3 階層のサポートおよび 4 つの鍵となる要素（成果、データ、実践、仕組み）を含めて、PBIS の定義を書いてみましょう。

≫ 流暢にする

1. あなたの学級で、子供により多くして欲しいと思う行動を選びましょう。そして、その行動があったときに与えれば意味のある強化子を、見つけましょう。オペラント条件づけを用いて、子供がその行動をとるように系統的に強化していくのです。
2. 同僚に PBIS について簡潔に話し、その人が理解できた程度を確かめて、自分がうまく説明できているかを調べましょう。

≫ 維持する

1. 「流暢にする」の 1 であなたの目標とした行動が望ましいレベルに達したら、学級で増やしたい新たな行動、あるいは別のグループ（もし 1 日のうちで複数のグループを見ているのなら）を選んで、同じことを繰り返してみましょう。
2. 本書や他のリソース（例：www.pbis.org）に示されている PBIS についての解説を読んで、復習しましょう。自分自身の理解したことは、そこに書かれていることと一致しているでしょうか。PBIS について同僚と話し合う中で、よりうまく説明できるようになってください。

▶▶ 般化する

1. オペラント条件づけを用いて、自分自身の行動の１つを系統的に強化しましょう。増やしたい行動を決めて、強化子を確かめ、その望ましい行動をしたときにだけその強化子を得られるようにするのです。

2. 自分の学級で、PBIS を実施する計画を立ててください。子供たち全員に対してすること（ティア 1）、的を絞ったグループに対するサポート（ティア 2）を考えましょう。慢性的な、あるいはリスクの高い行動をとる子供たちを学級内で見つけて、校内の行動スペシャリストに相談しましょう（ティア 3）。

■ 第Ⅰ部 ■

ポジティブ生徒指導 PBIS の基礎

第 **1** 章

全校ポジティブ生徒指導 SW-PBIS
すべての子供や教師に対応する全体支援

本章の目標

1．SW-PBIS の典型的な特徴を把握することができる。
2．SW-PBIS の枠組みの中で、成果、データ、実践、仕組みがどのように
　　連携しているかを示すことができる。
3．自分の CW-PBIS と SW-PBIS とを統合することができる。

想像してみよう……

　ローズ高校に赴任したばかりのジョージ先生は、生徒を朝の会に連れてくるように言われました。朝の会では、校長先生が全校ポジティブ生徒指導 SW-PBIS 委員会の委員を紹介しました。PBIS 委員は「尊敬・統合・安全・努力」といった期待行動を熱心に生徒全員に思い出させました。生徒にロールプレイさせて、期待行動の重要性を説き、教訓を指導します。そして、全校で取り組む期待行動促進の仕組み（「ローズ〈バラ〉の花びら」が購買での買い物に使えること）を確認していました。ジョージ先生が自分のメールボックスを確認したところ、生徒に渡すための「花びら」がたくさん入れてあり、花びらにはジョージ先生の名前がすでに印刷してありました。さらに、「花びら」を渡すのにふさわしい生徒の期待行動の一覧表も入っています。

　ジョージ先生は「これはいいね。すでに PBIS に取り組んでいる学校だから、学級ポジティブ生徒指導 CW-PBIS を楽にできそうだ。いい学校で教えることになったぞ」と思いました。先生は期待行動を行っている生徒を探しながら、足取り軽く教室に向かいました。

全校ポジティブ生徒指導 SW-PBIS とは何か

全校ポジティブ生徒指導 SW-PBIS（学校全体での肯定的行動介入支援；以下「SW-PBIS」）と

は、学校内ですべての子供に行動支援を徹底させる枠組みである。SW-PBIS は、介入と反応（RTI）や、多層支援（MTSS）と同様に、公衆衛生や疾病防除のモデルに基づいた多層的予防システムである[130]。公衆衛生のモデルでは、住民全員に予防的ケアをして、できるだけ病気を予防しようとしている。この予防的ケアには、ワクチン接種や飲料水へのフッ素添加、新生児の二分脊椎症のリスクを軽減させる効果のある葉酸の豊富な食品摂取、そして公的サービスによる禁煙や肥満予防キャンペーンといった予防策がある。理屈は簡単で、予防に資源を投じて病気にかからないようにしておけば、重病に罹る病人の数が減るのだ。しかしこのユニバーサルなティア 1 の予防では、すべての人を病院知らずにはできない。そこで、公衆衛生のモデルでは、別の段階の支援を提供している。ティア 2 では、病気にかかる可能性が高い人々を「標的とした」介入が行われる。ティア 2 では、ある種の病気の既往歴がある家族を持つ人に対応する資源や、薬物乱用の傾向がある人の支援グループ、そして貧困家庭や医療の支援を受けられない人の地域診療所がある。公衆衛生モデルのティア 3 では、さらに個別の介入が行われる。個別の介入は、慢性的な病気や、重篤な怪我、その他差し迫った医療のニーズを持つ人たちに対して行われる。公衆衛生のモデルでは、予防に資源を振り分けることで、重篤な病人の数を減らすことを目標としているのだ。このモデルのおかげで、これまでより多くの人が病気にならずに済んでおり、経済的な観点からもこれは意味がある。

　SW-PBIS の場合は、多段階予防の考え方は子供の行動に適用される。ティア 1 の介入はユニバーサルなもので、できるだけ多くの問題行動を**予防する**。この段階は、期待行動を決めて子供に教え、期待行動をとれた子供を評価する全校の仕組みだ。これらはすべて後の章で見ていく。ユニバーサルな支援が忠実になされた場合、子供全体のおよそ 80％が 1 年間に受ける職員室呼び出し指導書（Office Discipline Referrals: ODR）の数が 1 件以下となる[112]。この割合は小学校で高い傾向があり、中学・高校では低い傾向がある。SW-PBIS では、問題行動を引き起こしがちな子供、つまり軽度の問題を繰り返してきた子供に対する支援をも行う。この支援はティア 2、すなわち対象を絞った支援であり、チェックイン・チェックアウト（CICO）や、対象を絞った社会交流スキルの指導が行われる。およそ 15％の子供がこのティア 2 の支援を必要とする。個別の、さらに集中的な行動介入を必要とする子供もおり、これはティア 3 の支援だ。これには機能的行動評価（FBA）や行動介入計画、特別教育への付託という選択肢もある。ティア 3 の支援を必要とする子供は全体のおよそ 5％を占める。多層支援モデルはしばしば三角形の模式図（序章および図 1.1）で示される。この章ではティア 1 に焦点を当てる。

なぜ全校ポジティブ生徒指導 SW-PBIS が必要なのか

　学校が SW-PBIS を取り入れるのがよいのはなぜだろうか。結局のところ、SW-PBIS の良さは問題行動を予防できることにあり、問題行動を直ちに学校から一掃するということではない。SW-PBIS が軌道に乗るまでの研修期間は長く、通例 1 年はかかる。それに、PBIS 委員会の継続的な活動も必要だ。データを収集して分析し、期待行動や問題行動について教育

図 1.1　全校ポジティブ生徒指導 SW-PBIS の多層支援モデル

およそ 80% の生徒たちは、ユニバーサルな段階の行動支援のみを必要とする。残りの 20% は、学校の期待に応えるための、ターゲットを絞ったあるいは個別の行動支援が必要となる。

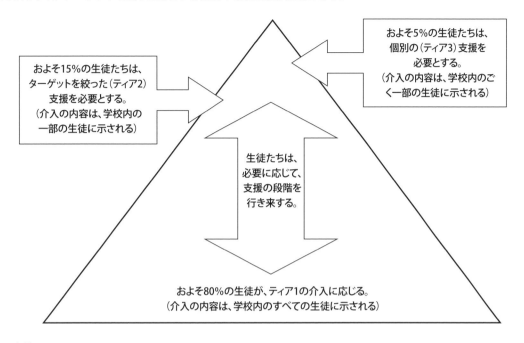

出所：www. pbis.org

（Copyright 2020 Center on Positive Behavioral Interventions and Supports, University of Oregon. Reprinted with permission from author.）

し、期待行動と期待に反する問題行動に、学校の全教職員が一枚岩で対処しなければならない。何やら大変そうだ。SW-PBIS を行う価値はあるのか。

　この本の執筆時点で 2 万を超えるアメリカの学校が、SW-PBIS を行う価値はある、と答えるだろう。しかも www.pbis.org で見ることができるこの学校の数は、ますます増加している。1990 年代以降、SW-PBIS は実施されてきており、効果的に PBIS を実施している学校は、何年にもわたって続ける傾向がある（PBIS の継続性について、詳しくは文献 81 を参照）。SW-PBIS の実施によって、子供の数に対する ODR の割合が減少し、出席率は上がる。テストの点数は良くなり、特別教育で指導しなければならない子供の数は減少し、学校の雰囲気は良くなった[12・69]。ODR のために職員室で指導を受ける子供の数は減り、問題行動の処理のために割く時間は減り、その代わり指導改善のための研修が充実できた。校内のすべての仕組みに注目するのが SW-PBIS だ。この本で主に扱う教室内の環境をはじめ、教室外や個々の子供の環境にも目を配る。学校が抱えている規律の問題の大小にかかわらず、SW-PBIS は子供全員の行動のニーズを支援し、教職員全員が学校全体で期待行動を促進できる仕組みなのだ。

図 1.2　全校ポジティブ生徒指導 SW-PBIS の 4 要素

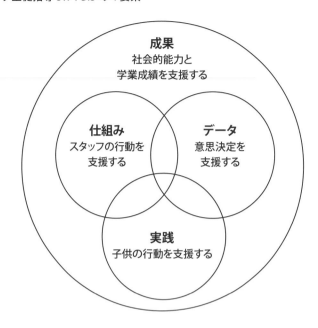

出所：www. pbis.org

（Copyright 2020 Center on Positive Behavioral Interventions and Supports, University of Oregon. Reprinted with permission from author.）

全校ポジティブ生徒指導 SW-PBIS の諸要素

　PBIS を実施する場合には、成果、データ、実践、仕組みの 4 つに注目する必要がある。その際、それぞれの学校が独自に持つ文化を意識するとよい。これら 4 つの要素はよく、序章にあるような円を使って描かれる（図 1.2 に再掲。文献 116 を参照）。それは、SW-PBIS ではこれらの要素が独立しては存在しえないと示すためだ。SW-PBIS を実施して成果を上げ、これを継続していくうえでは、これら 4 要素が鍵となる。

■ 成 果

　SW-PBIS を実施する前に、PBIS 委員会は**なぜ** SW-PBIS を学校で行いたいのかを話し合っておく必要がある。ODR の数を減らしたいからか。教師の出勤率や子供の出席率を高めたいからか。問題行動を理由として特別教育に送る子供を減らすためか。やる気を高めるためか。試験成績を上げるためか。いじめ事件を減らすためか。理由が何であるにせよ、PBIS 委員会は何が成果であり、それをどのように評価するかを決めておく必要がある。PBIS が学校をどこに導いてくれるのかわからないのに、PBIS がうまく機能しているのか知る由もない。成果とは観察でき、評価でき、具体的に決められるもので、そして何より達成できるものでなければならない。加えて、成果とは、校内のすべての子供に平等であることが求められる[128]。先行研究によれば、有色人種の子供は白人の子供に比較して、より頻繁に、厳しく、ささいな規律違反に対しても指導を受けることがわかっている[104]。ODR の減少や停

学の減少といった SW-PBIS の良い成果は、学校内のすべての子供に等しく生じるべきもの
だ。

成果の設定の仕方に関する良い例
- SW-PBIS を 1 年間実施したところ、前年よりも ODR の数が 10％減少した。
- 2 年間実施したところ、SET テストの 80 点満点をとることができるようになり、
  PBIS がより正確に実施できるようになった（SET テストとは SW-PBIS 評価ツールで、
  SW-PBIS を正確に実施しているかどうか測定できる）。
- 3 年間実施したところ、いじめ事件の報告数が 60％減少した。

成果の設定の仕方に関する良くない例
- 学校がより働きやすく、参加しやすい場所となる。
- 子供が以前より幸せになり、良い行動ができるようになる。
- 管理職が一般教員とともに作業をする余裕ができた。

　何を成果と設定するかは、SW-PBIS 委員会が決定し、委員の中で同意を得ておく。成果
は観察や評価ができるもので、必要に応じたものとする。例えば、放校が平均よりも高率な
学校では、放校の数を減らすことが必要性のある成果となる。教員の出勤が芳しくなく、代
替の教師を探すことが難しい学校では、代替教師の数を増やすことが成果だ。反社会的組織
にからむ事件数の多い学校では、この件数を減らすことが成果になる。親が学校での役割を
果たしてくれない学校では、学校行事に親が参加する割合を高めることが成果だ。成果は学
校全体で重視され、SW-PBIS を改善するために用いられる。それぞれの学校の事情に合わ
せて決定され、それぞれの学校にとって有意義である必要がある。

■ データ：意思決定を支援する

　PBIS 委員会が、PBIS の実施によって得たいと考える成果について合意したら、今度はこ
の成果の達成を評価するデータ収集の方法を決めなければならない。データによっては、収
集しやすいものもある。例えば ODR のデータや、子供の出席状況を追跡するという方法だ。
SW-PBIS の訓練を受けた教職員は、ODR を追跡し、そのデータを集積する際には効率の良
いシステムを用いることがすすめられている。ウェブサイトで ODR の集計を行うシステム
については、www.pbis.org を参照のこと。
　データは PBIS 委員会にとって 2 つの意味がある。第一には、データは目標達成までの進
捗を見るために用いるということで、第二には、データは SW-PBIS 行動計画を見直し、効
果的でないところを微調整するために用いる、ということだ。それぞれの学校の文化に合っ
た意思決定を行うためにデータを用いることができるように、好ましくない行動（inappropriate
behavior）の定義は、校内の現実の状況と乖離することのないよう、できるだけ評価に用い
やすいものとするべきだ（例えば「乱暴な振る舞い」という定義では、抽象的すぎて運用しづら
い。だが、「許可なく席を立つ」という定義は、見ればわかるので観測しやすく、ゆえに運用しや

すい）。しかし、活用しやすい定義を定めたとしても、時に文化的なバイアスがかかってしまう。言いたいことをそのまま口にするのは、大部分の文化において問題行動である。一方で、他の文化では普通のことであり、称賛に値するとされる場合さえもある。データは、先に述べた 2 つの目的に加えて、校内でどの文化に属する子供にも等しく規律指導が行われているか検証するためにも用いられる。ODR や停学などの懲戒を受ける子供の割合は、校内のどの文化的集団（＝人種）であっても同じであるはずで、これが事実であることをデータは保証してくれる。万一そうでない場合には、現在の運用を改善する重要な情報を提供してくれることになる。

　データ収集とその評価を促進するために、SW-PBIS 委員会はデータを誰がどのように収集するのかも決めなければならない。データの入出力を効率化すれば、PBIS 委員会はそのデータを意思決定のために毎回の会議で利用できる。学校はデータ入力を熱心にやってくれる人員を雇うことを考えるべきで、その人員は、PBIS 委員会の委員であってもいいし、管理職であってもいい。もしくは、データ入力を主たる仕事とする管理職の助手であってもいいだろう。学校がデータ入力と収集を優先事項としない限り、PBIS 委員会が会議で検討したり利用するデータがない、という問題が生じる。データは PBIS の要なのだ。データがなければ、結局のところ順調にやれているという証拠がないことになり、それでは教職員のやる気は維持できない。ウェブ上の全校情報システム SWIS やデータを追跡できる他のアプリ（www.pbisapps.org）を用いることもできる。単純な表計算ソフトの表を使うだけでも、PBIS 委員会に関連する情報を提示できる。どのデータ収集方法を採用してもいいが、効果的で信頼でき、継続して利用できるものでないといけない。

　データの収集は、子供の成果を調べるために必要なだけではない。PBIS は、その仕組みに則り、忠実に実行することが必要であるが、この忠実性を評価するためにも、データ収集をする必要がある。これは PBIS 自己アセスメント調査 SAS（これは www.pbis.org で入手できる）を用いれば、学校内で行うことができる。SW-PBIS 委員会は、得られたデータを使って、PBIS のどの部分はよく実施されていて、どの部分はある程度なされていて、どの部分はあまり実施されていないのかを調べる。調査は、PBIS の学校全体に関わること、教室内に関わること、教室外に関わること、そして個々の子供に関わることと、部分ごとに行う。SAS では、調査対象者つまり学校に関わるすべての人に、PBIS の個々の要素を実行するにあたっての優先順位を 1、2、3 とつけてもらう。PBIS が忠実に行われているかを検証する簡易なツールにはもう 1 つ、委員会実行チェックリスト TIC がある。これも pbis.org でダウンロードできる。この自己報告の方法によって、SW-PBIS 委員会の委員は、SW-PBIS のさまざまな点について、どの点はすでに達成されており、どの点は進行中であり、どの点はまだ始まっていないかを評価する。PBIS 委員会はさらに、SW-PBIS による介入の忠実さについて、品質ベンチマーク BoQ を用いて評価できる。BoQ も pbis.org で入手できる。この評価は毎年行うもので、PBIS 委員会委員からの意見を、SW-PBIS の重要な特徴の評価のために活用する。PBIS の実施の忠実さは、SET を使って評価してもいい。SET は pbis.org で入手できるが、評価そのものは訓練を受けた校外の評価者によって行われる。学校が SET 全体で 80％ 以上の成績を収め、さらに期待行動が教えられたかに関する個々の評価基準で

80％の成績を収めていれば、PBIS が忠実に行われていると考えられる。SW-PBIS 委員会は SET の結果を用いてその学校の PBIS でうまくいっている面とそうでない面を把握して、実施計画を適宜修正する。新たなツールである階層別忠実性尺度（Tiered Fidelity Inventory: TFI; これも pbis.org で入手可能）を用いれば、PBIS 委員会と PBIS 指導員は各階層ごとでの忠実性を評価して、実施計画に生かすことができる。

　効果的で効率良く、子供の成果や忠実性についてデータ収集できるようになったら、チームはそのデータを使って SW-PBIS の促進、改善に着手できる。データを集めたのに活用を怠れば、教職員はデータ収集に意味を見出せなくなってしまい、信頼性の高いデータの収集ができなくなる。

データを効果的に用いるとは

- SW-PBIS 委員会は毎月 ODR の枚数を確認し、グラフを作成して学校のロビーに掲示するなどし、ODR の枚数が減少する傾向にあることを示す。
- ODR の枚数を確認したところ、食堂で ODR が多いことを突き止めたので、食堂での指導を増やすことにする。
- 出席データによると、半日授業日の出席がよくないことがわかったので、SW-PBIS 委員会はそのような日にテストやレポートの締切日を設けるように指示する。
- SET の結果から、問題行動のどこまでを教室内で指導し、どれを ODR として職員室で指導するかについて納得していない教師がいることがわかったので、次の教職員研修では、これをテーマとすることにする。

データを効果的に用いていないとは

- ODR をせっかく集めたのに、校長室の棚にしまって活用しない。
- 州に停学率を報告しているのに、PBIS 委員会に共有されていない。
- SAS を配付したのに、PBIS 委員会が記入・提出するよう促していなかったために、教職員からの回収率が低い。

　データは、判明した問題に基づいた行動計画の修正のためだけにではなく、成功を祝うためにも用いるのがよい。PBIS 委員会は例えば四半期に ODR を 100 件減らす、といった目標を設定し、目標達成を条件とするお祝いの会（例：お昼ご飯のときに全校みんなでアイスクリームパフェを食べるなど）を全校で開くことを考えてもよい。

　うまくいった場合には、親や地域社会とも共有しよう。PBIS がやろうとしていることに注目してもらい、目に見えるものにするためである。データは PTA の会議の夜に掲示したり、ニュースレターにして子供の家に送る、学校のホームページに掲載する、地域の新聞に掲載してもらう、などが考えられる。

■ 仕組み：スタッフの行動を支援する

　SW-PBIS の要素の 1 つである「支援体制」こそは、SW-PBIS の動力源である。SW-PBIS

というモデルの枠組みでは、この体制によって教職員の行動を支援している。教職員に対して適切な支援がなければ、PBIS のモデルは成立しない。支援体制を確立しておけば、教職員の異動（PBIS 委員会に向き合っていた副校長が宝くじに大当たりして、タヒチに移住することになったとか!!）といった事態が生じても SW-PBIS が継続できる。これは支援体制がしっかり機能しているからこそである。PBIS を動かす教職員の一部に変更がたとえ生じたとしても、支援体制自体ががっちりしていれば、SW-PBIS は盤石だ。

　まず、SW-PBIS の重要な仕組みとなるのは、PBIS 委員会である。PBIS 委員会の委員は、自発的に委員となり、学校全体の代表として働くことが重要である。委員会には、管理職をはじめ、いろいろな学年からの一般教員や特別支援教師に参加してもらうことが望ましい。委員会には補助教員、履修支援員や社会福祉士といった準専門職も加わる。警備員やスクールバスの運転手、必要に応じて親や子供など、子供の行動を支援するにあたってヒントやアイディアをくれそうな人を、委員として迎えるとよい。ただしこれは、校内の教職員全員を委員にするべきだという意味ではない。委員会が肥大化すれば、意思決定を効果的にかつ満場一致で行いにくくなる。学校の教職員の母数に合わせて、委員の人数を決めるのが理想だ。

　SW-PBIS 委員会には、PBIS の実施を指導する指導員が 1 名必要だ。学校の規模によっては 2 名のほうが望ましい場合もあるだろう。PBIS 指導員は、SW-PBIS 研修に毎回出席して、PBIS 委員会の委員やその他の教職員に研修で得た情報を伝達する。PBIS で行う仕事を他の教職員に頼んでやってもらい、それについて追跡して管理してもらう、つまり丁寧に小言を言える者に、PBIS 指導員をお願いしよう。PBIS 指導員は、校内で尊敬されていて人付き合いの上手な教師にお願いするとよい。知人たちの顔を思い浮かべるとわかるが、リーダーの資質がある人とない人がいるものだ。PBIS 指導員のうち少なくとも 1 人は、その学校で働いている内部の人がよく、その人が外部の PBIS 指導員からの支援を受けられればより望ましい。外部の PBIS 指導員は学校や PBIS 委員会を定期的に訪問し、そこで取り扱われているデータを定期的に入手する必要がある。これによって SW-PBIS 委員会の活動を効果的に支援する。

　PBIS 指導員の指導のもと、PBIS 委員会は定期的に会議を開く。少なくとも 1 か月に 1 回、年初に PBIS の計画を立てるときや実施段階に入ったときにはより頻繁に会議を行うとよい。会議を効率的に進めるために、明確な議事計画表を作り、タイムキーパーを立て、議論が本題から逸れてしまっていないか、予定通りに進んでいるかを確認しよう。会議中には、委員は可能な限りデータを見返し、このデータ次第で行動計画や PBIS の活動に必要な微調整を加えよう。次の会議までにすべき作業を各委員に割り当て、うまくいったところについては確認し、他の教職員と共有しよう。

　2 つ目の重要な SW-PBIS の仕組みは、データ管理システムである。データ収集は効果的であり一貫している必要があると先に述べたが、PBIS 委員会で収集するデータの種類を決めたら、検討用のデータをまとめる担当者を直ちに指名する。データの検討は PBIS 委員会の議事計画表に入れておき、教職員に対する SW-PBIS の成果発表にはいつも、進捗状況を示すデータを入れるべきだ。

　SW-PBIS でもう 1 つの鍵となる仕組みは、教職員が受ける研修だ。教職員は皆、SW-PBIS の各種研修を受ける必要がある。その内容には、⑴ 期待行動を教えること、⑵ 期待行動に沿った行動をするように促すこと、⑶ 期待行動に沿う行動を表彰すること、⑷ 期待行動に沿わない行動に対してはぶれずに対処すること、そして、⑸ 文化的知識と自己認識を深めること、がある。SW-PBIS の専門研修ではいつも、具体的なニーズや問題を取り扱う。SW-PBIS の実践、例えば子供に期待行動を促すことなどを、教職員が一貫してできていない場合、PBIS の理解を深める補習講座を開催しよう。学校が抱えるニーズに効果的かつ効率的に応えるために、PBIS 研修は目的が明確で、成果志向でなければならない。さらに、PBIS 研修会は、継続的に学習段階に合わせて行うべきだ。SW-PBIS を学ぶ段階のうち、スキル習得の段階にいる教職員が新たに学んだスキルを実際に現場で使う際には、フィードバックと支援が繰り返し必要となる。慣れてきたら、教職員にはスキルを練習する機会が必要となる。ロールプレイや問題解決のためのシナリオを、PBIS 研修に含めるとよい。教職員がSW-PBIS の一連のやり方を覚えられたかを確認するために、毎回の PBIS 研修は前回の復習から始める。毎回の会議の最初とか休暇明けには、補習講座をしたり前回の復習のヒントを入れるとよい。例えば、PBIS 指導員は朝一番目の PBIS 会議の際に、「SW-PBIS 会議へのご出席お疲れ様です。前回取り扱った、期待行動ができている子供を探して、バラの花びらを使ってご褒美を与えるやり方を皆さん覚えておられますか」と問いかけてみる。

　学校における行動支援を成功させるためには、教職員の研修体制が鍵となるので、もう一段落かけてこの説明をする。教職員のための PBIS の訓練ガイドラインに加えて、管理職は、子供用に作った好ましい行動を奨励するのと同じ仕組みを、教職員、特に教師用にも作るべきだ。すなわち管理職が、教師に求められることを率先して行い、その手本を示さなければならない。管理職は教職員に対して期待行動を設定し、それに沿う行動のとり方を明確に教える。これは PBIS 委員会の中で行ってもいいし、必要があれば個別に教えてもよい。Mayers 他（2011）[83] には、RTI（応答による介入）を教師の訓練のために使うことについて詳説されている。管理職は、教職員が PBIS の新たに習得したスキルを用いる際に、ヒントを与えて解答を求めたり、フォローアップしたり、フィードバックしたりするとよい。このスキルを、確実に身につけてもらおう。さらに、管理職は積極的に教職員の良い行動を強化するべきだ。これによって PBIS が正確に実行されて、さらに大きな成果につながる。行動の強化については以下の章で詳しく述べる。

　最後に、SW-PBIS を進める教職員を認めていく仕組みを作る必要がある。PBIS を実施するにあたって、PBIS 委員会が子供の行動を認める仕組みに力点を置く。同時に、貢献の大きかった教職員を表彰する仕組みも作るとよい。ある学校では、一番多くのポジティブ報告カードを受け取った教職員に賞を与えている。また別の学校では、バスケットボールやコンサートといった課外活動に力を注いできた教職員に賞を与えている。例えば、「駐車場の清掃を先頭に立ってしてくださったスミス先生は、素晴らしい愛校心を示してくれました」と校内放送する、といった社会的な賞もある。スクールバスの車内での決まりに従うよう一貫して子供に促したバスの運転手に、コーヒー店のギフトカードを時節に合わせて贈るなど、実体を伴う賞もある。なかには教職員の褒賞システムで極めて高い創造性を発揮している学

校もある。ゴールデンプランジャー賞といって、トイレの詰まりをとる吸引カップを金色に塗ったものを、その日の終わりに教室が一番きれいだった学級に置いているのだ。あるいは、SW-PBIS の実践に最も尽くした教職員への月間賞として、同僚からノミネートされた人に、最寄りの駐車場を使える権利を与えたりしている。教職員の期待行動を強化すると、SW-PBIS を実現する力が強まるので、結果としてその期待行動は将来にわたって続きやすい。これはまさに SW-PBIS のねらっているところだ。

> **実効性の高い SW-PBIS システムの例**
> - 毎月第一水曜日に PBIS 委員会を開き、ODR のデータを検討、後に月例の職員会議で報告する。
> - SW-PBIS に関わる専門研修後に、SW-PBIS について委員が他の教師から質問を受けたり、意見を言ったりする。
> - 毎月、SW-PBIS 賞を受け取る子供をバラの花びらを引いて決めるとき、そのバラの花びらを渡したスタッフにも、地域の教師向け教材販売店で使えるギフト券を渡す。

　SW-PBIS は子供の行動を単に変えようとしているのではない。望ましい行動が起こりやすいように、そして望ましくない行動が減るように環境を変えるということだ。環境の変化は教職員によって引き起こされるが、これには教職員の行動の変化も含まれている。SW-PBIS の成否は、実行可能性が高く、適切かつ持続的な体制を学校に築けるかどうか次第なのである。

■ 実践：子供の行動を支援する

　達成するべき成果や、特定可能なデータの収集や、教職員の行動への支援体制を決めたら、次に SW-PBIS 委員会は子供の行動を支援するエビデンスに基づいた実践を選択する。先に述べたように、SW-PBIS は子供の行動を変える魔法の杖ではない。PBIS では、期待行動が生じやすくなり、問題行動が起こりにくくなるような環境を整える。SW-PBIS では、これを一連の実践によって進めていくが、それがロードマップとなる。これらの実践は、BoQ、SET、TFI によって評価され、またすべての教職員がよく理解しておくべきものだ。
　実践にあたって、まず SW-PBIS 委員会は学校における子供の行動ビジョンを明確にする必要がある。問題行動に対しては全校で取り組む実践なのであり、教職員が一丸となってSW-PBIS のプロセスに関わる。PBIS 委員会で決めた達成するべき成果は、学校のビジョンの基礎となる。学校として ODR の数を減らし、試験成績を上げたい場合には、次のような目標をビジョンの文言の中に入れ込むこともできる。例えば、ローズ高校では高い期待と基準を掲げて、「子供は青年としての学業を成し遂げ、社会で成功します」といったようにだ。良い指導者は、子供がどこに向かうべきかを知っている。その意味で、ビジョンの文言には、学校の進むべき方向性が書き込まれるべきである。
　子供の到達ビジョンを決めたら、SW-PBIS 委員会は学校の期待行動を決める。期待行動の数は 3 つから多くても 5 つまでの、できるだけ少ない数にするのがよい。期待行動は「人

図 1.3　中学校段階での全校における期待行動の例

ブレイク中学校で、私たちは

・尊重する

自分がしてもらいたいように他の人にもします。

・責任を果たす

自分の行動に説明責任を果たします。

・準備を整える

私たちはよくまとまっていて、学ぶ準備ができています。

図 1.4　期待行動表の例（学校の各場所での具体的な期待行動を決定する）

	廊 下	食 堂	集会室	図書館	スクールバス
尊重する	・静かにする ・手や足を揃える	・食堂の従業員に挨拶する ・お願いしますとありがとうございますを言う	・話している人を見る ・床に両足をつける	・静かにする ・図書を注意して取り扱う	・運転手に挨拶する ・手や足を揃える
責任を果たす	・許可証を携帯する ・右側を歩く	・ゴミはゴミ箱に捨てる ・学級ごとに座る	・手を挙げて質問する ・話によく注目する	・図書は期限までに返す ・使った場所はきれいにする	・バスの号車を覚えておく ・バスに持ち込んだものを必ず持ち帰る
準備を整える	・目的地までまっすぐ行く ・時間通りに到着する	・教職員の指示を聞く ・お金を準備し、食べるものを決めておく	・時間通りに到着する ・話が終わるまで座っている	・時計を見て、始鈴をよく聞く ・終業時間前までに貸出処理をする	・朝時間通りにバス停で待つ ・バスを降りる順番の準備をしておく

をあだ名で呼ばない」ではなく、「礼儀正しくする」というように肯定的な書き方とする。これは子供に、**すべきでない**ことではなく、**するべき**ことを思い出させることが目的だからだ。期待行動は、子供の年齢や学校文化に即していて、期待される子供の行動すべてを網羅するべきだ。図 1.3 は全校の期待行動の例を示したものだ。この節で説明されている実践は、学校文化に即した方法で作成されるべきだ。つまり、このような期待行動は、学校で話されているすべての言語を使って掲示し、指導する。時には、さまざまな文化的背景や言語的背景を持つ大人が関わる必要が出てくる[128]。学校でさまざまな文化的背景を持つ子供には、

学校での期待行動とは具体的にどのようなものか、複数の具体例や応用例を用意することが必要となる。

　期待行動を決めたら、学校のそれぞれの場所や場面での具体的な期待行動を明示的に教える。これはソーシャルスキル指導と呼ばれるものである。ソーシャルスキル指導はエビデンスに基づく実践で、子供の好ましい行動を増やし、期待行動に沿わない行動を減少させることが知られている[96]。何を指導するかを決めるために、SW-PBIS 委員会はまず、学校のそれぞれの場所や場面でのよくある期待行動を定義しなければならない。例えば、全校の期待行動の 1 つが「責任を果たす」であるとすると、PBIS 委員会は、廊下で責任を持つとは「寄り道をせずに目的地に真っ直ぐ行く」ことである。食堂では「昼食を買うお金を準備しておく」ことである。校庭では「寒いときにはコートを羽織る」ことである。図書館では「期限の前までに返本する」ことである。そしてその他の学校の場所では、というようにそれぞれの場所での期待行動を定義する。これは、図 1.4 のような期待行動の表を作ると簡単である。

　期待行動はできるだけ自然な状況で教えるべきだ。期待行動に沿ったスクールバス車内での行動はバスに乗った際に指導するべきだし、期待行動に沿った下校の仕方については、下校という行動が生じる教室や廊下で指導するべきだ。SW-PBIS 委員会では、学校の各所においてルーチンの中で期待行動を教える指導案を作成する。それに基づいて、期待行動に沿った行動を見守り強化する役の教職員たちが、機をとらえて指導していく。食堂の職員が食堂での期待行動を教えるのが難しい場合は、少なくともその職員に、期待行動を教える授業の中で、実際に練習する場面にいてもらうようにする。

　期待行動の授業では、期待行動とそれが起こる場所や場面が定義され、期待行動の例とそうでない例を提示する。例えば、廊下で安全であるとは、手を揃えて歩くということであり、走ったりロッカーをバタンと閉めたりすることではない、というようにである。期待行動の授業では、指導した行動を練習する機会を用意し、期待行動の様子がはっきりとわかるようにする。また、ロールプレイ、期待行動の例とそうでない例とを区別する指導、その他の活動を通して、期待行動を練習する機会を子供には十分に与える。子供は、教わった期待行動ができるようになるように、フィードバックや強化が行われる。これらの授業は、他の教科の授業と同じようなやり方で行うことが必要だ。すなわち、指導した期待行動を真似てやってみる、練習させる、1 人で期待行動を演じてもらい「テストする」、そして期待行動が良くできたときに評価し、できなかった場合にはフィードバックを与える。期待行動を教えた後で、教職員は子供に、期待行動を実際に行い、強化を受けるチャンスを与える。さらに、教職員はできる限り期待行動を促進する手立てを講じる。例えば子供が一列になって校庭から教室に戻る場合、休み時間の監視役を担当する教職員は、「廊下で安全な行動とは、どのような行動でしたか」と聞き、子供は「手を体の横に振って歩くのですね」と言えるだろう。教室内で期待行動を教える方法とその指導案については、第 4 章で扱う。期待行動を教えることは、SW-PBIS に不可欠なので、SET において、学校が期待行動を教えるという項目で 80％以上の成績を収めたときにだけ、PBIS が忠実に行われていると見なされる。学校が SET で平均 80％の成績を収めたり、それ以外の項目すべてで 80％以上の成績を収めたとしても、「期待行動を教える」の項目で 80％を下回れば、その学校は PBIS を正確に行っ

ているとは判断されない。

　教師や子供が新たに PBIS の実践校に来た場合には、できるだけ早く期待行動やその他の実践に慣れてもらおう。学校によっては PBIS パスポートを子供に渡している。学校の各場所・各場面での期待行動を学ぶたびに、スタンプや教師の署名をもらうのだ。例として、新入生が体育館から食堂に行き、ロッカーを経由してスクールバスに乗る場合、それぞれの場所での期待行動を明示的に指導する。新しく赴任した教師には、SW-PBIS 委員会が新任者向け PBIS パックを準備し、そこに期待行動や強化のシステム、その他 PBIS に関係することを記しておく。また、子供に渡す期待行動評価用のトークン（花びらなどのこと）を、簡単な使用方法を書いた紙とともに渡しておく。

　期待行動について決めて教えたら、期待行動に沿う行動を強化する必要がある。快い結末が後続する行動は繰り返される傾向があり、繰り返されることによって学習される。ゆえに、子供が期待行動を行ったときに、快い結果が続けば、将来その行動が生じる傾向が高まる。教職員は期待行動に沿った行動と、それを認めていく具体的な称賛の仕方だけでも、まず知っておく必要がある。期待行動への特別な称賛や、他の強化の方法については、第 5 章に詳説する。称賛の言葉は期待行動に合わせて、例えば「バーニー、君は、体育館でまさに責任のある行動をしたんだよ。使ったものをもとの場所に確実に戻すことができたね」とか、「この教室の子供は、敬意を払うことの意味をよく理解していますね。話している人のほうを向いて話を聞くことができていますね」となる。このような言葉がけは、学習者の望ましい行動を強化し、その声が届く範囲の子供への口頭での注意喚起にもなる。

　SW-PBIS 学校ではたいてい、期待行動に沿った行動を評価するために目に見える形の強化システムを活用している。期待行動に合わせて何かを与えるトークン・エコノミーは、あらゆる年齢の学習者や活動に効果があると、研究から明らかとなっている[96]。そこで SW-PBIS では、学校全体でトークン・エコノミーの原理を適用している。詳しくは第 5 章で扱うが、ここで簡単に概要を述べる。トークン・エコノミーでは、対象となる行動、SW-PBIS の場合には子供に教えた期待行動に沿ったすべての行動が、トークンの配付によって条件づけの形で強化される。換言すれば、子供が、将来再び行って欲しい行動をしたときに、トークンを与える（トークンとは、般化された条件づけのための強化子のことで、第 5 章で詳説する）。この際に強化したい行動についてはっきりと言葉にして述べる。例えば、「ローマン君、廊下で安全に行動できましたね。ローズの花びらをもらえる価値のある行動ですよ」などと言って、トークンを与える。トークンは、後日、何かしらの価値のあるものと交換できるので、二次的強化子となる。

　学校はたいてい、期待行動に関連したトークンを選択している。今回例として使っている ROSE（バラ）は、Respect（尊敬）、Organization（秩序）、Safety（安全）、そして Effort（努力）の頭文字をとったものである。そして子供は期待行動に沿った行動をすれば、バラの花びらを入手できる。別の学校では、トラのマスコットを使い、トラの足跡の絵柄をトークンとしている。また別の学校では、良い行動を見つけたカードという単純なカードをトークンにしている。図 1.5 は、全校で共通して使うトークンの例である。SW-PBIS の強化システムでは、教職員全員が配付用のトークンを持ち歩いていることが必要だ。これは、毎週もしくは

図 1.5　おめでとう！　ブレーク中学校の期待行動に即した行動ができました！

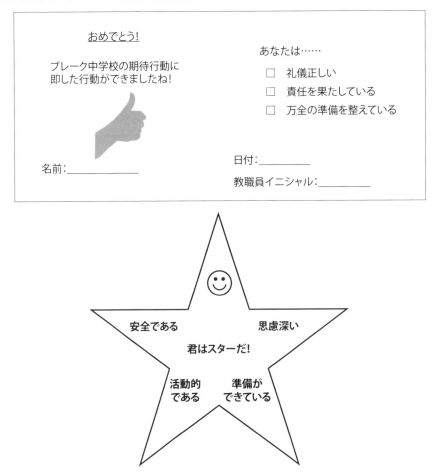

毎月、各教職員のメールボックスにトークンの束を入れておけばよいだろう。このときトークンには各教職員の名前をあらかじめ入れておけば、子供にトークンを渡すたびに記名する手間が省けるので、配りやすくなる。教職員には、トークンを積極的に配付するように、Eメールや掲示、職員会議での口頭連絡によって働きかける。配付されるトークンの枚数を増やしたいと管理職が思ったら、自分自身が目立つモデルとなって、期待行動に即した行動を見るたびにトークンを与えて強化するとよい。

　状況に応じて、トークンを調整することもできる。SW-PBIS 委員会が、ある場面（例：スクールバス車内）や先行事象（例：代理教員が来た場合）が問題行動を引き起こしやすい、とつかんでいるとしよう。この場合、トークンの配付枚数を増やしたり、10倍ポイントの特別なトークンを作ったりできる。代理の先生のときに期待行動をとれば、特大タイガーのトークンがもらえるよ、といった、よく考えられた働きかけの言葉と組み合わせてみよう。期待行動の難易度に見合った数のトークンにすると、より難しい状況で期待行動をとることができるだろう。

　全校で共通して使うトークンを選択したら、次に SW-PBIS 委員会はトークン交換の仕組みを作る。これで子供は、トークンを自分が欲しいものと交換できる。ある学校では子供が

欲しい報酬の種類についての情報やアイディアを、アンケートで募る。また、二次的強化子とトークンの交換を促進するために、ある学校では購買を模して、そこで（朝や放課後、昼食時など、一日の決められた時間に）、ペンや鉛筆、ノート、玩具や菓子など、さまざまなものに交換できるようにしている。交換できるものの価値に幅を持たせておけば、あまりトークンをもらえなかった子供でも、全員が好ましい行動の強化子にありつける。学校によってはくじを使っている。子供がもらうトークンは通常、子供の名前と期待行動の内容、子供に渡した教職員の名前が記されたチケットだ。このトークンを容器に入れ、そこから定期的にくじ引きをするのだ。ここで当たりとなるのは、地域の企業から寄付された物品で、携帯型音楽プレーヤーや近隣の飲食店のギフト券、学校のトレーナーであったりする。また、教室でピザパーティーをしたり、映画を見るなどの活動型の報酬の場合もある。他にも、学校でダンス会や教職員とバスケットボールの対戦をする機会や、屋外に出かける機会などを設けて、子供が一定数のトークンで「参加料」を支払っている学校もある。

　何かしらの有形物との交換の代わりに、活動型の強化を採用している学校もある。すでに本書では特別な褒め言葉について述べた。他にも、子供の褒賞を募金活動と結びつける方法もある。外国の教育環境の改善に力を注ぐボランティア団体と連携している学校の例がある。そこでは自分の得たトークンを、パキスタンやアフガニスタンの学校の教育環境を改善できるよう換金して寄付している。また、飢餓問題に取り組んでいる団体と協定している学校では、期待行動をして得たトークンを、飢餓や貧困に苦しむ家族を国際支援する寄付金に交換できる。多くの学校では、このようなさまざまな交換システムを組み合わせているが、鍵となるのは、学校の状況に合わせることと、一貫性を持たせることだ。

　しかし、極めて注意深く規則を指導し、一貫した強化のシステムをもってしても、期待行動に沿わない行動をする子供が必ず出てくる。その際には、期待行動に沿わない行動への一貫した対応策を決めておき、科学的なエビデンスに基づいた対応を教職員全員でとることが必要である。小さな違反行動にたいする最初の対応は、誤りを訂正することであり、これは子供が学習の際にした間違いを直してやることと似ている。以下のシナリオを考えてみよう。

- 廊下を走っている子供を教師が見かけた。「走るな」と教師は怒鳴った。子供は走るのをやめたが、子供は再び走り出した。
- 廊下を走っている子供を教師が見かけた。「廊下で安全な行動ではないようだね。安全なやり方をやってみせてごらん」と教師は言い、子供は歩き始めた。「そうだね。それが安全な行動だね。やってくれてありがとう」と教師は言い、子供は歩いていった。

　1 つ目のシナリオでは、教師は問題行動に対して、いわゆる「ダメ、やめなさい、してはいけない」という反応をしている。これは、環境に嫌悪刺激を与えること、すなわち「走るな」と言うことで、子供の行動に正の罰を与えようとしている。2 つ目のシナリオでは、教師は子供の誤りを正し、期待行動を子供に思い起こさせ、期待行動に即した行動ができたときには子供を称賛した。また、期待行動に沿った行動ができるよう練習し、フィードバックを受ける機会を子供に与えている。授業中に子供が間違った答えを書いたときの対処と似て

図 1.6　教職員がとる期待行動に反する行動への対応フローチャート

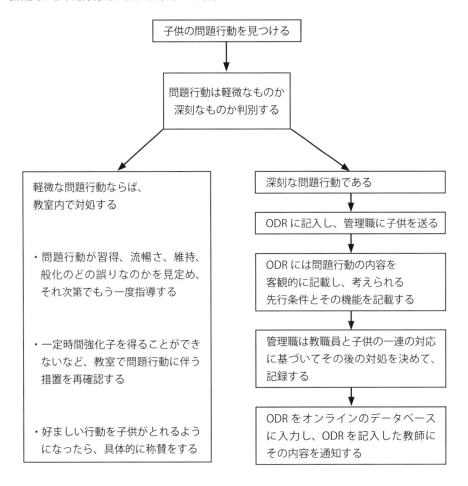

いる。子供が単語の綴りを間違えたときに、「その単語はそう綴ってはいけない！」と言ったりはしない。おそらく「その綴りは正しくないね。もう一回書いてみて」などと言うはずだ。場合によってはより強く働きかけて、「まず声に出して言ってみて」と言うかもしれない。そして正しい綴りで書くことができたら、「その通り」と言うだろう。また、「ダメ、やめなさい、してはいけない」という言葉がけをして、子供が問題行動をやめたとき、さらにその理由を追加して説明することはしないだろう。このように、授業中に子供が間違えたときと同じように、教職員誰もが小さな問題行動に対処すること。これが第一歩なのだ。

　もちろん、間違いの訂正だけでは不十分だ。より深刻な期待行動に反する行動への対応としても、不適切だろう。このような行動に対しては、対応は一貫すべきで、予想可能なものであるべきで、また、記録しておく必要がある。SW-PBIS を採用する学校の多くでは、問題行動への対応のための流れを示すフローチャートを作成している（図 1.6）。SW-PBIS 委員会の重要な役割の 1 つは、どの問題行動に教室内で各教職員が対応し、どの問題行動は職員室で管理職が対応するのかを決めることだ。この区別は SET によって行う。正確に SW-PBIS が行われている学校では、どの問題行動を教室内で取り扱い、どれを職員室で管理職

が扱うかについて教職員が共通理解をしている。通常、私語やサボり、多少の不敬といった問題行動は教室内で対処され、喧嘩のような深刻な問題行動は管理職が対応する。

　教職員全員が、教室内で対処されるべき問題行動の範囲を知っているべきだ。そして、教室内で生じたこれらの問題行動に対処するスキルを、SW-PBIS 委員会は教職員に確実に身につけさせる必要がある。SW-PBIS 委員会は教師に対して、現職教育プログラムを準備するのがいいだろう。これは教室での問題行動に対する指導について学び、フィードバックを受ける機会となる。本書のような PBIS について扱う本を読んだり、学級経営についての授業を受けたりしてきた教師も中にはいるだろう。だが、子供の問題行動の扱い方を学ぶ研修を受けられる可能性はとても低い。その意味でこの本は非常におすすめなのだが。教員養成コースでは通例、学級経営に関する講座の受講が必須ではない[9]。したがって、教師が教室での軽微な規律違反を指導する意志がある場合には、SW-PBIS 委員会が支援する必要がある。学校によっては軽微な規律違反を 3 回繰り返すと、深刻な規律違反 1 回と見なされる。そこで、3 回の違反の後に子供は職員室へ送られることとなっている。SW-PBIS の他の実践と同様に、問題行動に対する対応も、学校文化や学校のニーズに沿っていることが重要である。

子供の行動を支援する実践の例

- 新しいコンピュータ教室が学校に設置されると、この教室で「責任を持つ」とはどういうことかについて子供は授業を受け、その内容は全員に知らされる。コンピュータを用いた最初の授業では、「この教室内で責任を持つとは、コンピュータは授業に関係することに使用し、終わったら電源を切ることですよ」といった形で声かけがなされる。
- トークンを購買で品物と交換する子供の数が減ってきたことに気づき、SW-PBIS 委員会が意見箱を用意し、購買に入れて欲しい品物について子供に聞いた。
- ゲーラ先生が終業時間に子供がうるさすぎることに気づき、次の日に数分間をかけて終業時にやることの手順を再指導した。その日の午後は期待行動に沿った行動ができているかどうか見ているよと子供に言っておき、好ましい行動が見られた際にはトークンを与えた。

子供の行動を支援する実践として良くない例

- SW-PBIS 委員会が期待行動とは何か決め、期待行動のポスターを作成した。そしてそのポスターを掲示したものの、ODR の数に変化があるかどうか様子を見ているだけだった。
- 学校に新任の先生が来て、ポスターに書いてある期待行動は何なのかについて尋ねてきた。それに対して他の先生が、「心配しないで。やっていくうちにわかってきますよ」と言うだけだった。
- ゲーラ先生が終業時間に子供がうるさすぎることに気づき、「静かにしなさい」と怒鳴った。子供が静かになったので、さらなる介入をすることなく、教室の外に出た。

まとめ

　SW-PBIS は、校内のすべての子供に行動支援をするための枠組みである。この章では、すべての子供に対する介入の段階について見てきた。この段階では、学校が子供に期待行動に沿った行動について予防的に教え、期待行動に沿わない行動が生じるのをできるだけ防いでいく。SW-PBIS は、成果、データ、実践、仕組みの 4 本柱からなっている。成果は、社会的能力や学業成績を支援する。データは、意思決定を助け成果の進捗状況を評価する。仕組みは教職員の行動を支援し、SW-PBIS 実施の枠組みとなる。そして実践においては、期待行動に沿った行動を指導し、働きかけ、強化して子供の行動を支援する。SW-PBIS が正確に行われれば、学校では ODR が減少し、よりポジティブな学校環境となることが期待できる。

　さて、この本は**教室内**での子供の行動を管理することを扱うのに、なぜ学校全体での介入や支援に関する章を設けたのか。その主な理由は、教室内での子供の行動支援は、体系的に子供の行動が支援されている環境で、より簡単に実施し継続できるからだ。教師は学校全体で提示されている期待行動にならって、自分自身が考える期待行動を設定したらいいし、さらに学校全体で使われている強化の仕組みを、自分の教室にも使える。SW-PBIS 委員会は管理職とともに、教師の学級経営のスキルを上達させる現職研修を提供するのがよい。学級経営のスキルについては特に、特別な称賛の仕方、問題行動に対処する機会の提供、そして学習時の間違いを正す際にするやり方での軽微な問題行動への対処に焦点を当てる。SW-PBIS を支える概念的な枠組みは、行動科学とも呼べるが、効果的な学級経営のための方法論を支える枠組みとも言える。というのも、全校に対しても、個々の教室でも、子供 1 人ひとりに対してでも同じ手立てを活用して、期待行動に即した行動を奨励しているからだ。つまり、気づかせて強化し、先行事象をコントロールするといった手順だ。SW-PBIS 実施校のほうが学級経営はやりやすいが、ここで紹介したことはどのような環境においても応用できる。もし自身の学級経営のスキルについて同僚の教師や管理職が好印象を持っているようなら、SW-PBIS の利点を思い切りアピールして、SW-PBIS を自分の学校に取り入れる仕事を買って出るといい！

1章　学習の 4 段階

≫ 習得する

1. 自分が勤務する学校で SW-PBIS を取り入れることになり、SW-PBIS 委員会の委員となることを買って出ることにします。最初の PBIS 研修会はどのようなものにすればよいでしょうか。具体的な教材と内容の例を提示してみてください。
2. SW-PBIS の重要な特徴について、説明してください。4 つの重要な要素と基本的な実行の

仕方について必ず触れてください。

≫ 流暢にする

1. 職員会議で SW-PBIS について同僚に紹介するように頼まれました。どのような内容のプレゼンテーションをしますか。
2. 長期休暇明けの集会で、子供全員に SW-PBIS について説明することになりました。子供に SW-PBIS について理解させ、学校での毎日の生活にどのような影響があるのかわかってもらうための計画を立ててください。

≫ 維持する

1. 行動の原理を SW-PBIS に応用するにはどうしたらよいですか。
2. SW-PBIS を実施するためにデータをどのように活用しますか。最低 3 つの例を交えて答えてください。

≫ 般化する

1. 以下の状況で、PBIS のどの側面が同様であると考えられ、どの側面が異なるものであると考えられるでしょうか。(1) 都会の小学校、(2) 郊外の高校、(3) 問題行動を行ってしまう子供のための特別指導オルタナティブ中学校。
2. SW-PBIS が効果的な学級経営をいかにして支援できるでしょうか。SW-PBIS の特徴と教室での行動支援の間に具体的な関連性を見出して説明してください。
3. SW-PBIS は RTI のモデルとどのように関係しますか。
4. SW-PBIS を実施するために必要な条件を整えるよう、教育委員会に出向いて要請することになりました。要求する事柄が重要だと説明するために用いる理論的な根拠について、SW-PBIS が学校に与える良い影響をについての具体例を示しつつ、詳しく述べてください。さらに、必要となる事柄のリストを作成し、それぞれについて必要であるという理由を付してください。

第 **2** 章

学級ポジティブ生徒指導 CW-PBIS
成果、データ、および仕組みに焦点を当てる

本 章 の 目 標

1．学級ポジティブ生徒指導 CW-PBIS の成果を確認できる。
2．学級でデータを集め、それを使って判断を下すことができる。
3．実践をサポートし、維持推進させる仕組みを見つけることができる。

想像してみよう……

　ストット先生が近寄ってきて、「私の学級は無茶苦茶になっているんです」と言ったとします。どういうことかと尋ねても、ぼんやりと私を見ているのです。そこで、どんな学級になったらいいのかと聞いてみました。それでも無表情に見つめているだけです。ストット先生が学級のあるべき姿をはっきり描き出せていないのはすぐわかりました。今の問題をどう説明すればいいのか、現状さえもわからずあなたを頼ってきたのです。学級でどんなことをしてきたのか、明確にできることこそが大切なのです。

　私と子供たちが、この学年で達成してきた成果をいくつか例を挙げて説明してみました。しかし、彼はさらにうつろな目となっていました。それに、自分の実践を教えてくれるのはデータなのです。その大切さを力説したのですが、彼の目はもっとどんよりとなっています。私はすでに、複数の委員会を掛け持ちしています。しかも新任教師を 3 人も指導していて手一杯なのです。だからこそ、ストット先生には支援体制を見出して成果を上げ、効果的なデータシステムを作り上げ、その成果に見合う学級ポジティブ生徒指導 CW-PBIS を実践してもらいたいのです。

　ストット先生の学級のためにもこの章を読んでもらい、ポジテイブ生徒指導 PBIS を理解する出発点にして欲しいのです。

学級ポジティブ生徒指導 CW-PBIS の概要

　学級の行動をサポートする説明の中で、学級経営や行動マネジメントといった用語がよく使われている。本書では、学級ポジティブ生徒指導 CW-PBIS（以下「CW-PBIS」）という言葉を使っているが、この方法はポジティブ生徒指導 PBIS（以下「PBIS」）という大きな実践体系に含まれる。この方法で強調しておきたいことは、ポジティブで予防的だということである。序章で読んできたように、PBIS の実施には 4 つの重要な要素がある。それは、成果、データ、仕組み、そして実践である[114・116]。第 1 章では、これら 4 つの重要な要素は、全校ポジティブ生徒指導 SW-PBIS（以下「SW-PBIS」）の実践でも、同様に見られることを述べてきた。また、SW-PBIS を実施すると、問題や望ましくない行動が減少すること（職員室呼び出し指導書、停学、退学処分、いじめ報告の減少）を含め、さまざまなことがポジティブな成果と結びつき、望ましい成果が子供とスタッフに増えてくること（向社会的行動の増加や学業成績、学校雰囲気の向上、組織の健全化）を述べてきた[例：10・11・12・13・59・129]。

　この章では同様に、さまざまな重要な要素を、学級向けに示すこととする。大部分の教職員が SW-PBIS を実践しており、予防的、ポジティブに支援を行っている学校では、学校全体という幅広い状況の中で、学校単位と同様に学級の場合でも、指導においてはこうした重要な要素に歩調を合わせるべきである。なお、子供の行動支援が学校レベルでなされていない環境でも、効果的な CW-PBIS の 1 つひとつを、あなたが独自に設定して実践してよい。あなたは刺激制御の概念を理解することができる（第 7 章）。だから**あなたの学級に最適な先行条件を制御し刺激すれば**、子供の望ましい行動を引き出すことができる。たとえ他の学級で罰や場当たり的な対応で「管理」されていたとしても構わない。あなたは教室入口で子供を迎え入れ〔訳注：アメリカでは子供側が教室を移動する〕、子供に学級の期待を思い出してもらい、ポジティブに、予防的に対応すればよい。成果を把握するデータを集めれば、期待した成果が得られるだろう！

学級ポジティブ生徒指導 CW-PBIS の成果

　成果とは、子供に達成してもらいたい目標を、データに基づいて記述した内容のことである。子供であれば、望ましい行動と学業成績を向上させることであり、望まれない行動の減少である。また、あなた自身であれば、ポジティブかつ予防的に CW-PBIS を一貫して実践できることであり、その場しのぎの指導を少なくすることである。研究の結果によると、データに裏打ちされた CW-PBIS を忠実に実行すると、子供の社会性は健全に育ち、成績の向上（課題に取り組む、学習に取り組む）、振る舞いの向上（正しく応答できる）、また問題行動（授業中の問題行動、破壊的または好ましくない行動[96]）の減少が期待できるという。

　学級は順調に成果を収めているのだろうか。これを確認するためには、CW-PBIS の観点から、あなた自身（実践）と子供（社会的な行動と学業成績、あるいは両方）が向上しているかを知る必要がある。成果について次の点を明らかにして目標を定めて欲しい。(1) 成果が

得られる**状況**、⑵ 成果が期待される**個人**（子供や教師）、⑶ 具体的な**行動**、⑷ 成功の**基準**[1・26]である。

　これら 4 つの部分を含んだ成果について、子供（例：1–2）や教師（例：3–4）向けに事例を説明しよう。

1. 定期的に行うソーシャルスキルの指導や復習、スーパービジョン、確認作業を行っているとき（**状況**）、1 学期中 80％（**基準**）、子供（**個人**）が積極的に授業に参加し、発言したいときは挙手をし、友だちと教師に丁寧な言葉を使い、自他ともに気持ちよくいられる（**行動**）ならば、学級に敬意ある行動が起こっていると言える。
2. 活発に授業に参加できるようにする指導（**状況**）を行い、子供（**個人**）の 90％が学習を達成し（課題に取り組み、大部分の課題が達成され、正確な知識とスキルが使われている：**行動**）、2 学期には 90％の学業成績が得られる（**基準**）。
3. 教師が教える授業で（**状況**）、私は（**個人**）、サンプリングされた授業の 80％（**基準**）、毎分 1 ～ 5 回ほど答える（**行動**）機会をどの子供にも与えている。
4. 学級で起こるすべての日常行動に対して（**状況**）、サンプリングされた 90％の機会の中で（**基準**）、私（**個人**）は否定的で矯正的な言葉を子供 1 人ひとりにかけるたびに、正しく行動したことに対して少なくとも 4 つのポジティブな働きかけ（例：明確な称賛）を行う（**行動**）。

　この章を読み進む前に、あなたの学級の実態を上述のように少し書き出してみてはどうだろうか。成功へ向けて具体的に基準を決め、成果の進捗状況を見守るには、データを集めて利用することが必要である。次の節では、学級の行動データを集めるいくつか方法を説明する。

データ：学級ポジティブ生徒指導 CW-PBIS で意思決定を支援する

　CW-PBIS を行って進捗の程度を測定し、そのデータを意思決定に使うことが重要である。学業成績であれば、学級のデータを集めることには慣れていることだろう。ところが、教師は ODR の社会的行動のデータまであまり集めていないことがわかっている。ODR は学校全体の意思決定データとして役立つ資源ではある。しかし、その感度は弱く、あなたが実施する CW-PBIS の実践としては十分でない。したがって、CW-PBIS の実践に対する子供の反応について、追加データを集める必要がある。データなしに指導（あるいは介入）するのは、ヘッドライトもつけずに暗闇を走るようなものである。あなたは走れるかもしれないが、危険きわまりない！

　データ収集を容易にするために、データを集める目的と内容を明確にしておく必要がある。学級内でデータを収集する目的は、現在の能力の評価（例：ソーシャルスキルの使用、問題行動のレベル）、問題の特定や定義、介入方法の選択、介入効果の評価、進捗状況と実施状況の把握など多様である。データを集める目的が明確になれば、効果的な収集方法を知る必

要がある。行動を測定するためには、複雑な方法を設計することも可能だが、私たちは単純なやり方のほうが最良だと確信している！　この節では、操作的な定義、行動の諸次元の明確化、測定、要約、データを使った社会的行動に関する指導上の判断といったさまざまな方法を解説する。

■ 行動を操作的に定義する

　データを集めて使う前に、何のデータを集めるのか、また情報を使ってどのように意思決定するのかを考えておこう。そこで、まず学級で増やしたい望ましい行動と、減少させたい望ましくない行動を操作的に定義しよう。名前が意味するように、操作的定義とは、動作を構成する「操作」、またはその動作が「どのように見えるか」についての詳細な説明のことである。良い操作的定義は、その動作の一般的な説明から始まり、模範的行動と模範的でない行動が続き、その行動がどのようなものであり、どのようなものでないかを描写する。例えば、図 2.1 に示す授業への参加行動の操作的定義を考えてみよう。一般的な記述、模範的な行動、模範とならない行動を見れば、教師も子供も、外部観察者も、子供がいつ授業に参加しているのかがわかる。

　子供固有の行動をうまく操作的に定義するためには、何回か直接観察する必要がある。子供をよく知っているとしても、教師は授業中多くのことに集中している。だから起こっていることを正確に記述することは難しい。したがって、行動の正確な記録をとるには、観察用に数分間をあてるか、他の教師に観察を依頼しなければならない。行動を詳細に記録したら、関連する行動の側面を考慮し、最初に行った定義を変えることもあり得る。

■ 行動の諸側面を特定する

　初めて行動について操作的定義を作ってみると、次には疑問が出てくる。その行動は、正確にはどのように見えるのか？　それは何回起こるのか？　それはどれほど続くのか？　それはどこで起こるのか？　それはどれぐらい強いのか？　これらの疑問はどれも、行動の異なる側面を表している。次の節からは、(1) いくつかの側面をそれぞれ定義しつつ、その事例を挙げ、(2) 操作的な定義から行動測定における諸側面の重要性を議論する。

図 2.1　授業参加行動の操作的定義の例

一般的な記述	
課題を取り組んでいる子供が、その状況下で適切な課題に取り組んでいる。言い換えると、子供はそのとき、教師から望まれている行動に携わっている。	
模範となる行動	模範とならない行動
・教師が話しているとき教師を見ている ・割り当てられた課題に取り組んでいる ・適切な人や活動に、注意を向けている ・教具を手で正しく持っている（例：鉛筆）	・教師が話をしているとき、じっと壁を見つめている ・自習中に、友だちと話をしている ・求められていない活動に注意を向けている 　（例：机の上で、クレヨンで遊んでいる） ・教具をもてあそんでいる

行動の諸側面

　行動の重要な諸側面とは、行動について何が（反応形態）、何回（頻度、割合、および時間経過に伴う変化率）、どのくらいの時間（持続、行動間時間、潜時）、どこで（場所）、どれぐらいの強さ（強度）で起こるのかということである[1・26]。これらの側面は、それぞれに行動の異なる側面を表している。次に、それぞれの側面の定義と事例、そして操作的に定義することと行動を測定することの重要性を説明しよう。

何が：反応形態

　行動の反応形態というのは、行動の「形」（地形図のようなもの）の明瞭かつ豊かな記述である。つまり、行動がどのようなものかである。それゆえに、常に反応形態には最適な操作的定義が含まれている。例えば、行動を「自傷」とラベリングする代わりに、その子供は「右手を左手で握って右手を口に持っていき、手首のすぐ上の右前腕の内側を嚙む」と記述する。丁寧に説明することで、外部の観察者（または担任外の教師）は、その子供の自傷の様子が正確にわかる。同様に、単に「礼儀正しくしなさい」と言うのではなく、礼儀正しさは、「丁寧な言葉を使い、まじめに聴き、やさしい行動を示すことである」と説明する。つまり反応形態というのは行動を記述することであり、すべての操作的定義の中でも常に重要なものとなっている。

何回か：頻度や割合、時間経過に伴う変化率

　行動の頻度というのは、単にどのくらい行動が発生するかということを表す。しかし、数えるだけ（その行動は 50 回起こった）では、これを解釈するのは難しい。その数になるまでどれだけ時間がかかったのかも入れておく必要がある。例えば、ある子供が 50 分間に 50 回の私語（1 分に 1 回の私語）をした場合、その行動が 50 授業時間で発生した場合（1 授業時間 1 回の私語）よりも多い（より問題になる）と考える。時間という文脈で頻度を考慮すると、次のことが必要となる。(1) 各観測またはデータ収集期間の長さを記録すること、(2) 頻度（カウント）を観測された時間（分、時間、またはその他の時間）で割って割合を算出すること。この例では、50 回の私語を 50 分で割った結果、毎分 1 回許可を得ず発言している（すなわち、50/50＝1）ことになる。したがって、どのくらい行動を起こすのかを知りたければ、それを検討し報告するためにも、割合が意味あるものとなる。また、時間の経過とともに、割合の変化、または時間経過に伴う変化率を記録することもできる。例えば、子供が 1 分間に正しく読んだ単語の割合が増えているか（加速しているか）、私語の割合が減っているか（減速しているか）を知りたい場合がある。

どのくらい長いのか：持続時間、反応間時間、潜時

　「どのくらいの時間」がかかるのかを調べるためには、次の項目 1 つひとつに注目する。(1) 行動の開始から終了までにかかる時間（行動の持続時間）、(2) 行動と行動の間にどのくらい時間があるのか（反応間時間）、(3) 弁別刺激（S^D）が提示された後に行動が始まるまでかかる時間（行動の潜時）。例えば、学級で「授業中に問題行動」を起こす 3 人の子供がいた

とする。1 人目の子供については、その日一日、どれだけの時間いたずらしていたのか（累積持続時間）。2 人目は、独りで行う自習中、いたずらといたずらの間にどれだけ課題に従事していたか（授業中の問題行動の反応間時間）、そして 3 人目は、課題を割り当てられた後（S^D）、課題を開始するまでにどれくらい時間がかかっていたか（課題遂行までの潜時）と考える。したがって、時間と言っても持続時間（行動の開始と終了の間に経過した時間）、反応間時間（行動と行動の間に経過した時間）、潜時（〈S^D〉と行動間の経過時間）と表し方に違いがある。

どこで：位置

行動の位置というのは、行動が起こる場所のことである。位置は、**環境**内の場所として説明できる（例：子供は、廊下の右側を手足や持ち物をぶらぶらさせず、安全に歩くよう期待される）。あるいは、行動の結果としての（傷をつけられた）**身体**上の位置（例：友だちに右上腕を殴られた結果、青あざが残った）と説明できる。実際には次に説明するように、傷は強度の指標ともなる。

どれほど強いか：強度

行動の強度とは、その強さのことである。例えば、食堂（場所）であれば、管理職は子供の声やその他の騒音の強度が気がかりとなる。託児施設であれば、幼児の嚙みつき行動の強さ（例：傷のない皮膚から皮膚損傷までの傷害の程度）に関心が向く。声の音量と嚙む強さは強度の例である。

諸側面の重要性

行動の諸側面には、重要なことが 2 つある。まず、適切な各側面から行動を理解し記述すれば、より完全かつ正確に行動を伝えられる。例えば、集中が切れて 2 秒ほど窓の外を見た後、課題にすぐ戻ったのか？　あるいは、集中が切れて窓の外を見たのが 10 秒以上だったのか？　第二に、行動そのものというよりも、行動の諸側面が問題だと見なされることもある。例えば、誰でも（あなたもですが！）授業期間中に集中を切らすのはわずかな間である。しかし、日常的に授業時間の 60 ～ 80% も課題から離れていた場合（持続時間）、その行動は問題となる。同様に昼食の間、子供たちには団欒して社会的なスキルを磨いて欲しいと思う。しかし、大声（強度）を出すとその行動は問題となる。したがって、特定の子供、特定の行動、特定の場面では、行動のどの側面が重要なのかを考えたうえで、測定する方法を選択・設計するとよい。

■ 測定方法の選択や設計

目的とする行動を操作的に定義し、関連する行動の側面を特定すれば、測定する準備が整ったことになる。この節では、測定方法の種類を概観し、すでにある測定方法の調べ方に焦点を当て、各自が適切な測定手法を選択し、また設計できる指針を示したい。

測定方法の種類

　独自の仕組みを設計する場合でも、公開されたツールを選択する場合でも、行動を測定する方法を熟知すべきである。行動を記述したり測定するためには、主に5つの方法がある。逸話的報告、動作結果の記録、出来事の記録、時間ベースの推定またはサンプリング、および時間計測である^{例：1・26}。さらに別の方法もある。それには行動の1つの特定の側面を測定するためのものや、複数の側面の行動をとらえる混合法がある。すでに述べたように、測定方法は、(1)データ収集の目的（または指標）、(2)行動の操作的定義、および、(3)その行動が関連する側面などの視点で選択される。以下に各測定方法について説明し、その用例を示し、その適合性（すなわち、どのタイプの行動や側面がよいのか）を明らかにしたい。

逸話的報告

　逸話的報告とは、行動の物語的な記述のことである。明確な操作的定義を作るには、逸話的なレポートを使い、行動がどのように見えるか（反応形態）を正確に記述すればよい。時折教師は逸話的な報告を用いて、先行条件‐行動‐結果の系列を書き、行動が起こる状況を記述する。逸話的報告は、場所（行動が発生したところに注目する）や強度（行動の強さを説明する）のように、行動の別の側面を記述するためにも使える。逸話的レポートは数値化が難しい。そのため正しい測定方法ではなく、記述的なものと考えるべきである。

動作結果の記録

　ある行動が環境に物理的な変化を生じさせた場合、その行動を測定するためには動作結果の記録を使う。動作結果の記録は、頻度（小テストでの誤り数または正解数）や反応形態（文字の形）、場所（備品の損壊の場所、または身体のあざや傷の場所）、強度（壁の穴の大きさ、損傷の程度）を示している。

出来事の記録

　行動がどのくらい発生するかを測定する最も単純な仕組みは、出来事の記録である。これは画線法（「正」を書いて数える）、集計または頻度カウントとして知られている。出来事の記録を使うには、指定した時間内で行動が発生するたびに紙と鉛筆、計算器、またはスマートデバイス上のアプリケーションを使って数える。先ほど述べたように、頻度を割合に変換するためには、度数を観測された時間単位で割る。時間経過に伴う変化率を記述するため、時間の経過に伴う割合の変化（割合の線グラフ上の傾き）にまとめる。この方法を使って行動を正しく測定するには、各画線法のマーク（またはカウント）は類似した行動の量を表している必要がある。言い換えれば、(1)**低率**かあるいは「数えられるほど」で、(2)**不連続**（明確な開始および終了がある）で、(3)持続時間、強度および他の関連した側面が**類似**していれば、適切に行動を数えられたことになる。発話された汚い言葉を数えるのが典型的な例である。ほとんどの子供は汚い言葉を使うことは少ないので数えられる。また汚い言葉は単発的で似ている（古き良き下品な言葉）。それとは対照的に、授業中の問題行動は始めと終わりがはっきりしないし、子供が課題から離れるのは、1回に10秒のときも10分のときもあるの

で、この行動を数えるのは不適切である。同様に、子供が自分自身を叩く回数を数えるのは適切なように見えるが（叩くことは普通単発的で、似てもいる）、高頻度であると（例：75 回／分）、正確に数えるのは極めて難しい。

時間ベースの推定、サンプリング

　行動がどのくらい起こるのか（頻度や割合）を知りたくても、出来事の記録が適切でない場合（行動が低率でない、離散的、または似通っている場合）は、時間ベースで推定するとよい。時間ベースの推定（またはサンプリング手続き）を使うと、高率で、離散度が低く、変動しやすい行動が何回起こるかを推定する（サンプリングする）ことができる。時間ベースの推定には、部分区間記録、全区間記録、瞬間サンプリングの 3 種類がある。3 つの方法のどれも、まず観察時間を等しい時間間隔（通常は 10 秒から 2 分）に分割する。より短い間隔（例：10 秒）をとると、より正確な推定ができる。しかし、授業中にデータを集める場合では、もっと長い間隔（例：2 分）にするほうが簡単で実用的である。例えば、10 秒間隔で 10 分間観測する場合で、10 秒ずつで 60 回分のデータシートが作成される（図 2.2 を参照）。

　時間が区切られたデータシートを作った後、次にその行動の推定方法を選ぶことになる。部分区間記録では、区間の長さや生起頻度に関係なく、区間のどの部分でも起こったとき発生したことをマークする。つまり、行動が、(1) 区間内で 1 秒間続く場合であろうが区間全体で続く場合であろうが、(2) 1 回起こる場合であろうが複数回起こる場合であろうが「プラス」（または、生起したことを示す他の記号）でマークする。全区間記録では、行動が区間全体で続く場合にのみ行動が起こったと記録する。言い換えれば、2 分間隔を使った場合は、行動が開始時に発生し（ちょうど始まって）全区間にわたって続いている場合に、行動が起こったとして記号をつける。瞬間タイムサンプリング記録法では、区間終了時点で動作が発生しているかどうかをマークする。つまり、ほとんどの期間中子供が席を離れていて、区間の終わりに自分の座席に戻った場合であっても、その行動は起こらなかったと見なす。区間の終わりに起こったことを記録するだけである。

　これらの推定手順がどのように機能するか。これを説明するためにデータシートを 30 秒間隔で分割した状況を考えてみよう。タイマーは観測の開始から終了まで動いている。子供は 15 秒で目標の行動に取り組み始め、45 秒で行動をやめた。部分区間記録を使っていた場合、行動が起こったため、行動が 1 番目と 2 番目の間隔で発生したとしてマークする。それは、最初の間隔の 0 〜 30 秒の区間中の 15 〜 30 秒の間、および 30 〜 60 秒の区間中の 30 〜 45 秒で起こっているからである。全区間記録を使用していた場合は、いずれの区間でも行動が継続していなかったので、第一、第二区間で行動は発生しなかったとマークする。瞬間サンプリングを使用している場合は、最初の区間の最後に動作が存在することをマークする。つまり、選択した時間ベースの推定方法に応じて順に、区間内で 2 つ（部分区間記録）、0（全区間記録）、1 つ（瞬間時間サンプリング）の行動が発生したと記録する。したがって、測定手順を明確に記述し（他の人にデータを知らせる場合）、データを度数や持続時間ではなく「区間の占める割合」としてまとめ、なるべく短い時間間隔を使って精度を上げられるようにする。

図 2.2　10 秒間隔の時間ベースの推定手順を用いて 10 分間の観測をするためのデータシート

このデータツールには、行動（B）に加えて、先行条件（A）と結果（C）を入れる選択肢がある

先行条件（A）	行動（B）	結果（C）
1．教師の注目 2．友だちの注目 3．ひとりでの自習（注目がない） 4．移動／中断 5．その他（追加観察として記入）	1．授業への参加（教師への注目、割り当てられた課題の実行、適切な人や活動への注意の集中など） 2．授業を混乱させる行動（言語的、非言語的） 3．授業を混乱させない問題行動 4．その他（追加観察として記入）	1．教師の注目 2．友だちの注目 3．課題の解除 4．他の刺激に近づく（例：動き、ものいじり） 5．その他（追加観察として記入）

日付＿＿＿＿＿＿＿＿＿＿　　　　開始時間＿＿＿＿＿＿＿＿＿＿＿＿＿＿＿＿＿＿＿＿

事象	0:10	0:20	0:30	0:40	0:50	1:00	1:10	1:20	1:30	1:40	1:50	2:00	2:10	2:20	2:30	2:40	2:50	3:00	3:10	3:20	3:30	3:40	3:50	4:00	4:10	4:20	4:30	4:40	4:50	5:00
A																														
B																														
C																														

追加コメント

日付＿＿＿＿＿＿＿＿＿＿　　　　開始時間＿＿＿＿＿＿＿＿＿＿＿＿＿＿＿＿＿＿＿＿

事象	5:10	5:20	5:30	5:40	5:50	6:00	6:10	6:20	6:30	6:40	6:50	7:00	7:10	7:20	7:30	7:40	7:50	8:00	8:10	8:20	8:30	8:40	8:50	9:00	9:10	9:20	9:30	9:40	9:50	10:00
A																														
B																														
C																														

追加コメント

時間計測（持続時間、反応間時間、潜時の記録）

　時間ベースの推定は行動頻度の推定に適しているが、行動の持続時間の具体的な尺度は得られない。持続時間、反応間時間、または潜時を正確に測定するには、行動の開始から終了まで（持続時間記録）、ある行動の終了から次の行動時間の開始まで（反応間時間）、または、S^D の提示から行動の開始までの時間（潜時記録）をスマートデバイス上のストップウオッチ、タイマー、または他のアプリケーションを使って測定する必要がある。持続時間を記録するデータを集める道具のサンプルは図 2.3 を参照していただきたい。これは、反応間時間や潜時を記録するのにも簡単に使える。持続時間および潜時の記録は、行動が不連続である（明確な開始および終了を有する）場合のみ可能である。行動が不連続でない場合、時間ベースの推定が最良の方法となる。

その他の行動の諸側面の測り方

　今説明した仕組みは、行動を測定する最も一般的なやり方であろう。しかし、特定の側面を測定する方法や装置は他にもある。例えば、声の音量を測る騒音計である。研究用に使われているが[例：64]、あるレベル量を超えたとき知らせてくれる「赤信号」として市販されてもいる。さらに、異なる測定方法を組み合わせて、複数の側面を同時に追跡してもよい（文献1・26 を参照）。行動の頻度、場所、および反応形態をメモするためには、例えば「記述的分析カード」を使うとよい（図2.4）。各カードは 1 つの行動の出来事（頻度）を表し、出来事の継続時間を記録できるようにしてある。行動の前後にある位置（場所）と状況の特徴（先行条件と結果は第 7 章で述べる）や、出来事（反応形態）を構成する個々の行動、そして追加のメモ（主観的な強度の印象）も記録できる。したがって、1 つのデータツールで、子供の行動に関する多くの情報が得られる。

すでにある測定方法を選ぶ

　行動を測定するいろいろな方法やいつ使うかがわかったら、今度は 1 つの道具を選択することである。まず出版物や既存の測定法を検討する。すでに利用可能となっているさまざまな行動測定法がある。例えば、直接行動評定（DBR; www.directbehaviorrating.com）は、単純な（1 つの行動につき 1 つの）評定尺度を用いて行動を評価する、柔軟で効率的かつ効果的な方法である。DBR は、心理測定的諸特性[20] が確立しており、オンライントレーニングや追跡アプリケーションも用意されている。他の例として、学校にスマートフォンや端末で使えるアプリ（BOSS）[94] がある行動観察を考えてみよう。BOSS を使うと、特定のターゲット行動の頻度を記録できる。また、観察中の子供の関わり方（受動的および積極的）を記録できる。これらの例に加えて、専門的な文献[92]、オンライン（例：National Center for Intensive Interventions; www. intensiveintervention.org/chart/behavioral-progress-monitoringtools）、また iTunes のアプリストアに追加ツールが見られる。

測定方法を選ぶときに考えておくこと

　公表されている測定方法は役に立つ（例えば、検証済みの心理測定上の諸特性は利用可能）。

図 2.3　行動の持続時間記録のデータシート

観察日:	観察者:

行動:	

操作的定義:	

事象	開始	停止	持続時間	詳細
1				
2				
3				
4				
5				
6				
7				
8				
9				
10				

持続時間の合計:＿＿＿＿＿	平均持続時間:＿＿＿＿＿
持続時間を足して合計時間を算出する	記録された行動事象数で合計持続時間を割って、行動の平均持続時間を算出する

図 2.4　記述的分析カード

効果的な道具である。このカードは、行動の頻度や持続時間、場所、反応形態、その他の観点の記録が可能である

子供の名前： _____

日付／時間	先行条件	行動	結果
持続時間	☐ 要求あるいは依頼 ☐ 困難な仕事 ☐ 移動 ☐ 友だち間の対立 ☐ お気に入りの事柄や活動を取り上げられること ☐ ＿＿＿＿＿	☐ 好ましくない言語行動 ☐ 身体的攻撃 ☐ 器物損壊 ☐ 徘徊 ☐ 自傷 ☐ ＿＿＿＿＿	☐ 要求あるいは依頼の除去または回避 ☐ 困難な仕事の除去または回避 ☐ 教師の注目 ☐ 友だちの注目 ☐ 触れられるものをとる／得る ☐ ＿＿＿＿＿

報告者名 _____

コメント _____

_____

_____

_____

_____

_____

_____

_____

_____

_____

_____

_____

_____

_____

_____

_____

_____

しかし、あなた自身がソーシャルスキルを指導したり、問題行動に対処しようとしているのなら、それを具体的に把握できる測り方をするのがよい。行動を記述し測定するオプションは多くある。そこで、独自に測定の仕組みを設計する。そのときには、次に示すガイドラインに従って、最適な方法を選択しよう。第一に、対象行動の操作上の定義を考えてみよう。記述された行動が離散的なものであるか（明確な開始および終了が見られるか）、低率か高率か（普通はどのくらいの頻度が観測されるか）、似た行動が起こるのか、に注意する。これら行動の諸側面から、特定の測定方法が決まって（除外されて）いく。例えば、事象や持続時間、および潜時の記録が使えるのは、行動が不連続である場合のみである。

　第二に、状況の中で最もふさわしい行動の側面を考慮することである。操作的定義をより良くするためには質問に戻って絞り込む（どのくらいの頻度で、どのくらい長く、どこで、どのくらい強いのか？）。増加させたいにせよ（例：教室で相手を尊重する行動の反応形態をシェイピングする）、減少させたいにせよ（例：座席を離れる行動の持続時間を短縮する）、どの側面が最も重要なのかを検討する。関連する側面を特定すれば、どの測定方法が適切なのかが明確になるはずである。例えば、低い割合で不連続な行動の頻度（発生ごとに類似している）に関心があるなら、出来事の記録が最も簡単な方法である。

　第三に、誰がデータを収集するのか、また、そのときに他に何をしているのかを考える。計測している間、子供が何回大声を出し、何回手を挙げているか調べて、学級全員のデータを集める場合、記録はできる限り簡単にする（付箋紙の真ん中に線を引き、一方に勝手な発言を、他方に挙手を記録する）。同時に複数の作業をする必要があるからだ。これに対して、支援計画の策定に備えて、スペシャリストに子供の詳細な情報収集を依頼した場合はどうか。その場合は多様な行動頻度を推定する 10 秒間部分区間記録法（図 2.2 のように、場所、先行事象および後続事象）を使い、状況を記録できるだろう。データ収集の方法にかかわらず、その目的は、データをまとめて意思決定に役立てることにある。

■ データのまとめとグラフ作成

　行動を測定するときはいつでも、行動を代表するサンプルをとって意思決定をする必要がある。誰もが良い日と悪い日があるので、データ収集では数日（最低 3 ～ 5 日）をかけて行動をサンプリングし（10 ～ 30 分の観察）、関連する状況や日課の中で起こる出来事を確かめる。十分にデータ量が得られたら、データをまとめてグラフに表し、意思決定ができるようにする。

得点を要約する

　観測やデータ収集した後は、要約された主な得点、または観察全体を定量化する数値にまとめる必要がある。例えば、出来事の記録を使って行動の割合を測定した場合、その観察を要約した得点は行動の割合（つまり、時間あたりの行動）となる。持続時間記録を使った場合、観察中の行動の累積持続時間（各行動の出来事の記録の持続時間の合計）または各行動事象の平均持続時間（観察された累積持続時間を観察した行動事象の数で割ったもの）が要約得点となる。どの要約得点が最良かを判断するためには、データ収集の目的に戻ってみることで

ある。例えば、子供の授業参加行動を増やすためであった場合、最も知りたいのは、子供の活動中に授業に参加している時間である（累積持続時間）。これらの例が示すように、各測定法で得られたデータのまとめ方は多様である（各測定法の要約得点の一覧については図 2.5 を参照）。各観測またはデータ収集場面を 1 つの要約得点で簡潔にまとめると、意味あるデータの視覚的な表示を簡単に作れる。データを要約する表も使えるが、「百聞は一見に如かず」というように、データを要約する最も簡単で効果的な方法はグラフである。これは意思決定を容易にする。

グラフのタイプ

　グラフとして視覚的にデータを表現する方法は数多くある。そしてデータの集計に最も役立つ 2 つの主なグラフが、折れ線グラフと棒グラフである。折れ線グラフは、時間経過に伴う行動レベルのパターンを表示できるので便利である。言い換えれば、折れ線グラフは、観測間で行動が発生する頻度や時間を表すのに便利である。一般に、折れ線グラフは、説明としての表題と x 軸に沿って表される時間（例：観察、日にち）、および行動の単位（図 2.5 に示される要約タイプの 1 つ）が y 軸（垂直）に沿って表される。グラフ上で複数の行動を表示する場合は、得点を異なる形で示して、各データ経路を表す線に対しても、異なる太さやパターンを使うことが望まれる（Excel と専用グラフ作成プログラムでは、既定値として設定されている）。

　より高度なグラフ作成ツールを使用すれば、グラフ内に追加情報を加えることができる。例えば、変更を行ったとき（指導を修正したり、変えたりした場合）、グラフに縦線が描かれ

図 2.5　測定方法と適切な要約得点との対照

測定の手立て	要約得点
逸話報告	・物語的な記述
動作結果の記録	・事象数 ・数／時間（割合） ・合計のパーセント
集計／カウント	・事象数 ・数／時間（割合） ・カテゴリごとの事象数または割合
持続時間または時間間反応記録	・全体の時間（累積） ・時間のパーセント ・事象ごとの平均時間（始まりから終了）または事象間（終了から始まり）
潜時の記録	・全体の時間（累積） ・時間内におさまった割合 ・平均時間（S^D と行動との間）
部分区間記録	・区間の割合
全区間記録	・区間の割合
瞬間タイムサンプリング記録	・区間（または出現）の割合

るのでそのことがわかる。この垂直線は位相線と呼ばれるが、テキストボックスを用いて各位相線の前後で何が起きていたか表題を入れる必要がある（ベースライン、介入など）。また、データ収集上一日以上の中断（学校の休暇、子供の病気など）が発生した場合、中断前後のデータポイントを結ぶ線を削除し、中断を表す必要がある。このような連続の中断は、途切れを示し、グラフの下に中断の内容を記述することができる（以上に説明したさまざまな表記法を表す折れ線グラフが図 2.6 である）。

　棒グラフは、事象や行動の種類を表すのに便利である。言い換えると、棒グラフを使用して、異なるタイプの行動（反応形態）や行動が生じる異なる位置（場所）、またはカテゴリ化できる文脈上の他の特徴（例：共通する先行事象および結果）などを較べられる。折れ線グラフと同じように、棒グラフには、y 軸（垂直）に沿って表題と行動の単位（適切な要約得点）の記述があるはずである。しかしながら、棒グラフには x 軸（水平）に沿って（時間ではなく）種類が表示される。棒グラフはざっと見て最高最低がわかるため、読み取りと解釈が容易となる。

データを示す

　それぞれの目的や主要な問題に対処するためにグラフを準備するとき、以下のヒントを参考にしていただきたい。データを提示するときは、単純にすることである。専門的なグラフ作成プログラムは、グラフを「きれいに」するための無数のオプションがある。しかし、はっきりとラベルづけされた白黒のグラフは、複数の色などで飾りつけたグラフよりもわかりやすい。データを他のユーザー（例：同僚、親、子供）と共有する場合には、魅力的なグ

図 2.6　折れ線グラフは、⑴ 時間（x 軸）ごとの行動レベル（y 軸）、⑵ 介入前後（位相線）での変化、および、⑶ 休校日によるデータ収集の途絶（連続の中断）を表す

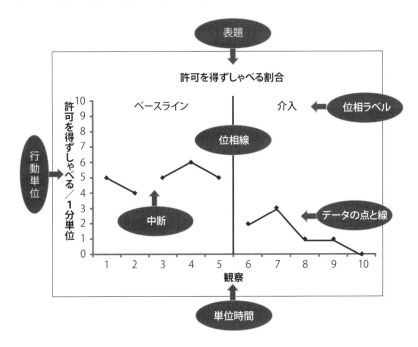

ラフを作る能力ではなく知識を印象づけるほうがよい！　同様に、誰もが情報を理解し討論に参加して意義を見出すことができるように、共通言語を使用し（専門用語ではなく）、データを明確かつ簡潔に見せるようにする必要がある。データを効果的に見せれば、意思決定は容易となる。

■ 意思決定をするためにデータを使う

　上述してきたように、さまざまな目的でデータを集めて使うことができる。データを使って状況を把握し、問題解決過程に資することができる[92]。CW-PBIS を進める中では、次のようなデータが集まる。(1) 特定の CW-PBIS の実践を見守る（例：応答の機会、具体的な賞賛）、(2) CW-PBIS の実施の有効性が評価できる（例：学習およびソーシャルスキル・トレーニング、好ましい行動を認めるやり方）、(3) 問題行動の範囲を特定する（例：学級全体、対象となるグループ、個人）、(4) 1 人以上の子供の問題行動の側面を記述し測定する、または、(5) 追加介入の（問題行動の範囲と側面に基づいた）選択と有効性が評価できる。CW-PBIS でのデータ収集のねらいは、目標行動、関連する側面、測定方法、適切な要約得点、効果的な視覚的表現の選択ができるようにすることにある。次に、データは意思決定を導くために使う必要がある。学級でうまくいっていることを続け、うまくいっていないことは矯正することである。あなたの行動や子供の行動に関する成果とデータの例は、コラム 2.1 と 2.2 を参照していただきたい。

仕組み：学級ポジティブ生徒指導CW-PBISを実践する教師を支援する[注1]

　成果を設定して、データを集め利用する。あなたが、こんな考え方に多少なりとも尻込みしているのなら、正しい立ち位置に到着したことになる！　CW-PBIS のすべての内容を効果的に実施するとなると、経験の浅い場合には、挑戦状を突きつけられたような思いを持つものである。

　残念なことに、私たちが養成段階で受ける学級経営の教育は限られている[9・44]。運が良ければ、現場で研修を受けることができる。しかし、ほとんどの教師は専門の研修を受けておらず、子供の行動に悩んでいることが報告されている[134]。実際多くの教師は、このような懸念から教壇を去っていく[62・110]。しかし、私たちは希望を持っている！　最近では、研究者や実践者、政策立案者が真剣に対策を検討し、CW-PBIS を含む教師の実践を評価しサポートをし始めている。

■ CW-PBIS の教師による実践を支援する方法

　研究でも実践でも教師の支援方法には、自己管理やピアサポート、専門的サポートがある。この節では、これら 3 つの一般的な方法を述べていくが、こうした方法を用いること

注 1：同僚、Susan Barrett、Chris Borgmeier、Jen Freeman、Terry Scott、George Sugai、博士課程の学生、Kate Dooley、Laura Kern、Kristine Larson、Eleanor Maddock と、多く議論を積みこの節を作った。謝辞を表する。

コラム 2.1　具体的な賞賛の割合を検討する

　テキストに沿い、教師が成果を選択し、データを用いてその成果に向かう進歩を記録し分析する方法を順に例示する。

成果の記述（括弧内には 4 つの指標が入る）

　教師主導の指導中に（*状況*）、私（*個人*）は、1 学期抽出された機会の 90%（授業中 10 分）、具体的に賞賛する言葉を 1 分間平均 1 回（*基準*）使う（*行動*）ことができる。

データ（準備された測定方法のステップを含む）

1. 具体的な賞賛の操作的定義

　教師は、1 人または複数の子供に行動に応じて具体的にポジティブなフィードバックを与える。

典型例となるもの

- 教師の指導中に、ある子供が挙手する。教師は「手を挙げてくれてありがとう」と言う。
- 教師の指導中に子供が教室に入ってくる。子供は静かに席に歩いていく。教師は子供に向かって歩いていき、「静かに部屋に入ってくれてありがとう」とささやく。
- 教師が、単語に下線が引かれている子音「(th)」を含む言葉（though）を指し示した後、「どんな発音ですか？」と尋ねると、子供は「(th)」を正しく発音して答える。教師は「いい発音だね」と言う。

典型例とはならないもの

- 教師の指導中、子供は教師に話しかけてくる。教師は目をぎょろっとさせて、「まったく！　聞いていてくれてありがとうだな」と言う。
- 教師が指導している最中、子供は静かに自分の席に歩いていく。約 90 秒後、教師は児童に「いいぞ」と親指を上げる。
- 個人指導で、教師は単語に下線が引かれている子音「(th)」を含む言葉（though）を指して、「どんな発音？」と言う。

2. 関連する側面

　割合（特定の賞賛の頻度を分単位で割ったもの）。

3. 測定方法

　出来事の記録、計数器（頻度を記録するゴルフカウンターまたはアプリのいずれか）を使う。具体的に言えば、教師は 10 分間のサンプル内容を決め、計算器でその間の具体的な賞賛率を求める。

4. 要約とグラフ

　データを集めた後、教師が Excel の表にデータを入力すると、自動的に折れ線グラフが更新され、時間の経過に伴う割合を表示する。

5. データを使った意思決定

　サンプリングされた 5 つの場面のデータを集めた後、割合の平均を出して、子供の成果が基準に達しているかどうかを判断する。もし未達成なら、教師はその割合を高める目標を設定し、自己強化計画を実施する（つまり、目標とする割合を達成できた日には、授業後自分に特典を与える）。成功基準に達しそれが維持されれば、サポートやデータ収集回数を減らし、スキル維持を図る。スキルを向上させるため、他の学級のやり方を見習うのもよい。

コラム 2.2　勝手な発言と挙手を記録し分析する

　次に、教師が説明しているときの勝手なおしゃべりと挙手データの集め方を説明する。

成果（括弧内には 4 つの指針が入っている）

　教師が教示している間（*状況*）、1 学期中に抽出された機会（教示中で 10 分間のサンプリング）の 80%（*基準*）、子供（*個人*）が勝手な発言をする代わりに挙手をする（*行動*）。

データ（準備された測定方法のステップを含む）

1. 操作的定義

　挙手：子供は片手を肩の上まで静かに挙げ、発言許可を得るまで待つ。

　勝手な発言：子供は（静かに聞くことが期待される指導中に）指名を待たずに、大声でしゃべり自分や他人の学習を邪魔する。

挙手の典型例（勝手に発言しない例）

- 教師の指導中、子供は手を挙げ、教師に指名されるのを待ってから発言する。
- 子供は、個人的な用事がある場合（トイレに行ったり飲み物を飲むなど）、挙手して施設利用を願い出て、教師が許可する（または近づく）のを待つ。

挙手の典型例ではないもの（勝手に発言する例）

- 教師の指導中、子供が手を振りかざし、「私を当てて！　私を当てて！」と叫ぶ。そして、教師が指名する前にいつも答えを言ってしまう。
- 子供が立ち上がり、トイレに行きたいと言い、外出許可証を握って教室を出る。

2. 関連する側面

　割合（挙手の頻度や勝手な発言を、観察した時間で割った値）。

3. 測定方法

　付箋紙にメモしたり、複数の行動の頻度を記録するアプリで集計して、**事象を記録**する。具体的には、教師の指導の中の 10 分を設定し、子供が許可を得ず発言したり、手を挙げたりす

るたびに数を記録する。

4. 要約とグラフ

　データ収集後、教師はそれぞれの行動の割合をグラフ化するため、エクセルのスプレッドシートに（図 2.6 で例示するように）データを入力する。

5. データを用いた意思決定

　5 回の抽出データを集めたら、教師は両方のスキルのデータを比べる。子供が勝手な発言をしておらず手を挙げていることがデータに示された場合（協議の結果として）、教師は現在の指導方法を続け、データを集めることでこの状態が保たれていることを確かめる。抽出された一部または全期間に、子供が挙手せずに勝手に話をしていることがデータによって明らかになった場合、教師は介入を実施し（例：スキルの指導をしたり、挙手を促す一連の随伴性を適用したりする）、データを集め続け、介入の効果（挙手が増え、勝手な発言が減る）を確かめる。

で、すべての教師を強力にサポートできることがわかっている（次の節でも説明する）。

自己管理

　他人を管理するのと同じように、自分の行動も管理していく。環境あるいは先行条件を変えるとき、自分の行動を把握し評価して新しい行動やスキルを学ぶとき、また望ましい行動を増やすとき、望ましくない行動を減らすため結果を随伴させるとき[例：105]などである。例えば、資料を持ってくる（望まれる行動）ように、翌日学校に持っていく資料の入ったカバンをドアのところに置いておく（先行条件を整える方法）。同様に、予定表（先行誘導刺激とモニタリング法）を使って、表にある内容を実行し（後続条件）、表の内容を完了させ（望ましい行動）、できたら自画自賛する（結果）。これら単純な例が示すように、すでに実生活では自己管理法を使っている可能性が高い。研究においても、教師はこのような単純な方法を CW-PBIS において使えることがわかっている[21・97・98・123・124]。外部サポートがなくても、自己管理法を用いて CW-PBIS の実践を加速することができる。どんな方法でもそうだが、自己管理も次の節で説明するように、必要に応じて増強できる。

ピアサポート

　この分野において、ピアサポートの人気はうなぎ登りである。教師同士で同僚のサポートを促進するために、さまざまな委員会（例：学年会、教科部会、専門的な研究会）およびパートナー（例：「相棒」教師）を使っている。これらの有効性に関する研究は、CW-PBIS の分野では限定的であるが、同僚を基盤とした支援をすることで、実践を援助し強化できる可能性が出る。これらのサポートは、非公式の支援（学級経営についての意見を同僚に求めるなど）から、より正式なもの（実際の実践にあたって、同僚にデータを集めてもらったり観察してもらったりすること）まである。また次に説明するように、必要に応じて強化することができる。

「専門家」のサポート

　おそらく最も典型的伝統的なサポートは、外部の専門家に頼り「座学」的に専門的研修を受けることである。研究の結果では、こうした「訓練はした。後は何とかなる」型の方法では効果が見られないということが一貫して示されている[2・41・113]。専門家が学校をベースとしていたり地域にいたりする場合、また教師の要望に応じられる場合、専門的サポートとしての役割が果たせる。第一に、専門家は、特定の CW-PBIS の技術について、簡潔で明示的で教訓的なものを提供することができる。このトレーニングは十分ではないにしても、専門的なサポートは必要である。さらに、多くの学校では、入門プログラムや学校をベースとした非公式な指導を通して、専門家（例：古参の教師）がメンターとして、新任教師の指導を行っている。研究によると、これがうまくいけば、これらの支援で新任教師が CW-PBIS を実践できる助けとなることが示されている[14]。また、学校での指導やコンサルテーション支援がますます注目されている。例えば、学級を調べるのに役立ち、エビデンスに基づいた学級経営の実践を増やすために使える教師コンサルテーションモデルがある[89]。これら CW-PBIS の方法を裏づけるエビデンスは現在提出されているところだが、具体的集中的な支援を必要としている教師にも、これらのサポートを使うことでうまくいく[74・90]。

■ CW-PBIS のための多層支援の概要

　子供のサポートでは、フリーサイズの指導などないことがわかってきている。したがって研究者は、多層的支援体制（multi-tiered support: MTS）を採用して CW-PBIS の教師用の実践を支援するように提案してきた[83・98]。序章で述べた他の多層アプローチ（PBIS、RTI、MTSS）と同様に、すべての教師はティア 1 のサポートを受けなければならない。CW-PBIS で次々と些細な困難を訴える教師はティア 2 のサポートを受け、慢性的で重大な困難を抱える教師ではティア 3 のサポートを受けるべきである。この節では、教師用の MTS 体制の概要を示す（図 2.7）。お読みのように、CW-PBIS の重要な要素を実践するときには、現在のレベルを考慮して、自分の実践に最適なサポートを決める必要がある。この構想はまだ検証されていない。しかし大事なことは、これは MTS フレームワークの 3 つの階層にわたる専門的サポートを提供するものであって、子供向けの PBIS と同じように、エビデンスに基づく実践を作り上げる方法だということである。自分も（自己管理）教師同士も（ピアサポート）実現可能な効果を持つ方法を共有している。また、これら 3 つのタイプのサポート（自己、同僚、専門家）をうまく組み合わせて、教師を柔軟にサポートしていくことも大事である。

ティア 1 の専門性開発：全教師へのサポート

　問題を特定し、データを収集利用し、効果のある CW-PBIS を実践できるように、その都度ヒントやサポートの恩恵が受けられれば教師はありがたい。ティア 1 のサポートは効果的（経験的に確立されている方法が使える）、効率的（簡潔である）、一般的（すべての教師ができる）でなければならない。教師（自己、同僚、専門家）を支援する各アプローチは、ティア 1 内で個別または共同で実施できる特徴がある。例えば、「専門家」（管理者、学校ベースの行動相談員、スクールサイコロジスト、熟練教師）は、CW-PBIS の 1 つのスキルを、職員会議

図 2.7　教師の学級ポジティブ生徒指導 CW-PBIS 実践を支援する多層支援構造

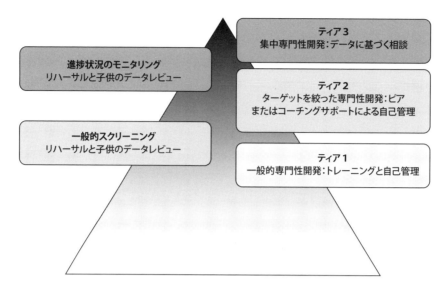

ティア 3
集中専門性開発：データに基づく相談

進捗状況のモニタリング
リハーサルと子供のデータレビュー

ティア 2
ターゲットを絞った専門性開発：ピア
またはコーチングサポートによる自己管理

一般的スクリーニング
リハーサルと子供のデータレビュー

ティア 1
一般的専門性開発：トレーニングと自己管理

出所：Simonsen et al.（2014）から改変（Copyright 2014 by Sage Publications 許可を得て改変）

10 〜 15 分内で全教師に対し簡潔かつ明確に教えることができる。このトレーニングは必要であるが十分ではないため、教師は自己管理やピアサポートで補うことになる。例えば、教師はティア 1 の自己管理方法を、その日のうちの 15 分間でやってみる。そのときは、専門家が提案した方法を使ってモニター（カウントまたは追跡）する。その後、パフォーマンスを向上させる目標を立て、目標を満たしているかどうかを毎日評価し、目標を達成した日には自分自身を褒める。あるいは、学校内でブレイン・ストーミングを行って、ピアグループ（学年部会、委員会）で実践を高め合って効果的な方法を習得し、成功や課題をグループに報告し合うのもよい。教師は、ティア 1 の 3 つのアプローチ（トレーニングに参加し、自己をモニターして技術を評価し、そのデータを共有して同僚と進歩を褒め合い話し合う）をすべて選ぶこともできる。

ティア 2 の専門性開発：一部教師に対する集中サポート

　ちょっと困り事のある教師（叱るよりも褒めるのを増やすことが必要）、または新たな困難を抱える教師（初年度の指導で、厄介な学級を担当する）には、ティア 1 で提供されるサポートに加えて、ティア 2 のサポートも視野に入れる。ティア 2 のサポートは、効果的で（経験的に裏打ちされている）効率的で（実施するためにはティア 1 以上に、必要最低限の時間と労力が必要である）対象が絞られている（教師の求めに合っている）必要がある。ここでも、3 つの方法すべての機能をティア 2 でも実施することができる。例えば、専門家はティア 2 を必要とする教師と、具体的に目標化されたスキル（具体的な賞賛を増やす）についてわかりやすく訓練することができる。あるいは明確なスキルを学び、ピアサポート活動に関わる技術ベースの専門的学習集団を作ればよい。第三の選択肢として、教師は、CW-PBIS の追加的な技術に焦点を当てることである。すでに確認されている技術である自己管理法を強化した

り（先行条件方略の追加、モニタリング、自己認識の基準化、利用可能な報酬）、2 つのアプローチを組み合わせたりして、自己管理計画を強化することができる。最後に、教師はあらゆる方策を動員して、ティア 2 のサポートに最善を尽くす。例えば、教師は専門家と自己管理計画を見直し、実践へのヒントをもらうとよい。そしてデータを共有し、ピアサポートを採用する計画を作り、同僚を 1 人以上加えることもできる。

ティア 3 の専門性開発：個々の教師への集中的サポート

　⑴ ティア 1 およびティア 2 の支援を受けた後でも、学級経営に苦労が絶えない教師、または、⑵ 重大な課題を抱える教師には、集中的かつ個別化されたティア 3 の支援が必要である。他のティアと同様、ティア 3 のサポートは効果的（経験的に裏づけられている）でなければならないが、教師ごとに個別化する必要がある。また実践を改善するうえで、教師への支援が十分なものでなければならない。3 つのアプローチはすべてティア 3 で徹底される。しかし、効果を上げ望ましい変化を得るためには、いろいろな方法を組み合わせ、その可能性を高める必要がある。例えば、ティア 3 の専門的サポートは、コーチングやコンサルタントによる支援のように、具体的なスキルに的を絞ってフィードバックしていく。このフィードバックというのは、データで実情をとらえたうえで具体的な提案をする方法であり、教師の介入が増えることで改善につながる[84]。コーチングやコンサルタント支援は専門家主導であるが（専門家が必要なスキルを決定し、データを集め、評価する場合）、他のサポートの手法と組み合わせることもできる。例えば、専門家は教師と協力して、自己モニターで集めたデータを確認し、すでに自己管理計画に含まれている方法を改善するため、詳細な行動計画を作成し、教師が収集したデータに基づいてフィードバックをし続ける。具体的に効果が表れていても、ティア 3 のサポートを継続して十分な改善を見届けねばならない。このように、すべての教師は、MTS の枠組み内で成功を収めるため、必要なタイプのサポート（自己、同僚、専門家）と各ティアの支援（ティア 1、2、3）を受ける。さらなる研究が必要ではあるが、これは CW-PBIS における専門性の開発の経験および成果を改善することに通じる筋道だと信じている。

実践：第 II 部に向けての簡単な紹介

　4 番目に CW-PBIS の重要な要素は、学級における子供の社会的行動のための実践、介入、支援にある。CW-PBIS を実践するための概要を簡単に説明してきたが、これについては、この本の第 II 部（「学級ポジティブ生徒指導 CW-PBIS の実践」）で詳しく解説する。具体的には、ティア 1 の実践を導く 5 つの重要な原則があり、それらは経験に裏づけられたものだということである[96]。

　　原則 1　手順を決め学級を整えることで、教室の構造を最大化すること。
　　原則 2　子供が、積極的に指導に取り組めるようにすること。
　　原則 3　ポジティブに述べられている期待を少数選んで、定義し、教え、見守り、見直すこと。

原則 4　好ましい行動を、認め増やすために、一連の方法を実践すること。

原則 5　好ましくない行動に対応し、これを減らしていく一連の方法を実践すること。

第 3 章（原則 1, 2）、第 4 章（原則 3）、第 5 章（原則 4）、第 6 章（原則 5）では、それぞれ実際の事例に沿って、これらの原則を示したい。

まとめ

CW-PBIS を実施するためには、問題を明確にしてデータを集め、それを使って意思決定を行い、経験に裏打ちされた実践を行ってサポートしていく。こういった仕組みを明らかにする必要がある。この章で強調したように、要は簡潔を保つことである！　第一に、データに基づいて 4 つの成果指標（状況、個人、行動、基準）を文書化し、教師、子供双方に意味ある成果を作り出す。第二に、効率的な測定方法を採用し、データを集め、成果へと向かう進捗状況を見守り、介入の実施、調整、または中止を決定する情報を得る。第三に、成果と歩調を合わせて、データによって指し示される実践は（次の章で詳しく説明する）経験的に裏打ちされた実践を選択し実施する。最後に最も重要なことは、実践をサポートする仕組みのさまざまな特徴を知るために、(1) 教師自身が方法（自己、同僚、専門家）を選んで活用すること、(2) 教師が必要とするレベル（ティア 1、ティア 2、またはティア 3）に基づくことである。

```
2章  学習の 4 段階
```

≫ 習得する

1. CW-PBIS を学級に実施してみて、あなたや子供にとって、うまくいった実践成果を明確にしましょう。

2. CW-PBIS を実施するため、教師（教育実習生、新任教師、在籍教師など）のために、学校と学区で利用可能な関連する支援やその仕組みを明確にしましょう。

≫ 流暢にする

1. 問題行動に関わる子供の選択、問題行動の操作的定義、行動に関連する側面の明確化（教室場面で問題となる原因と関連させる）、測定方法などを設計しましょう。3 日間データを収集して、そのデータをグラフで要約しましょう。

2. 教師サポートのところで説明した自己管理方法を選びましょう。それを用いて、あなたは、成果達成に関連する具体的な教室管理スキルを用い、評価し、強化していきましょう。

≫ 維持する

1. 本年度では、2 人以上の子供を追加し、「流暢にする」の 1 を繰り返しましょう。

2. 「流暢にする」の 2 で行った方法を少しずつ減らし、断続的にチェックを行い、自己管理をしなくてもスキルが維持されているかを調べましょう。スキルが続いていれば、お祝いしましょう！　そうでない場合は、「流暢にする」の 2 の方法を再度繰り返しましょう。

≫ 般化する

1. 「習得する」の 1 で明らかになった 1 つかそれ以上の成果に関連して、あなたや子供のしたことを、記録し分析するデータまたは測定方法を開発しましょう。

2. あなたのスキルが流暢になり維持できるようになったら、同僚と協力し、CW-PBIS が必要とされる同僚をサポートしましょう。

≫ その他のスキル構築のための演習

1. 第 3 章を読んだ後、⑴ 成果を明らかにし、⑵ 子供の反応機会を増やし、学業成果を向上させるためにデータ収集の仕組みを設計して実施しましょう。

2. 第 4 章を読んだ後、この章で学んだ考えを、学級で鍵となるソーシャルスキルの習得、維持、般化など（例：期待に沿う行動）を、測定するデータと関連させましょう。

第Ⅱ部

学級ポジティブ生徒指導 CW-PBIS の実践

第 **3** 章

しっかり構造化して子供を授業に引き込む

本章の目標

1. 教室でのルーチンを決めて教え、よく考えて教室環境を整備して、教室をしっかりと構造化することができる。
2. いろいろな応答機会やその回数を増やして、子供を授業に引き込むことができる。

想像してみよう……

　ジェリコ先生は中学校の教師です。彼が時々子供を怒鳴っているのを他のスタッフが聞いていました。そのことで、校長先生は、先生方から何回も抗議を受けていました。優れた学級経営をしている教師の1人であるあなたは、校長先生から、ジェリコ先生の学級を観察して、役立ちそうな方法を伝授するよう求められました。初めてジェリコ先生の教室に入ってみると、子供は大声で騒いだりしていて、ほとんど課題に取り組んでいません。しかも、教室そのものの様子にショックを受けました。何を勉強しているのかと黒板を見ると、そこには、いくつかの語句と（願わくはあって欲しくないのですが）子供の落書き。子供を励ます言葉など、皆無です。ルーチンの内容や日課はどうかと、壁や子供の机を見てみたものの、日課表も教育目標もルーチンも何も見つけられませんでした。

　教室中を見回すと、子供たちの机の上が一番片づいている。そこにいるのは中学生だというのに！　ジェリコ先生の机は大量の書類で埋まっていますし、棚の上も紙が山積み。さらに、床の上も紙の山。子供の机上と通路を除いて、床の上は乱雑そのものです。教室環境をちゃんとする手伝いをしなければ、何も始められそうにありません。

　ジェリコ先生が子供に教えている内容の検討も始めます。どうやら、州と州都に関して教えているようです。でも、州や市の名前を、先生は間違えて覚えています。タラハシー（フロリダ州にある）がジョージア州の州都だ、またローリー（ノースカロライナ州の州都）が

バージニア州の州都だ、とジェリコ先生が言ったのを確認しています。授業中、子供は窓の外をぼんやり見ていたり、紙に落書きしたり、居眠りをしたりしています。ジェリコ先生が不正確なことを教えているだけでなく、教え方にも問題があるので、子供は話をちゃんと聞いていないのです。それで、「少なくとも、子供は間違った州都を学ばないで済んでよかったな」と考えることにしました。

　あなたは目を閉じて、自分の教室を思い浮かべます。黒板の横にはルーチンが貼ってあります。黒板の上には学習目標が掲げられていますし、子供が教室に入ってすぐに気づくのは、「今すぐやること」という行動目標です。また、壁面をありありと思い浮かべることもできます。そこには、子供の優秀作品を飾ってあったり、学校で必要な事柄のマニュアル（記入の仕方、レポートの作り方など）や、社会的に正しい行動（安全を守る、尊敬する、学ぶ者であれ、というような）をしようという内容のポスターが貼ってあります。それから、宿題を入れる容器やさまざまなワークに役立つようにと揃えた教材・資料なども思い浮かびます。レポート類を載せてある机の上は、ケースやトレイを使ってきれいに片づけられています。さらに指導案やカリキュラムを挟んであるバインダー、その他授業に必要なものや、授業で子供を引きつけるさまざまな工夫（一斉に答えさせる、カードを使って答えさせる）も思い浮かびます。あなたは、目を開け、深呼吸をして、腹を決めました。ジェリコ先生を教材店に連れていって、ルーチンを決めたり、校区公認のカリキュラムを探したり、子供を授業に引き込む方法について、車の中で話し合うことにしましょう。

子供を引き込む授業と構造

「想像してみよう」のシナリオが示すように、重要なことがある。子供の学習と好ましい行動を育成するには、子供が授業に向き合えるきちんとした学級になっている必要があるのだ。私たちの経験では、構造こそが学級ポジティブ生徒指導 CW-PBIS（以下「CW-PBIS」）の原則を実行する基盤である。CW-PBIS に何とか取り組もうとする教師（ジェリコ先生のように）への支援を求められると、私はいつも教室の構造化（ルーチンと教室環境の整備）から始めることにしている。期待を決めて教えるとか、指導や行動支援を一貫して実践するには、十分な構造化がなされていないと難しい。

　さらに、良い指導がされていないのに、優れた行動支援がされている学級というのも想像しがたい。教員養成課程ではたいてい、優れた教授方法と専門知識を重視する。だが、子供を引きつける指導をすることが、より大切である。この章では、構造を最大化して子供を授業に引き込む方法を述べていく。

教室をしっかりと構造化する

　教室の構造は、ルーチンと教室の物理的環境の両方からなる。調査結果によれば、混み合ったり、気が散ることが最も少ない教室や構造化された教室では、子供に望ましい成果が生まれ、教師からも好まれる[96]。とはいえ、調査結果では、構造を生み出す 1 つの方法が判

明しているわけではない（残念なことに、学級での問題行動すべてを解決する魔法の座席配置などないのだ）。教室の構造や物理的環境についてはよく配慮すべきであり、データに基づいてこの双方を調整していくべきである（第 2 章で強調されている）。本節では、(1) ルーチンを決めてそれを教え、(2) 好ましい行動を促すように教室環境を整備することを考える。

■ ルーチンを作り、それを教えること

　教室に効果のあるルーチンがあれば、学級経営がとてもうまくいく。教師がルーチンを決めて、一貫してそれに従うならば、教師よりルーチンのほうが良い学級の「管理人」になることを私たちは見てきた。子供は期待されていることを知り、教師の最小限の働きかけで、学級活動や授業時間、つまり一日を通して成長していく。要するに、(1) 年度当初にルーチンを決めてそれを教え、(2) 年間を通じて定期的に振り返る機会を設けるのである。そうすれば、学級のよくある約束事（例：教室の移動方法や資料の配り方や集め方、課題の提出、日常活動など）に関わる問題行動の指導に時間を割かなくても済む。大切なのは、ルーチンを明らかにし、言葉に表し、掲示し、教えて、わかるようにしておくことである。

ルーチンを明らかにして、言葉に表す

　ルーチンを決めるにあたって、一日が始まり子供が教室へ入ってくる瞬間から下校のときまでに、子供にどんな行動をとってもらいたいかを考えよう。考えられるルーチンとしては、次のようなことがある。

- 教室への入室。
- 宿題や、授業中での課題の提出。
- 教材の片づけ（教室に入るときとか、活動間の移動のとき）。
- 始め方（学習課題に子供がとりかかる前のウォーミングアップとなる「やってみよう」の活動を考えておく）。
- 必要に応じて、学用品など（筆記用具、教科書）を入手する。
- 教材を配付する（宿題を返却する、応答カードを配る）。
- 教師の指導に参加し、話を積極的に聞く。
- 教師や友だちに手助けを求める。
- 協同学習を行う。
- 自主的な課題やテストに取り組むとき。
- 指示に従って、ペアになって取り組む。
- 個人的な要求（手洗い、水を飲む）への対処。
- 教室来訪者への対応。
- 代理教師（または教育実習生）がいるときの振る舞い。

　各項目を考えてみると、学級ごと、学年ごと、また学校環境に特有の、さまざまな行動に思いあたるであろう。子供に何を期待するのかを考えて、「こんな風に」して欲しいという

行動を各ルーチンごとに文章化しよう。例えば、子供が教室に入ってくるとき、あなたはドアのそばに立ち、にこやかに受け入れ、期待された行動ができているかを素早くチェックする。子供は礼儀正しく挨拶をし、黒板に書かれた連絡事項を見て、（もしあったなら）昨日の宿題を宿題入れに提出し、用具入れから授業に必要なもの（鉛筆など）を取り出して、机に向かい、その椅子の背にバッグを掛ける。そして、着席したら必要な教材を取り出し、ウォームアップの活動にとりかかる。授業前のルーチンをはっきりと指導すれば、時間のロスと問題行動を最小限に抑えることができよう。

状況にふさわしいルーチンにする

　ルーチンが適切かどうかは、年齢や能力に合っているか、教えた通りの行動であるかに着目して確かめる。ルーチンはすべての場面で重要である。しかも、学習者の個性（例：年齢、能力、学習歴など）や、教師の特性（例：好み、指導スタイル）や、教科（例：国語、理科、技術）次第で異なってくる。例えば、幼稚園児のクラスでは、教師はルーチンをより細かいステップにしていく必要がある。集団行動で一列に並んだり、「あぐらを組む」ことをしたりする経験がない幼児もいるかもしれないからである。他方、高校の科学の教師は、実験室でのさまざまな活動や器具についてよりじっくりと指導すべきだろう。ルーチンが整備されていなかったり、それを守らないと、誤った行動や扱う物質で子供が危険な目に遭うからである。大学の講座でさえ、ルーチンを設定しなければならない。具体的には小テストや、グループワークや講義についてである。また、教室外で学生と連絡をとることも含まれる（Eメールについて期待されること。例えば、午前3時にEメールを送ったとしても、1時間以内に返事をもらえるなどと思ってはいけないとか！）。さらに評価の管理（学生が課題や小テスト、演習レポートを提出したり、受け取ったりする方法）も含まれる。

選択できるようにしておく

　明確で一貫したルーチンにするとしても、ルーチン内やルーチン間で、子供に選ばせる状況も作るとよい。選べる状況を子供に与えることは、学業への取り組みを促すうえで、先立つよい方法であり、問題行動を防いだり、減らしたりできる[32]。例えば、自習時のルーチンを決めるとする。その場合、そのルーチンの構成要素には、子供が課題を選ぶ順序も含まれるかもしれない。ルーチンに組み込みたい選択肢には、他に次のようなものがある。

- どの活動を一番初めに行うか（活動の順序）。
- 子供がその活動を行うのに役立つものは何か（例：筆記用具の種類や色）。
- 自主的に取り組むとき、小グループがよいか、友だちと一緒がよいか（できれば、相手の選び方）。
- 教室のどこで活動するか（机がよいか、床の絨毯の上がよいか、教師のそばがよいのか）。
- 子供はどうやって応答するか（応答様式は、手書き、キーボードで入力、口頭など）。
- 子供が得るものとは何か。
- その他、いろいろなルーチンをやり遂げたり、またはそれに参加する方法を子供が選

ぶ類似の諸状況。

行動の推進力を利用する

　ルーチン内やルーチンの間で、「行動の推進力」が起きるような状況も作ろう[26]。活動の始まり、またはその日の各時限の主要な部分で、子供がうまくやれる（つまり、正の強化がされるような）活動を考えてみよう。そうすれば、その推進力（学業に積極的に取り組むための強化刺激）で、子供がより困難な課題に取り組んだり、興味を持ったりするであろう。同様に、ルーチンや課題で難しいものの中に、やさしい（少ない努力で正の強化ができる）ものをちりばめておく。3 時限の連続授業の中に、難しい内容ばかり詰め込んだりはしないものだ。むしろ、子供が一日中授業に積極的に取り組めるように、(1) 難しい教材と興味が持てる復習課題とを組み合わせたり、(2) あまり好きでない教科と好きな教科を取り混ぜるようにする。

教室スタッフのルーチンを考える

　子供のルーチンの他に、あなた自身や教室スタッフのルーチンを考えてみよう。初任者でなくても、初年度から知っていたかったと思うものもあるだろう。例えば……

- チームティーチングや学年別学習・グループ学習のある授業の計画を立てるために、チームでの時間調整が必要になったとき。
- 練習や振り返りをさせたり、子供に活動させたりするタイミングや方法。
- 授業に入ってもらう学習ボランティアや指導助手やその他サポーターたちとの連絡方法や、授業を妨げない方法。
- あなたが個人的な所用を済ませようとするとき（お手洗い、昼食、水を飲む、好物のカフェイン入り飲料をとりにいくなど）。
- 各学期に、子供の全家庭と友好的に連絡をとるための時期と方法。
- 委員会や校務分掌の時間を確保する方法。
- 最新の知識を備えた優れた教師であるために、専門研修に参加し続けるにはどうするか。教師は生涯学習者であらねばならない。

　さらには、上の箇条書きの内容だけでなく、活動中には数限りない別のルーチンがあることに気づくであろう。試行錯誤する中でルーチンは洗練されていくだろうが、ベテランの教師が積み上げてきた方法を聞いたり、ルーチンのうまい運用方法を話し合ったりするとよい。すると、ルーチンが混乱してしまったり例外が起こったりしたときにもうまく対処できるようになっていく。ルーチンの大部分はあたかも「自動操縦装置」として働くのである。

ルーチンを掲示する

　ルーチンを決めたら、それを文章化する。一日の予定を目立つところ（例：黒板）に掲示して、始業前に子供に伝えよう。ルーチンを掲示する方法や場所も、子供の年齢や能力次第

で考えよう。一部の子供には、詳細な日程表を貼り出すほうがよい。読み取りが難しい子供には、絵入りのもののほうがよい。能力の多様性に応じて、さまざまな掲示方法が必要になる。例えば、子供たちみんなに、一般的な日程表を掲示する。その際、一部の子供には詳細な日程表を用意してもいい。それには、その子供のための補足や、その他取り出し指導といった個別の日程が入っている。また、別の子供には、その日の活動の順序を絵にして机に両面テープで貼りつけておく。始業前に、指導員に日程を確認してもらう。活動がうまくいくように援助してもらったり、その活動ができたときには活動の絵を取り外してもらったり、次の活動を確認させたりしてもらうのである。

　さらに、視野に入りやすく関連のある位置に、具体的なルーチンの指示を貼り出そう。例えば、子供の入室時によく見えるように、ドアや黒板の近くに行動の順序を明記したポスターを貼るとよい。子供が宿題を入れる箱に「この箱に入れる」というラベルを貼るなど、適切な場所に教材に関するルーチンを貼り出す。例えば、子供が入室するときに必ず通る関所のようなものを設けるなら、1つひとつ丁寧に指示を与えていく。(1)この箱に宿題を入れてください。(2)今日勉強に必要なものを取り出してください。(3)席について、ウォームアップの課題をしましょう。

　あなた自身やスタッフも、教師手帳の中のカレンダーや個人用の日程表の中にルーチンを書き込んでおこう。その場合、同じ内容の繰り返しや、決まりきった予定を組むとき（保護者に電話したりメールを送ったりするのにかかる週2時間は除いておくなど）には、電子機器のリマインダー機能が役に立つ。日程を組む作業をルーチンの最初に置くことも大切である。

教室ルーチンを教えて調整する

　教室ルーチンを決めて記述し、掲示する方法（例：黒板に書く、ポスターを貼り出す、そのルーチンに関係する場所や道具にラベルを貼るなど）を開発する。そのルーチンとはどんなものかを、子供に教えることが大切である。まず、ルーチンを1つひとつ子供に説明する。そのとき、ルーチン内で子供にこうして欲しいというお手本を示す。そして、ルーチンを促すポスターや他の方法がどこにあるかを紹介する。その場でふさわしいルーチンの例やふさわしくない例を明らかにしながら指導する。ルーチンを練習する機会（一日の始まりという設定にして、教室に入る練習をするなど）を持ち、よくできていたか否かを具体的にフィードバックする。それから、リマインダーを提供し、以後そのルーチンに取り組む子供をよく見守ることである（もしスタッフを指導する場合には、大人のスタッフに対しても、明確なルーチンを決めて伝える同じ手順を用いたい）。次章で述べるように、肯定的に述べられた期待が各ルーチンにおいて、どのように見えるのかを、子供に教えるのである。ソーシャルスキルを指導すると子供は、教室のルーチンの中で、またその先に何が期待されているのかさらに理解を深めるだろう。

■ 教室環境を整え、好ましい行動を促す

　教室をしっかりと構造化するために、はっきりしたルーチンを作って、教室の物理的配置についても考えよう。先に述べたように、学級経営のすべての問題に対処できるような完璧

な教室プランや座席配置は見られない。しかし、ふさわしい行動を促進できる（ふさわしくない行動を予防する）一般的なガイドラインは存在する。例えば、混雑や気が散る機会を最小にすること、目が届くようにしておくこと、座席移動や教室移動を思慮深く行うこと、指導に合わせて座席を並べること、予想できる問題の予防策を立てておくことなどである。

混雑や気が散る機会を減らす

　できる範囲で、教室の混雑や気が散ることを減らす方法を考えよう。視覚的表示は有意義かつ指導上適切で、タイムリーなものとしよう。壁に貼るとか、天井から吊るすものは、その掲示目的や期間を考えよう。指導上ふさわしい行動や社会的行動を促すポスターを貼ることは、明らかに意味があり、理にかなっている。努力や優れた結果を祝福するために子供の作品を貼り出すことも大事だが、作品は取り替えないといけない。9月の作品が翌年5月まで〔訳注：アメリカは9月始業〕壁に貼ってあるようでは困る。もし目的を持って掲示がなされていれば、それで気が散ることはなく、好ましい行動を引き出してくれる。子供の作品をすべて掲示していけば、新学期の最初の月から目障りになり始めて、とても冬休みまでそのままとはいかないだろう。

　混雑を避けられるように、私有物の収納場所も工夫しよう。まず、教室に何を持ち込んだかを考えてみよう。あるものは、教室の整理に役立っている（道具を整理する箱、教材や宿題を挟んでおくフォルダーなど）し、教室環境をよくしている。しかし、そうでないものもある。できたら、教室に散らかっている余分なものは取り除こう。次に、教室内の用具をルーチンに合うように移動することを考えてみよう。もし小学校の教室で、教室の真ん中の絨毯を敷いてある場所〔訳注：アメリカの教室は絨毯張りである〕で授業しようとするなら、そういう場所を確保する。もし、子供に「活動場所」を与えたいと思ったら、教室内に視覚的に分けられた場所（でも、ちゃんと指導はできる場所）を作り出そう。さらに、最初の2週間子供の様子を見ていて、混み合ったり（例：子供が移動するときに塊になってしまう場所ができる）、注意散漫になったりする（例：用具の近くで授業に集中できない）ようなら、配置の見直しを考えよう。

目が届くようにする

　教室のデザインや配置がどうあれ、教室の隅々まで目が届くことが大切である。もし、コート掛け・実験机などの設備で学級全体が見渡せなくなっているなら、立つ場所や、机間巡視の方法、子供の様子をしっかり見られる方法を考えよう。これは当然の配慮ではあるが、多忙な中で教師は、子供の問題行動を防ぐこの大切なステップを見落としがちなのだ。しかし、簡単な調整によって指導力を高めることができる。例えば、個々の子供に対応するため、仕方なく授業をやめてしまう場合がある。そのようなときには、必ず次のようにする。(1)他の子供たちのほうを向いて、(2)時々学級内を見回して、(3)個別対応しながらも、「自主的に課題に取り組めているね」と子供たちを褒めるのである。

移動や動きを検討する

　教室のレイアウトをする際には、子供が教室内をどう動くかも考えよう。子供が出入りするときに通ってもらいたい通路や、教室と教室の間や活動間で子供にどう移動してもらいたいのかを考えよう。視覚によるプロンプト（床に貼ったテープ類など）を用い、流れがスムーズな通路になるように備品を配置する。そして、子供を観察した後で、必要なら調整していく。

授業に合わせて座席を並べる

　座席配置を考えるとき、よく使う授業形態を考えてみよう。教師主導の授業が多いのなら、黒板がよく見えるように、机を前に向けて升目状に配置するのがよい。グループ学習をよくやるなら、机を合わせるような配置がよい。もし、子供たちが身体や教材で縄張り争いをするようなら、机と机を腕の長さより遠く離すとよい。繰り返しになるが、机の配置には、唯一の正解はない。よって、まずは授業計画に合わせて適切に配置しよう。

予想できる問題を予防する対策を立てる

　よく発生するイライラする出来事や、教室内で起きたことのある問題を考えてみよう。イライラが予測できる問題に対しては、環境の面から予防策を考えよう。例えば、多くの先生方は、子供に私物をさわって欲しくないと思っている。子供が「あなたの持ち物」に敬意を払わないことにストレスをためるより、目に見える境界を決めて指導するとよい。机に鍵をかけたり、教師のエリアと子供のエリアには区別があるよと口頭で告げたり、カラーテープを使って印をつけるのだ。

　教室独自の状況もまた考えて欲しい。例えば、自分の教室を持っていない教師もいる。つまり、教室を移動するとか、ステージ上でとか、いつもとは異なる場所で教えるかもしれない。こんな場合は教材を整理するベストな方法を考えて、好ましい行動を促し問題の発生を予防して欲しい。例えば教材を備えたカートを引いて、巡回教師がやってくる。そのカートの前面には期待行動が貼られており、上の棚には生徒が必要とする教材、下の棚には教師個人の教材が入っている。ステージ上で教える音楽教師ならば、(1) 色つきテープを貼ったりして、楽器や楽譜等を置く別の「領域」を設けたり（テープは教室内の境界を明示するためにも使える）、(2) その場所ごとにルーチンを掲示して指導する、などである。

　要約すると、CW-PBIS を効果的に実施する 1 つ目の原則は、教室の構造を最大化することである。そのために、ルーチンと実際の教室環境の両方を考える。ルーチンについては明確化、説明、貼り出し、指導、子供ごとの個別化というガイドラインを説明してきた。また、子供の行動や困り事に着目して得られたデータを注意深く読み取って、教室のアレンジをしていくべきだ。よく整備された教室環境では、子供が授業に入り込める御膳立てができているのである。

子供を授業に引き込む

　良い指導（つまり、効果的な授業設計と実施）こそが、最も優れた行動マネジメントツールの 1 つだという。教師はルーチンを明確にし、期待される行動をきちんと教えてよく見守り、子供が着席して授業を受ける準備ができるように、諸方策を用いる。しかし、教師の授業が子供を引きつけて初めて、他の行動支援策が子供の学習を促し、好ましい行動をとらせる。年齢層や学力レベルの層、学習内容にかかわらず、授業に引き込むことこそが、学業成績を高め、ふさわしい行動を増やしていく鍵である[96]。子供を積極的に活動させるには、教育内容や分野ごとにさまざまな方略がある。ここでは、エビデンスベースの、どんな状況でも教育内容でも実行できる 2 つの一般的な原理に焦点を当ててみる。それは、応答への機会（opportunities to respond: OTR）をふんだんに与えることと、さまざまな種類の OTR を用いることである。OTR とは、質問をする、指示を出す、課題を出すといった教師の行動のことで、観察できる子供からの応答（口頭で答える、答えを書くなど）を求めるのである。

■ どんどん OTR を与える

　授業で子供を確実に活動的にさせる秘訣は、指導上適切な OTR をどんどん与えることである。授業中ふさわしい OTR を与えると、子供に望ましい結果が生まれることが明らかになっている（望ましい結果とは例えば、正答する、望ましい行動をする、よくない行動が減るなど[75]）。子供の特性（年齢差や活動の範囲など）や指導形態（例：教師主導の授業や自主的なプリント学習）や学習内容などにわたって、何が適切な OTR なのかは、研究からそれほど明らかになっていない。例えば、初期の OTR では、軽度や重度の障害を持つ子供に対して、新規の学習内容には 1 分あたり 4 ～ 6 回の OTR を、ドリル練習では 1 分あたり 8 ～ 12 回の OTR を与えるという提案がなされた[27]。最新の研究では効果的な指導をしている教師は、（素早く口頭で答える、身振りで答えるといった）簡単な応答を、1 分あたり 3 ～ 5 回求めている。反応がもっと複雑な（例：ホワイトボードに書かれた数学の問題を解く）ときは、1 分あたり 1 回とされている[75]。さらに、もし子供が、作文を書くといった時間のかかることをしているときであれば、10 ～ 30 分ごとにたった 1 回の OTR（書くことのプロンプト）を与えればよい。子供がしっかり課題に取り組んでいるのなら、この 1 回の OTR が非常に効果的である。以上のことから、私たちは教育活動のあらゆる場面で OTR を拡大していって欲しいと提案している。しかし、量の拡大のために質を犠牲にしないでいただきたい。言い換えれば、OTR の回数を増やすためと言ってドリル練習だけに頼ったりしないで欲しい。事実、次の節で述べるように、OTR が多彩になると、OTR の比率が変動するかもしれない。そのときは例によって子供の学業成績や社会的行動のデータを用い、授業実践の効果を確かめ、そのデータを基にして OTR を与える割合を調整していく。

■ いろいろな OTR を用いる

　授業中での OTR の用い方を考えるときには、OTR の与え方（教師の行動）と、応答のタ

イプや様式（子供の反応）の両方に目を向けよう[75]。調査結果の示唆によると、(1) 大部分の子供や全員に与えられ（例：混成の、あるいは一斉の応答が提示される）、(2) 子供の応答の正確さを教師が判断する OTR（応答カードを利用する方法など）は、他のタイプの OTR より効果がある[75]。さらに研究は続いているので、OTR を増やすさまざまな方法を用いるとよいだろう。

OTR の与え方

　次に述べるように、子供に OTR を与える方法はたくさんある。教師主導の授業では、子供に対して、個別に（個別的な応答）か、同時に（一斉の応答）か、または 2 つを組み合わせる（混成の応答）かいずれかの OTR を与える方法が考えられよう。その他のタイプの指導（ペアやグループでの活動）では、別の OTR の与え方がある。

子供が個別に応答する

　個別的応答という言葉からわかるように、OTR が個々の子供に与えられる。個別的応答で一番普通に行われるのは、伝統的な挙手である。つまり、教師が質問をして挙手をした子供の 1 人を当てる。この方法は、同じ子供ばかりが挙手をするので、その間他の子供が蚊帳の外になるという問題もある。しかし、個別的応答については別のやり方がある。それは教師が質問してからちょっと間をとり、無作為に（箱の中から名前を選び出すなどして）子供を指名して、答えさせる方法である。そうすれば、すべての子供に平等に指名の機会を与えられる。質問をした後に子供をペアで話し合わせ、その後で指名する教師もいる。

　1 人ひとりに答えさせたいなら、どの子供もうまくやれるように準備しておくべきである。例えば、新しい学習内容やスキルに苦戦している子供に対しては、考えた質問と応答の選択肢を事前に教えておく必要があるかもしれない。こうすれば、すべての子供が「正答」するチャンスができる。また、子供に決めさせるような質問もよい。それは、正誤を聞くものではなく、子供たちに授業参加を促すためのものである。後の章で述べるが、CW-PBIS の別の方略を使うことも考えてみるとよい。(1) 個別応答の際に仲間同士で支え合っていいよと教えたり（第 4 章）、(2) 学級全体を強化するやり方を用いて、参加しようとする努力を認める（第 5 章）のである。

一斉に応答する

　これとは対照的に、すべての子供が一斉に OTR に応答する一斉応答がある。教師が学級全員に対して OTR を与え、一斉に答えさせるものである。個別応答と同様に、一斉の応答にも課題はある。例えば、子供によっては、仲間がどう答えるかを見て、それに便乗して答えるかもしれない。特に子供が目に見える形で、つまり身振りで答えるときにはそれが言える。しかし、もし子供が（仲間の答えに合わせようとせず）それぞれの考えで答えたなら、一斉の応答では誤りのタイプや誰が間違ったのかがわかりにくいだろう。しかし、その問題は以下のような方法によって解消できる。(1) 別の様式を用いる（後で解説）。(2) 応答サインを子供に教えておく（手を叩く、ちょっとした音を立てる、挙手する）。(3) 応答に対するルーチ

ンを決めて、子供にそれを教える。質問を聞き、応答を考える。そして、合図を待ち、合図が出たら様式に従って応答するのである。研究によれば、一斉での応答のほうが、一般的に個別の応答より効果的だという（子供の成果が向上する）[75]。結果的にすべての子供が受けるOTRの比率が高まるからである。

混成の応答

　個別の応答と一斉の応答とを組み合わせることもできる。一斉のOTRの中に個別のOTRを散りばめるのである。調査によれば、一斉応答70％、個別の応答30％という比率で子供の応答を混ぜて使うやり方が、2つの方法をそれぞれ単独で使うより効果的な可能性がある[56]。この結果も、さまざまなOTRを与えるほうがいいとの指針を支持している。

OTRを与えるその他の方略

　OTRには個別、一斉、混成の応答があるが、さらにOTRを増やす他の方略を考えてみよう。例えば、パートナーやグループワークを活用して、仲間同士によるOTRの場を設けることもできる。これでOTRを増やす方法は広がるが、ルーチンの事前指導を増やすなど丁寧な目配りが必要である。指導の中で、すべての子供がOTRを受けられるようにしておくのだ。

応答様式

　さまざまなOTRの与え方に加えて、子供の答え方を考えてみよう。○×や多肢選択、自由形式の回答など、いろいろな**種類の答え**を引き出せるOTRを与えてもいいだろう。さらに、いろいろな**答えさせ方**が考えられる。一般的には言葉を使ったり、合図をさせたりする。言葉による応答は個別に用いたり、一斉に用いたり、個別・一斉を混ぜて使ったりする。一斉に答えを言う様子は「合唱隊の応答」とも呼ばれている。言葉による応答とは別に、身振りで答えさせる方法もある（例：親指を上に向けたり、下に向けたりする。選択肢の番号を指の本数で示す）。それらも、個別の応答でも、一斉の応答でも、合わせて使われたりもする。

　応答カードを使うやり方もある。予想の答えをまとめて事前に印刷しておいたり、子供に答えを白紙やボードに書かせたりする。子供は答えを選ぶか書くかして、サインが出たときにカードやボードを掲げる。ボタンを押す応答システム（クリッカー）は、応答カードのハイテク版である。子供は当てはまる答えを選んで、ボタンを押す。すると子供らの応答が、スマートボードなどの上にグラフで表示される。応答カードや応答システムは主として一斉の応答で使われ、教師が誤りのタイプや原因を見つけられるようになっている。最後になるが、書いたものとか作品による応答（例：問題の解き方を黒板に図示する）は、個別でも一斉でも使われ、また、一斉応答の中で応答カードと組み合わせて使われることもある。

　応答にふさわしい様式を選択するために、さまざまな課題の特性を考えてみよう[30]。それにはOTRの出し方、望ましい応答のタイプ、そしてOTRの目的が含まれている。例えば、子供の理解度やスキルの習熟度を評価しようとしてOTRを与えるなら、誤りの種類や原因を確認することが大切になる。そこで、個々の子供に答えを板書させたら、それを見て素早

く答えを点検できる。振り返りのために急ぎの OTR を与える場合なら、短い言葉か身振りで答えさせるほうがいいだろう。

OTR を増やすために、経験的に支持されている指導をする

　授業に評価の高い OTR を組み入れると同時に、子供の積極的参加を促すような経験的に支持されている指導をしよう。シモンセンら[96] は、以下のような実証されている実践があると言う。それは直接指導、子供同士の教え合い、コンピュータの支援による指導、まとめノートである。次に、こうした方略を簡単に見ていこう。

直接指導

　直接指導（direct instruction; 以下「DI」）は、よく練ったカリキュラムに沿って組織的に進める指導である。DI は、そのポジティブな成果が、幅広いエビデンスによって支持されている。特に基礎的なスキルを改善させる分野で支持されている[8]。確かに、エビデンスベースによる DI カリキュラムはあらかじめ筋書きが決まっている。とは言うものの、DI において実証された効果的なインストラクショナル・デザインの原理[37] は、DI カリキュラムが利用できない他の種類の指導や内容領域にも適用できる。例えば、第 4 章でソーシャルスキルを教えるには、私たちは明確な指導方法（例：モデルを示す→練習させる→評価する）を用いることをすすめている。また、子供の良い行動、良くない行動に対して褒め言葉や注意する言葉を事前に文字化しておくこともすすめている。さらに、指導への応答によって子供の行動を駆り立て、見守っていく方法を明らかにしている。これらの原理は、すべて DI のやり方と一致している。実際、私たちは大学生や大学院生レベルの教育課程を計画する際に、DI の原理を用いている。

教室単位での子供同士の教え合い

　教室単位での子供同士の個別指導（Classwide Peer Tutoring; 以下「CWPT」）では、子供全員が指導する側と指導される側として参加する[例：49]。つまり、これは決して学力の高い子供がそうでない子供を助けるために用いるものでは**ない**。CWPT を行うとき、教師は子供に活動のためのルーチンをはっきりと教える。そして子供たちはペアになって「個別指導」に取り組んだり、早いペースで内容や読みの振り返りをする。研究によれば、CWPT へ参加した子供は、ポジティブな成果が得られることが支持されている[49]。

コンピュータの支援による指導

　コンピュータの支援による指導（computer-assisted instruction; 以下「CAI」）とは、コンピュータのプログラムによって進められる学習である。CAI がどれも同じレベルだとは言えないのは確かである。しかし、子供が高成績を上げるいくつかのプログラムが存在していることも、経験的に明らかである[例：86]。コンピュータが教師にとって代わることは決してない。だが、うまくプログラムを組むと、子供の応答パターンに合わせて（反応次第で進めたり戻したりして）、素早くフィードバックできる。このようなことは、教室で授業をしている教師

には無理な芸当である。

まとめノート

　年長の子供に講義調の授業をするとき、子供の積極的取り組みを支える効果があるのが、まとめノートである[70]。まとめノートには次のようなものがある。(1) 授業中に子供が用いるグラフィックな整理用ツール（例：タイムラインや蜘蛛の巣図）、(2) ある主張が書かれている文章で、それを支持する詳細を子供が探し出す方式、(3) 穴埋め式で、抜けている部分を埋めるために子供が授業に注意を向ける。このまとめノートは、大学生対象の授業でも役に立っている。

まとめ

　CW-PBIS の 2 つの重要な原理について述べてきた。それは、しっかりと構造化して、子供を授業に引きつけることであった。最大限に構造化する鍵は、ルーチンを決めてそれを教え、好ましい行動ができるように物理的な環境を整えることである。まず、子供やスタッフに、教室のルーチンを明らかにして、説明し、掲示し、教え、わかるようにする。そして、教室の物理的環境を整備するのに役立つガイドラインを示した。

　授業で子供が活発に取り組むように、いろいろな OTR を高比率で与えようと述べてきた。しかし、量のために質を犠牲にすべきではない。さらに、OTR のいろいろな与え方、さまざまな応答方法を合わせ用いること（例：はい・いいえで答える、選択肢の中から選ぶ、自分の言葉で答える）、答え方（例：口頭で、身振りで、応答カードで、書いて）を述べた。OTR には、限りない可能性がある。また、こんなことも提案した。それは、子供の集中力を切らさないようにする根拠のある指導方法で、直接指導や子供同士の教え合い、コンピュータの支援による指導、まとめノートである。

　2 つの原理を関連させて実行するために、次のようなことも提案した。(1) 提案されたガイドラインやエビデンスに基づいて、うまくいきそうな方法を選ぶこと、(2) 実践の成果を観察し評価するために、データ収集をすること、(3) データに基づいて実施内容を調整すること（図 3.1「最大限の構造化と積極的取り組みのための授業実践チェックリスト」）。

3章　学習の 4 段階

≫ 習得する

1. 教室整備のガイドラインに沿って、教室のレイアウトをしてみましょう。
2. 指導中の 15 分間を一区切りにして、そこで OTR を増やすことに集中してみましょう。3 日間は、使った OTR の割合の最新データを集めて、OTR を使う割合や種類を増やす方法を見出します。

図 3.1　最大限の構造化と積極的取り組みのための授業実践チェックリスト

教示：チェックリストに記入してください。これは、あなたが考えた教室の配置や、授業中子供が集中して取り組める構造について評定するものです。あなたが完了したか、予定に組み入れた、振り返りをしたという項目には、「はい」の欄にチェックします。途中だったら、「途中」の欄にチェックを入れます。まだ始めていない項目には、「いいえ」の欄にチェックします。情報不足だと思ったら「？」（わからない）の欄にチェックをします。「いいえ」や「？」にチェックをつけた項目は、行動専門家（例：メンター教師、特別支援スタッフ、管理職）に助言を求めてください。

	はい	途中	いいえ	？
最大限に構造化すること				
ルーチンを明確にして、教えること				
1．子供や教室スタッフ（時にはあなた自身も）のためのルーチンを**明らかにして、説明したか**				
2．重要なルーチンが**掲示されているか**				
3．ルーチンを**教え、わかるようにしたか**				
好ましい行動がとれるように教室内を整える				
1．教室のレイアウトは、混み合ったり**注意散漫**にならないようにしているか				
2．すべての場所に**目が届くか**				
3．移動や**動き**に対して、計画し、調整したか				
4．あなたの授業形態に合うように**座席**をアレンジしたか				
5．予測できる問題を**防ぐ**ような効果的なデザインをしたか				
子供を授業に引き込むこと				
高頻度でOTRを与えること				
1．1分あたり3〜5回の**割合**でOTRを与えたか、1分ごとに答えるようなOTRを用意したか				
2．学業面と行動面に関するデータに基づいてOTRの比率を**調整**しているか				
いろいろなOTRを提示すること				
1．**いろいろな方法**を用いたか（個別に、一斉に、混成で、子供同士の教え合いで）				
2．OTRの中に複数の**応答様式**を入れているか（言葉で、身振りで、カードで、書かせる、など）				
3．OTRを増やすために、**実証された指導方法**を取り入れたか（例：直接指導、子供同士の教え合い、CAI、まとめノート）				

▶▶ 流暢にする

1. 少なくとも 3 つの場面でルーチンを決めて、説明し、指導してみましょう（例：始業時、グループ活動時、放課後）。
2. 次の 10 日間は、OTR を増やすために、「習得する」の 2 で明らかになった方法を実行し、OTR のチェックを続けましょう。

▶▶ 維持する

1. ルーチンや教室の整備が好ましい行動のために十分機能しているかを見るために、行動のデータを集めて振り返りをしましょう。
2. 「流暢にする」の 2 で集めたデータや教師が用いた OTR を評価するために、子供のデータを集め吟味しましょう。評価や子供の成績に満足してしまうと、1 週間（または 2 週間）ごとのチェック、最新の OTR レベルを維持するためのチェックが徐々に減っていってしまいます（満足でないなら、「習得する」の 1 に戻ってこの流れを繰り返す）。

▶▶ 般化する

1. 少なくとも 3 場面のルーチンを追加して、明らかにし、記述して、教えてみましょう（例：自習、教師主導の授業、避難訓練）。そして、子供に教えたルーチンすべてをモニターし、得られたデータを利用しましょう。
2. 違う指導場面を選んで、その活動について「習得する」の 2、「流暢にする」の 2、「維持する」の 2 を繰り返します。

▶▶ その他のスキル構築のための演習

1. 教室のレイアウトを変更し、子供の動きが、新たなレイアウトに応じてどう変わったかを観察しましょう。
2. 同学年の担任同士や教科部会の教師とブレイン・ストーミングして、OTR の種類を増やしましょう。

第 **4** 章

ポジティブな期待行動を選んで教える

本章の目標

1. 教室で、ポジティブな期待行動を選び、定義することができる。
2. 期待行動を展開するための計画（ソーシャルスキルの指導計画案）を立てることができる。
3. 教室でのルーチンの場で、明示的に期待行動を教える個別指導計画を作成することができる。
4. ソーシャルスキルの般化と維持のために、さらなる方法を計画することができる。

想像してみよう……

　あなたは全校ポジティブ生徒指導 SW-PBIS（以下「SW-PBIS」）を実施している学校で勤務しています。教職員は教室以外の場所で、期待に沿う行動（期待行動）を子供に教えてきました。すべての教職員が、管理職から廊下やカフェテリアなどの学校全体で、期待行動を認めるトークン・エコノミーを実施するように言われているからです。そんな中、校長は、各学級においてもポジティブ生徒指導 PBIS を実施すべきだと言ってきました。全校データによれば、教室近辺で ODR のデータが、前年と比較して悪化しているのです。

　そんな中、隣の教師が「ちょっといいですか」と言って、話しかけてきました。

　その先生は、「私は授業準備に十分時間をかけていますよ。でも、クラスはどうしても落ち着かないんです。授業中のルーチンは守られないし、指導の邪魔ばかりしてくるし、何で子供たちは、あれほど悪いことばかりするのでしょうね」と、腹を立てた様子で言います。

　あなたは答えました。「うーん、先生の教室で大切な行動って何ですか」。

　その先生は「それは教室の中で子供がちゃんと授業を受けることよ」と答えました。

　あなたはすぐに、その先生が自分の教室での行動を明確にしたり、教えたりしていない

なと感じます。これは学級ポジティブ生徒指導 CW-PBIS（以下「CW-PBIS」）で最も大切な
ポイントです。そんな先生をあなたはサポートしていくこととなりました。

ポジティブな期待行動

　本章は、教室でのルーチンや指導活動のために、期待された行動（期待行動）を設定し、
それを子供に教えることを中心に考えていく。つまり、ソーシャルスキル指導のことであ
る。

　これまで教師は、自分の学級の子供が、教室内ではどう振る舞うべきか知っているものだ
と考えてきただろう。私の役目は勉強を教えることだ、と。しかし昨今は、すべての子供が
友だちや教師、スタッフとうまくやっていくのに必要なソーシャルスキルを身につけている
わけでない。端的に言えば、子供が学校でうまくやるには、ソーシャルスキル指導を通して
期待行動を教える必要がある[例：50]。

　研究結果によれば、教師の作成したソーシャルスキルの指導方針とエビデンスが示された
ソーシャルスキル・カリキュラムの両方を用いることで、望ましい期待行動が現れ、望まし
くない行動が減少するという[96]。ソーシャルスキルは、第1章で述べたように、学校規模で
教えるのが理想的である[100]。だが、学級における期待行動を、設定し、教えていくことも
重要である。ここでの焦点は、教室における期待行動を教えることである。そのため、ソー
シャルスキル指導の方針を教師自身で開発し、教える方法を述べることとする。しかし、必
要性があるとデータからわかったら、エビデンスが示されたソーシャルスキルのカリキュ
ラムの採用も考えてみてもよい。次節以降では、⑴教室でのポジティブな期待行動を選び、
定義する、⑵教室での期待行動が示されたマトリックスを掲示する、⑶期待行動を明示的
に教える個別授業を作る、⑷期待行動の維持と般化のための年間計画を立てる、について
述べていく。

学級でのポジティブな期待行動を選び、定義する

　CW-PBIS で、期待行動を教えるときの最初のステップは、期待行動を選ぶことにある。
教室場面において、ルーチンに関する期待行動を選び、定義するためのガイドラインを示す
ことにする。

■ CW-PBIS の期待行動を選ぶ

　CW-PBIS を始めるにあたって、まず1つ目に、**少なめな数**の期待を選んで欲しい。たいて
いの子供や教師は3〜5つの期待を覚えておける。少数の期待なら、覚えられる可能性が高
まるからである。

　2つ目は、期待行動を**ポジティブ**に述べてみよう。つまり、やっては**いけない**ことではな
く、何を**なすべき**かを言ってみよう。このことは、次の4点で重要となる。⑴ポジティブな
教室環境を生み出す点。⑵教室でどんなことがあればよいか教師に考えさせる点。このこ

とは、時に見たくないことを考えるよりも難しいのだが。⑶望ましくない行動の代わりに、子供が好ましい行動（期待行動）に関わるのを促す点。⑷「ダメです、やめなさい」という規則のリストに抜け穴ができるおそれがない点。したたかな生徒は、こうした隙をうまく突いてくるものだ。

　3つ目に、幅広い範囲を含んでいて、あらゆるルーチンや場面に当てはまる一般的な期待行動にしたい。私たちは、これを期待行動の「傘」と呼んでいる。多くの期待行動は、この一般的な傘の下に入るからである。第7章で述べる汎用事例を活用する指導の考えを後ほど参照して欲しい。ポジティブな期待行動を目標として選び、教室での一般的で好ましい行動のあり方を促すべきなのである。

　最後に、SW-PBIS を実践していたり、ポジティブに述べられた少数の期待行動がすでにあったりする学校の場合には、教室においても**同じ**期待行動を掲げるべきである。どんな場合でも一貫していることが大切で、問題行動が見られる子供では特にそうである。しかし、20ページもある懲罰が書かれた学校の生徒指導規則を教えているのなら、教師自身がポジティブな期待行動を、自分の学級向けに作るべきである。

　こうしたガイドライン（少数で、ポジティブに述べられ、一般的で、かつ学校規模でのポジティブな期待行動に一致している）に従っても、期待行動には無数の選択肢がある。述べてきたように、学校がすでに、責任を果たせ、尊重せよ、安全であれ、自他や環境を尊重せよ、を標語に採用していたなら、これらの期待を教室の期待行動として採用すること。教師によっては、名前や学級のマスコット、スローガン、子供が呼びやすい意味ある言葉を採用している。スローガンに基づくおもしろい略語を用いることもある。学校でポジティブな期待行動を用いていないならば、教師自身で学級の期待行動リストを作るとよい。次のシナリオを考えてみよう。

- サミー先生は、学校規模で3つの期待を掲げる学校で勤務している。それらの期待は他者、自己、ならびに環境を尊重する（Respect Other, Self, and Environment）である。サミー先生は自分の教室の期待行動として「ROSE」という略語を用いた。そして、それが自分の教室でどのように見えるかを考え始めた。
- ペレス先生は天文学の愛好者だ。星（STAR）への情熱に基づいた略語を望んでいる。そこで、「STAR」の頭文字で始まり、それぞれの文字がペレス先生にとって重要な、Safety（安全）、Teamwork（チームワーク）、Achievement（達成）、Respect（尊重）という期待行動を選んでいる。ペレス先生は、こうすれば自分の学級の期待行動をスローガン（星を目指そう）で説明しやすいし、教室で承認の手立て（スター生徒）に結びつけることができると思っているのである。

■ マトリックスを用いて、教室のルーチンごとに期待行動を定義する

　次に、それぞれの期待行動が教室でどのように「見えるか」を操作的に定義する。第1章で述べたように教室用マトリックスを作ってみるとよい（図4.1を参照）。期待行動は行の見出しで、教室のルーチン（第3章を参照）は、列の見出しとなる。期待行動とルーチンが交

図 4.1　教室用の期待行動とルーチンに基づいて期待行動が整理されたマトリックス

このマトリックスを使うと、学級のルーチンでの期待行動をはっきり示すことができる。期待行動やルーチンが、どの場面や人にも合うようにするとよい

ルーチン				
期待行動				

差するところで、期待行動を箇条書きにして、ルーチンを操作的に定義する。例えば、移動する（ルーチン）ときには、安全であれ（期待行動）では、1、ゆっくり歩き、2、脇をしめて物をちゃんと持ち、3、次の場所にまっすぐ進む、のようにする。サミー先生やペレス先生の例を考えてみよう。

- サミー先生の教室では、子供が自習をしている（ルーチン）とき、自己への尊重（期待行動）を示そう、を目標とした。そのための期待行動を、(1) ベストを尽くす、(2) 自分の仕事に専念する、(3) 教師から助けが必要なら手を挙げる、とする。
- ペレス先生の教室では、協同学習（ルーチン）において、チームワーク（期待行動）を示そう、を目標とした。そのために、(1) よく聞き、(2) 順番に参加し、(3) 課題達成に貢献する、ことを期待行動とする。

　マトリックスを埋めていく際に、期待行動と期待行動との間では重なりが少ないようにして欲しい。ある期待行動を操作的に定義する際、それを表す文は、他の期待行動と重なっていてはいけないのだ。マトリックスを作っていくうちに、期待行動やルーチンを見直したり洗練させることになろう。こうしたことを、期待行動を（掲示などで）広める前に、下書きとしてやっておくとよい。例えば、「責任」と「達成」という 2 つの期待行動を選んだとする。だが、これらは表裏一体だと気づく。責任ある行動は達成に導き、達成は責任ある行動に導くものだ。そこで、2 つのうち 1 つを選んで使い、重なりが少ない別の期待行動を加えてもよい。また、教室に入る、出る、教室内で別の活動をするなどのルーチンでは、それらに共通する期待行動があるだろう。これら 3 つを「移動」のルーチンとしてまとめてもよい（図 4.2 を参照）。期待行動の下書きを作ったら、(1) 期待行動を教える計画を立て、(2) 各ルーチンで、明示的に期待行動を教える行動指導計画を立てる。

学級ポジティブ生徒指導 CW-PBIS のマトリックスを作って示す

　マトリックスは、期待行動を教え、促し、観察し、強化する行動指導計画を立てる土台となる。こうした期待行動は、望ましいソーシャルスキルだとされているわけだから、この計画をソーシャルスキル・トレーニングの単元だと考えてもよい。行動指導計画を立てるときには、最初に内容と順序を決める。子供の望ましい参加の程度を決め、評価基準を開発する。そして学校生活場面の期待行動の実行を促し、それを強化していく方法を決めておくべきである。

■ 内容と順序を決める

　最初にどの期待行動を優先し、いつそれを教えるのかを考えて欲しい。教師や学校によっては、最初の週にはもっぱら、学校場面を含むすべての教室のルーチンにわたって、期待行動を指導する。また、最初の日にはまず期待行動を紹介するものの、指導中に新しいルーチンが登場するたびに、体系的に期待行動を教えていく教師もいる。例えば、学校での最初の

図 4.2　教室用マトリックスの例

このようなルーチンごとの期待行動表を作ると、中学校の各学級ルーチンにおける期待行動の提示方法が一目瞭然である

		ルーチン				
		移 動	教師からの指導中	グループワーク	自 習	他人への配慮
期待行動	尊重	・小さな声で話そう ・他の人を助けよう ・教師の指示に従おう	・積極的に先生の話を聞こう ・静かに手を挙げて質問しよう	・仲間の話を聞こう ・ポジティブな言葉づかいをしよう	・集中して取り組もう ・自分の課題をしよう ・手を挙げて質問しよう	・静かにアドバイスをしよう ・助けが必要な際は手を挙げよう
	責任	・教材を用意しよう ・提出物は揃えて出そう ・速やかに教室移動をしよう	・ノートを書こう ・必要な教材だけを出そう ・わからなければ質問をしよう	・議論や作業を進んでしよう ・グループで仕事の分担をしよう ・フォローアップの学習ができているか確認しよう	・プリントには名前を書いておこう ・ベストを尽くそう ・必要に応じて質問しよう	・休み時間に、トイレなどは済ませよう ・部屋の出入りは静かにしよう ・休み時間に水筒に水を入れよう。水筒は机の下に置こう
	安全	・ゆっくり歩こう ・教材や道具の取り扱いに気をつけよう ・安全に教室移動をしよう	・自分の椅子に「合計 6 本の足」をつけて座ろう ・姿勢をよくしよう	・指定されたグループでワークをしよう ・指示に従って教材を使おう ・反対意見に対しても静かな口調で話そう	・自分の席に座ろう ・姿勢をよくしよう	・スムーズに教室移動をしよう ・安全でないものは先生に知らせよう

週、グループワークのときに期待行動をいくつも指導することは控えておく。その代わりに、グループでどんな行動が必要かを「自然に」思い出させて、1 つの期待行動にのみ焦点を当てる。その次にグループワークになったときには、一般的な期待行動群を思い出させたうえで、また次の期待行動に目を向けさせる。この手順で、新しいルーチンが登場するたびに積み重ねていくのだ。

　研究結果や専門家によれば、どちらのやり方のほうが優れているかは不明である。だが明白なのは、(1) ソーシャルスキルを明示的に、(2) 通常のルーチンや状況において指導すべきであり、また、(3) 期待行動の使用や般化を進めるには、追加の方策も必要である[例：118] という点である。こうした事実から、教室でよくある期待行動の例を最初に教えておき、それから、授業の最初の週にルーチンに取り組むたびに、そのルーチンに特化した追加指導をしていくのが、最も有効かもしれない。

■ 子供を計画段階で参加させる

　次に考えるべきなのは、計画の段階で子供に加わってもらうことだ。特に高学年の子供を担当する教師の学級経営では、子供の意見を取り入れることが決定的に重要だ。そこで、行動指導計画の中に子供の考えも取り入れる機会を作ろう。教室用のマトリックスを作る（下書き段階のものを修正する）のを手伝って欲しいと子供に頼む、行動指導計画のどこかで関わってもらう（期待行動を示すビデオを作るときなど）、期待行動を承認していくやり方を探るなどだ。ただ、年少児や言葉に遅れのある子供の担当教師は、むしろ教師側でマトリックスや行動指導計画を立てるほうが効果的だと考える。例えば、重度な障害や言葉に遅れがあったら、教室用マトリックスの内容をあれこれ考えさせる方法は効果的でない。教師が立てた指導によって、期待に沿う行動をはっきりと教えていくほうがよい。

■ 評価方法を開発する

　毎回の指導では、目標となる期待行動を理解し、適用できるかを評価する計画も考えておくべきである（1つのルーチン、1つの期待行動に沿っているか）。計画全体を評価する一般的な方法も考えておく。授業の単元はたいてい「単元テスト」で終わるものだが、子供が教室場面で期待行動を獲得できたのか、紙と鉛筆のテストではわからない。そこで、教室でのすべてのルーチンで期待行動を評価するようにして欲しい。それは、(1) 指導のたびに一連の評価を組み込むか、(2) 子供の期待行動を観察し続ける一般的な手立てを整えておくか、のいずれかによってである。

　第2章で述べた測定方法を思い出して、この考え方を期待行動に適用しよう。例えば、1日に1つのルーチン、1つの期待行動をランダムに選んで、そのルーチン内で15分間にわたって、子供の期待行動を測定するのである。その簡単な観察で、子供の期待行動の回数を数え（例：教師の指導中、子供が発言するときに挙手して、尊重を示す）、また、時間を区切って1つの期待行動をしている子供の割合を評価するのだ（例：自習時間に静かに勉強して責任を示しているかを、2分ごとに）。他にも、別の測定方法を追加して、教室でのルーチンで期待行動を評価する。第2章でも述べた通り、測定計画はできるだけ簡単にしておく。

■ スキルアップを促し、承認する方法を決めておく

　うまく指導ができた場合でも、「上手にやっているね」と認めて、その期待行動が維持され般化されていくように計画しておく。指導計画ごとにスキルに特有のやり方を含める一方で、どのルーチンのどの期待行動についても行える、よく見られるやり方も考えておく。第

一歩としてふさわしいのは、期待行動を示すポスターなどである。教室に入ってくる生徒に挨拶するとか、授業のルーチンの始まるごとに期待行動を思い出させる一言を入れるのもいい。

　ルーチンごとに、期待行動を認める具体的な褒め言葉をかけよう。「承認の手立て」を設けることもできるだろう。例えば毎日、期待行動やルーチンをランダムに選んで、見合った期待行動があったらポイントを与えるなどすれば、教室での「承認の手立て」をしていることになる。ポイントがたまると、学級に特典（作業中に音楽が聴けるとか、宿題に好きな教材を選ぶ、休憩時間に楽しいことができる、授業の最後に電子機器が使えるなど）が与えられるとか、他の報酬もある。

期待行動を目に見える形で指導する

　ソーシャルスキルの全体的な行動指導計画に基づいて、ルーチンごとに期待行動を明示的に教えていく。つまり各マトリックス内の期待行動を教える指導案を立てる必要がある。良いソーシャルスキルの指導案には、鍵となる特徴（指導の焦点や目標、教材、そして模範例とそうではない例）がある。授業では、はっきりわかる形で期待行動を指導する（モデルを示したり、リードをしたり、テストしたりする）。また、スキルの流暢さを高め、維持し、般化できるようにフォローアップする。図 4.3 は、指導案のひな型で、こうした特徴をすべて含んでいる[100]。ソーシャルスキルの指導に慣れてくると、それほど詳しい指導案を書く必要はなくなる。だがまずは、丁寧に詳しく指導案を立て、指導を成功に導くようにしたい。

■ 指導に備えて土台を築く

　教え方を考える前に、授業の焦点や目標、教材を明確にする。加えて、これから教える模範例とそうではない例を注意深く計画する。それは、ルーチンに関する期待行動をうまく教えて増やし、混乱を減らすためである。次の節では、こうした点について助言する。

指導の焦点を絞る

　指導にあたっては、教えるべき期待行動と、焦点を当てるルーチンを明確にしておく。例えば、教師主導の指導において、尊重せよ、に焦点を当てるかもしれない。ソーシャルスキルの単元の最初の計画を示した後、子供が必要とする支援次第で、助けを求めるには、とか、良い友だちでいるには、とか、就職面接の受け方、などの話題を追加したくなる。そこで、この節は単元での最初や追加指導での指導計画をしっかりと立てるうえで、役立つものとなろう。

学習目標を書く

　指導の焦点が定まったら、指導目標や学習目標をはっきりと書く。良い学習目標には４つの部分がある（第２章）。それは、その期待行動が期待される**状況**、ある行動が期待される**個人**、期待**行動**の明確な記述、それに成功の**基準**である。効果的な目標は、評価方法と整合し

図 4.3　ソーシャルスキルの指導案

この指導案には、学級でのルーチンの中で、学級の期待行動を指導する重要な特徴が書かれている

ソーシャルスキルの指導案

指導の焦点

（場面）【　　　　　　　　　　　　　　　　　　　　】で　（期待行動）【　　　　　　　　　　　　　　　】を示すこと。

指導目標

（行動を説明する）【　　　　　　　　　　　　　　　　　　　　】をすると指導後には、 【　　　　】回の機会の中で【　　　　】回（基準）、子供は（場面）【　　　　　　　　　　　　】で、【　　　　　　　　　】 （という期待行動）をとることができる。

指導例

ポジティブな例	ネガティブな例
・ ・ ・	・ ・ ・

教材

指導活動

モデル
リード
テスト

追加活動

促す方法 強化する手続き 行動の誤りを修正する手続き 監督の仕方 子供のデータを収集し、評価する手続き

出所：Simonsen et al.（2012b）Copyright 2012 by Sage Publications（許諾済み）

ているべきだ。例えば、ゴールデン先生が、移動の際に子供に、責任を果たせ、と指導しているなら、目標は「授業の間の移動では（**状況**）、子供は（**個人**）、自分の場所をきれいにする責任を示して、次に必要な物を持って、次の場所に指示に従って移動（**行動**）すること。授業後 10 回のうち 9 回でできる（**基準**）」となる。この目標でわかるように、ゴールデン先生の評価案では、次の 10 回の移動で子供たち全員が責任を果たすかを見ることになる。10回中 9 回で責任を果たせたら、学習目標達成となる（目標を果たせなかった子供は、さらに指導が必要となる）。

必要な教材を揃える

　効果的に指導するために、必要な教材を揃えておく。例えば、ビデオ映像を使うなら、指導案にハイパーリンクを設定しておき、後で探す手間を省く。同じ指導案を何年も続けて使うなら、指導前にこのハイパーリンクを確認、更新しておく。活動の中でロールプレイをするのなら、事前にシナリオを準備して、指導案につけておく。他のスタッフ（あるスキルのモデルを見せるための 2 人目の大人など）が必要なら、計画通り指導できるように連絡しておく。

好ましい行動、好ましくない行動の例を考える

　指導案の中でも鍵となるのは、好ましい指導例とそうでない例を選んでおくことである。いつでも、どこでもやれるような期待行動を教えていくことがねらいだ。よって、汎用事例を教えるのに良い模範例と模範ではない例を選んでみよう（汎用事例を活用する指導については第 7 章を参照）。好ましい行動、好ましくない行動を選ぶ際には、次の例を考えて欲しい。⑴ 期待に含まれる行動の範囲（反応の般化や適応を促すために）をはっきりと示す例、⑵ 好ましい行動が期待されるさまざまな状況（望ましい刺激の至るところで般化を促す）を示す例、⑶ 期待に沿う行動と期待に沿わない行動との違いが子供でもわかるような、好ましくない例。

　たいていの子供は、期待に沿う行動と沿わない行動とを区別できる。子供は、殴るのは危険だとわかっているし、絶対に触れられない個人空間にいれば安全だと思っている。だが、子供には（大人においても言えることであるが）、好ましいと好ましくないとの間の「グレイゾーン」とか、「境界線」がわからないのである。例えば、ユーモアの域から「皮肉」へは、どこからおもしろく礼儀正しいところから、不適切で失礼なところに変わるのだろう？　遊び半分のからかいは、いつ言葉での攻撃になるのだろうか。そうした微妙な差がわかる良い例があると、期待行動の姿がはっきりしてくる。協同学習での尊重する行動で、好ましい行動、好ましくない行動の例は次の通りである。

好ましい行動の具体例

- 友だちが話し合っているときは、積極的に聞き、注意深く目を向ける。
- うなずきながらノートをとる。
- 自分の順番が回ってきたら、自分の考えを言う。グループで宿題を完成させるため

に、友だちと課題に取り組む。そして、メンバーの 1 人ひとりに、等しい仕事の分担を課す。友だちの考えに同意しないときには、そのことを丁寧に述べる。友だちに、その考えを支持する証拠を明らかにし、提供するように求める。

好ましくない行動の具体例

- 友だちが話をしているときには、部屋をきょろきょろ見ている。そして不意に遮って、「正しい」（自分の）見方を押しつける。
- 残っている課題のリストをつかみ、友だちに、誰が何をするかを告げて、最も少ない量の仕事を自分がとる。友だちの見方は愚かだと、小声でぶつぶつ言う。だが、尋ねられたときには、聞こえるように言おうとしない。友だちが話し合おうとすれば、窓の外を見て無視する。

　上で述べてきた好ましい例、好ましくない例でもわかるように、期待行動の示し方はいろいろある。そして、子供が迷いかねないやり方もたくさんある（子供に「尊重せよ」とだけ言ったとして、その意味することを子供に決めさせるままにしたら、と想像して欲しい。子供 1 人ひとりが何を学んできたか次第で、どうにでもされてしまうだろう）。だからじっくり考えて、好ましい例、好ましくない例を選択するとよい。つまり、その期待行動に関係して起こり得る誤りや無秩序を考えてみる。そのルーチンで起きていたよくある問題行動を振り返る。そして、好ましい例、好ましくない例を選び、これから起きる誤りを最小にし、子供が期待行動をとれるようにするのである。

■ 活動を明示して指導案を立てる

　しっかりした指導の基盤づくりのために、指導活動を選ぶこと。強調したいのは、明示的な指導であり、モデル（私がする）、リード（私たちがする）、テスト（あなたがする）のフォーマットを用いるのをおすすめする。こういうと時間をかけた指導のように思われるが、効果的な教室内ソーシャルスキルの指導案は、10 分以内で実践できると考えている。次の例を考えてみよう。

　　尊重するという期待行動を指導していたならば、教師は次のようにするだろう。
　　①指導の焦点と目標を**紹介する**。
　　②期待行動の**モデルを示す**。尊重する行動をモデリングする（例：静かに座り、積極的に聞き、参加するときには手を挙げる）。
　　③生徒を**リードする**。好ましい例、好ましくない例をランダムな順で読み上げて、子供は親指を上下させてどちらの例か示す（身振りにより一斉で応答する機会を与える）。
　　④指導の終わりに、尊重の定義を振り返る。その際、どの子が尊重する行動についてできていたか（学級名簿の名前の隣に＋または−を書く）、記録をもとに**テストする**。これに続いて追加の活動をするにしても、実際の指導は 10 分以内で終わる。

　このようにして、CW-PBIS でのソーシャルスキルの指導は、効果的かつ効率的に行うことができる。

モデル

　モデリングは、望ましい期待行動を、「エキスパート」が上手に実演するときに生じる。この指導部分はよく「私がする（I do）」と称される。教師は子供が見ている前で望ましい行動を示すのである。ソーシャルスキルの指導では、「エキスパート」の役割をする。高学年の子供に協力してもらったり、特定の子供への事前指導を行ってもよい。そうした子供たちが、友だちに対して行動のモデルとなることができるからである。ビデオを用いたモデリングによって、生き生きとしたモデリングができるようになる。このことは、これまで示唆したように、高学年の子供を参加させる方法の 1 つである。

リード

　「リード」の指導では、スキルの理解と適用を素早くチェックするために、子供たちを「私たちがする（we do）」活動に参加させる。上で述べた例で「私たちがする」部分は、理解しているかどうかをチェックする 1 つのゲームであった。加えて、ロールプレイ（いろいろな役割に参加させる）、スキルなどの指導を「リードする」部分では好ましい活動を扱っている。なお、ロールプレイなどの活動で好ましくない例（期待を妨げる）を子供にやってみさせることは、要注意であり、期待行動を実践してもらう。期待を妨げる行動を実践させるのを避けたいし、強化するのを避けたい。だから、期待を妨げる行動については、大人にやってみさせたり、ロールプレイをさせることが望ましい。

テスト

　子供がスキルを獲得したかどうかを確かめるためにデータを収集する。追加の評価をするとか、指導の終わりまでに簡単なテストをする。簡単なテストで絞り込んだルーチンに目を向けて、期待行動に沿っている行動かを調べることになる。紙と鉛筆（クレヨン）を用いてテストをしてもよい。高学年の子供には期待行動の絵を描くように求めてもよい。これらの絵を視覚的なプロンプトとして教室に掲示してもよい。高学年の子供には、自分自身の期待に従う例、期待を妨げる例のリストを作るように求めてもよい。これらを教師のこれからの指導に追加する。時間をかけて、子供に、期待行動のビデオを作らせるのもよい。今後、教師がモデルとして使用するビデオ映像ライブラリーのスタートとなる。こうしたテストは、知識やスキルを獲得できたかをまずは確かめるのがねらいである。

■ 指導ごとに追加の活動を計画する

　ここまで、モデルやリード、指導中のテストといった指導活動を考えてきた。そこで、柔軟性を生み出し、スキル維持、般化を促すような、追加の活動を計画して欲しい。追加の活動は、最初のソーシャルスキルの指導をした後で、毎日、毎週ごとに、月ごとに出してもよい。追加活動について、詳しく述べることにする。

期待に沿う行動を促す

　子供が期待行動をルーチンで示す可能性を高めるために、期待行動を促す方法を考えて欲しい。第 7 章では特に、視覚的プロンプトの使用を提案している。それは、授業での試行の際に作られる。活動が始まるときには、言語プロンプト（期待される行動を素早く思い出させるもの）を用いることをすすめている。簡単な言語プロンプトにより、課題に取り組まない行動が減ることがわかってきた[39]。それは、教師の時間の 30 秒弱をとるだけである。最終的にこうしたプロンプトを、だんだんと少なくしていきたい。ルーチンに関連して、自然に起きてくる刺激 S^D への子供の応答を確かなものにするのが目的だからである（教師が教室で話をしているときはいつも、子供たちはリマインダーを見た後以外にも、尊重する行動を示して欲しいのである）。

アクティブに子供を監督する

　子供が期待行動に一貫して従っているかを決めるのに、ルーチンの取り組みについてアクティブにその子供を監督することが重要である。アクティブな監督の仕方とは、動いたり、じっと見たり、そして、子供と関わったりすることである[25]。特に、学級でのどんなルーチンにおいても、予測できないようなやり方で動くことを覚えておくべきだ。教師がいつ自分の目の前に現れるか、全然わからないようにするのである。加えて、すべても子供の行動に気を配るために、時折、学級全体を見渡すべきである。頭の後ろに目があって学級全体を把握しているのだ、と子供には感じて欲しい。最後に、すべての子供たちと関わる機会も見つけたい。勉強の支援をしたり、個人的な関心などを聞いてラポールを作ることだ。

期待行動を認める

　教師は、子供が期待行動をしているのを「とらえる」機会を探すべきだ。そして前もって認め方を考えておくべきだ。最低でも、よくやったことを褒めて、子供に知らせるべきである（手を挙げてくれてありがとう。先生の指導を尊重して注意を引くやり方ができたね）。

　その行動の瞬間に称賛を与えるのは難しい。そこで、特定のルーチンでの期待行動に対して、具体的な褒め言葉の台本を作っておこう。さらに、他の承認方法も考えてよい（第 5 章）。一般的なすべての期待に沿う行動や、特定の授業に向けられた褒め方として用いるのである。

期待に沿わない行動に対処する

　同様に、期待に沿わない行動にも、効率的に対処すべきである。期待に沿わない行動はいつも、指導に焦点を当てて応答すべきである。つまり問題行動を罰する行動でなく、学業上の誤りに対応する方法を思い出すべきである。学業上の誤りを修正する際は、穏やかで中立的な態度で誤答修正を行い、子供が学習スキルを正しく学ぶようにしている。社会的行動の誤りでも同様に何が誤っていたのか、次回にはどのように改善するべきか、子供に知ってもらいたい。子供に好ましい行動を学ぶ機会を与えたいのである。もし誤りが続くときには、再指導をしたり、利用できる強化子やプロンプトを増やし、期待に沿わない行動に応答する

さらなる方法を実践する（第 6 章）。

ソーシャルスキルの指導での子供の応答を評価するデータを収集する

　指導の効果を吟味するために、指導に引き続いて、データ収集（学習目標に沿って）の計画を立てる。行動のデータを効率的に収集するためには、数回のルーチンが行われる間に 10 〜 15 分間、データをサンプリングする。行動のサンプリング回数も、学習目標の基準に入れておく。測定の方法は、期待行動に対する操作的定義に従って行われることになる。第 2 章で紹介した方法のうち、できるだけ簡単なやり方でデータを収集すべきだ。さらに、一般的な期待に沿う行動を評価する幅広い計画と歩調を合わせてデータ収集してもらいたい。

データに基づいて指導と支援を変更し、強化する

　第 2 章でも強調したように、データ収集と評価のねらいは、意思決定のためにデータを効果的に用いることにある。ソーシャルスキルの授業で、考慮したり、決定することは、(1) 大部分の子供が学習目標に到達したかどうか（次のソーシャルスキルの指導に進むかの決定）、(2) こうした子供が目標に到達するためにさらなる指導や支援が必要か（ティア 1 内での追加の方法を行うかの決定）、(3) 数人の子供がグループで、さらなる支援を必要とするか（ティア 2 の支援をするかの決定）、(4) 個々の子供が慢性的で、深刻な問題を抱えているかどうか（定期的に重大な、期待に沿わない行動を示している）、そして、より支援を必要としているかどうか（ティア 3 の介入を考えるかの決定）、である。このようにして、データに基づいて、指導や支援を変更し、強化し、あるいは、だんだんと弱めていくべきである。こうした要素が、どのように 1 回の授業中に起きていくかを示す指導案の例（図 4.4）を参照して欲しい。

維持と般化の年間指導計画を立てる

　こうした活動を成し遂げた後で、全部揃ったソーシャルスキルの指導計画案に取り組むことになる。それは、全体的な単元案や、ルーチンでの期待に関して、子供に好ましい期待行動を明示的に教える一連の指導案からなる。これだけでも、大変な仕事量である。期待行動が、明示的に教えられ、促され、観察され、承認される教室環境。つまり、ポジティブで予防的で、効果的な教室環境を築くのは長い道のりとなる。しかし、この単元はまだ最初の年度である。年度を超えて、そのスキルを維持し般化する計画も立てておく必要がある。そうした方策の中で、3 点を強調しておく。定期的に振り返ること、プロンプトやフィードバックをだんだん減らしていくこと、そして新しい状況でも使えるように追加の指導や支援をすることである。

■ 定期的に振り返る計画を立てる

　年間を通じて、過去に問題の多かった時期に入る前には、教えられてきた期待行動を、周期的に振り返っておく。夏休み前（6 月か 7 月）と、年度中盤（10 〜 11 月）、そして学年末（1 〜 2 月）〔訳注：日本の学期に合わせて、月を変更している〕である。長期休業や、台風などで学

図 4.4　理科授業のルーチン（集団討論）で期待行動（尊重）を教える授業を 1 人の子供（サラ・アン・ニコラス）が設計した指導案

ソーシャルスキルの指導案

指導の焦点

（場面）【　　　　　　　集団討論　　　　　　　】で(期待行動)【　　　　尊重　　　　】を示すこと。

指導目標

（行動を説明する)【　質問や意見では手を挙げて、相手に話をする時間を与え、思いやりをもって伝える　】をすると指導後には、【　5　】回の機会の中で【　4　】回(基準)、子供は(場面)【　集団討論　】で、【　尊重　】(という期待行動)をとることができる。

指導例

ポジティブな例	ネガティブな例
・　質問・意見のあるときは、手を挙げる。 ・　他の子供が、考えるのを終えるまで待つ。 ・　親切な言葉で、思いやりをもって伝える。	・　順番を外して話をする。 ・　他の子供を遮る。 ・　不親切な好ましくない言葉を使う

教材

スクールサイコロジストや専門職助手 図表用の紙とマーカー 理科の重要な話題についての記事

指導活動

モデル

討論中に尊重することについて教師と話をしに、スクールサイコロジストや専門職助手の方が来られるよ、と子供に知らせる。

スクールサイコロジストが討論を導き、質問をする。集団で話し合うと、どんないいことがあるのかな。集団討論において、お互いに尊重することは、なぜ大切なのかな。討論中、尊重するということは、どのような行動かな。

専門職助手はネガティブな例を示す。……教師が話しているのを遮る。思いやりのない言葉を用いる。順番を外して話す。

教師はポジティブな例を示す。……専門職助手が考えをまとめるのを待つ。思いやりのある言葉を用いる。

リード

子供に、「教師と専門職助手のどちらが、より尊重をしているかな。そして、それはなぜかな？」と尋ねる。集団討論の中で尊重することが大切な理由を、子供に尋ねる。そして、図表を用いて尊重する方法をリストに挙げさせる。学んできたスキルをこれから実践してみよう、と子供に伝える。

テスト

「注目の話題」についての科学の記事を子供に読ませ、集団討論をさせる。言葉で称賛して尊重する行動を強化し、失礼な行動は再指導する。

（続く）

図 4.4 の続き

追加活動

促す方法

最初に、「尊重するというのは、どんなことだったかな？」と言い、集団討論を始める。「手を挙げ、順番を待ち、親切な言葉を用いること」と答えさせる。そして「尊重することを思い出そう」に移ること。あるいは子供が作った集団討論中の尊重する方法のリストを指摘する。

強化する手続き

学校規模による子供への強化子（「足跡」チケット）に付随する具体的なトークン。つまり、集団討論中、全員が尊重していたら、「足跡」チケットをイラストの小道に貼る。全員で12歩分貼ることができたら、用意していた音楽家のリストから選んで、次の授業で聴くか、あるいは、その授業の終わりに5分間の自由時間を選ぶことができる。

行動の誤りを修正する手続き

素早い再指導をする。例として「〜という言い方は、尊重していなかったですね。親切な言葉を使ってください」。
子供にいつもの問題があるなら、それに応じる強化をして、失礼な行動を少なくする。
さらに破壊的で失礼な行動には、討論中、支援担当者に、その子供と一緒に取り組ませる。

監督の仕方

教室内を動き回り、子供と頻繁に座る、討論に関わったり、促したりする。そして、修正したり、強化したりする。

子供のデータを収集し、評価する手続き

1 人の子供にリストを利用させ、失礼な子どもの名前の隣に「ー」、特に尊重をしている子どもには「＋」を記録する。週の終わりに、そのデータを振り返り、再指導や復習が必要かどうかを決める。

級閉鎖になった後でも、期待行動の復習をするとよい。期待行動が減少し、期待に沿わない行動が増え始めたときは、「基本に帰れ」である。すべてのルーチンでの期待行動を復習する（期待行動への強化を考える時期であるかも知れない。第 5 章）。

■ プロンプトを少なくしていき、維持を促すフィードバックを行う

　年間を通して、期待行動を周期的に振り返ることをおすすめした。たいていの子供が学習目標を満たしているのをデータが示しているなら、さらに、付け加えられたプロンプトやフィードバックをだんだんと少なくしていこう。データに従って、プロンプトやフィードバック、承認の手立てを意図的に増やしてもよいのだ。しかし、普通の教室環境で期待行動が起き続けるように、支援を減らしていくことが、本来の目的である。

　すなわち、ほとんどの子供が期待行動の学習目標を満たし、教室ルーチンでの期待行動が、データにより一貫して示されているなら、プロンプトの数を系統的に減らす（第 7 章）とよい。その結果、ルーチンに存在する弁別刺激によって、期待行動がプロンプトなしでも起きてくる。同様に、フィードバックの量や強さもだんだんと少なくしていきたい。すると、報酬が加えられなくても、その環境における普通の強化子（子供や教師のポジティブな注目、良い成績を受け取ること、楽しい活動に移ること）で、子供の期待行動を維持できる。

■ 新しい事態に向けて、般化を促す一層の指導や支援を行う

ソーシャルスキルの最初の指導計画案やその周期的な復習をして、他の CW-PBIS の活動もしていく。これだけで、その年度の好ましい数多くの社会的行動を十分に維持できる。しかし、さまざまな目新しい行動（校外学習、学級イベント、学級の環境変化など）で、期待行動を子供が新たに取り組むのに、具体的な指導や支援が必要と思われる。このようなときには、期待行動を事前に教えるようにしておくとか、新しいルーチンに取り組む場合と同じような方法を用いて欲しい。

まとめ

この章では、⑴ ポジティブに述べられた 2、3 個の学級での期待を選び、学級でのルーチンに関するマトリックスを用いて操作的に定義する、⑵ 最初のソーシャルスキル指導を展開する全体の行動指導計画を立てる、⑶ ルーチンに関して期待行動を明示的に教える指導案を作る、⑷ 一年を通して、スキル維持と般化を促す計画を立てる、などの方法を述べてきた。

このやり方がいかに効率的（例：10 分間の授業）で、効果的であり得るかを強調してきた。教室で期待行動を設定し、教えるために、今では、効果的な計画を作り、それを実践する準備が、あなたにできていることだろう。

4章　学習の 4 段階

≫ 習得する

1. 教室でポジティブに述べられた 2、3 個の期待行動を決めましょう。そして、ルーチンに関して、期待行動を定義するマトリックスを作りましょう。
2. 1 つの期待行動と 1 つのルーチンを選びましょう。明示的なソーシャルスキル指導を展開する指導計画を立てましょう（図 4.3 のテンプレートを使用）。そして指導を行います。評価様式を用いてデータを収集し、子供が応答するかどうか見ましょう。

≫ 流暢にする

1. 教室でマトリックスに基づいてソーシャルスキルの指導を展開する指導計画を立てましょう。
2. 教室のマトリックスの残りの "ボックス"（残りのルーチンに関する期待のすべて）に、さらなる指導計画を立てて実践しましょう。再び、データ収集の様式を用いて指導効果を評価しましょう。

▶▶ 維持する

1. ソーシャルスキルの指導をしたらデータを振り返り、期待行動を子供が継続しているかどうか確かめましょう。
2. 「流暢にする」の 2 による指導計画をすべて教えた後で、すでに教えられた指導を再検討し、データにより周期的に振り返りましょう。指導の振り返りを計画しましょう。そして、外部からの支援（本章を参考にするとか、同僚からの支援）が少なくなっても、指導を開発・実践できるか調べてみましょう。

▶▶ 般化する

1. 子供が教室で定期的に行って欲しいソーシャルスキルを新しく考えましょう。そしてその新しいソーシャルスキルを明示的に教える指導計画を作成しましょう。
2. 年間を通じて、子供のスキルの維持と般化を促進する計画を立てましょう（単元や指導の計画案を立てる際に、用いる方策を展開しておく必要があります）。

▶▶ その他のスキル構築のための演習

1. 具体的なフィードバックを与えるために、さまざまな言い方を台本化しましょう。期待行動をする子供には、年齢や状況にふさわしい具体的な褒める言い方をし、期待に沿わない行動をする子供には、年齢やその場にふさわしいメリハリのある指導で、誤りを修正しましょう。
2. 期待行動をする子供を「とらえる」機会を探しましょう。そして子供の努力を認める（褒める）ために、具体的なフィードバックを与えましょう。

5

好ましい行動を強化する方策

本章の目標

1．強化のメカニズムを学級にどう適用できるかがわかる。
2．年齢や状況に応じて、学級で強化の仕組みを考え出すことができる。
3．学級の強化の仕組みを実施して評価することができる。

想像してみよう……

　　ベルナルド先生は、学級経営の授業で習った通りに、学級全体の期待を作って教えました。先生はまた、学級全体でのトークン・エコノミーを作り上げました。期待に応じた行動をとると、子供は「ベルナルド・ドル」をもらえます。子供たちは自分のベルナルド・ドルを学級のお店で交換できます。ペンや鉛筆、学級での諸活動用（例：コンピュータの時間、教師との昼食）のクーポンなどが備えられていました。ある日、他のクラスの先生が「子供が本来やるべきことに対して、どうして先生は報酬を与えるんですか？」と尋ねました。

　　ベルナルド先生は微笑んで「私たちは好ましくない行動にはいつも対処しますよね。ルールに従ったときに対処してもいいでしょう」。

　　その先生は答えました。「うーん、でも子供たちはルールに従うべきですよね」。

　　ベルナルド先生は、こう返答しました。「良い仕事をしたとき、誰かにそう言ってもらえたら、嬉しくないですか？」。

　　その先生はしばらく考えて返答しました。「ええ。先週、校長先生が私の指導案をとてもよくできていると言われて、気分が良かったので妻にもその話をしましたね」。

　　ベルナルド先生は微笑んで言いました。「子供たちも、良いことをしたら認めてもらいたいに違いないですよ」。

好ましい行動を強化する方策を練る

　勉強上のスキルを子供たちに教えるとき、私たちはそのスキルの出来具合を詳しく伝える。長方形の面積を求める公式（念のため、縦×横）を教えるとすると、長方形の辺の長さを伝えて面積を算出させるだろう。そして子供が正解を言えば、「正解です」とか「そうですね」と応えるだろう。何も言わないことは考えにくい。同様にもし子供が誤ったら、「違うよ。もう一回やってみる？」とか「別の見方をしてみたら」などと応える。いずれにせよ、子供には解答についてフィードバックするのだ。子供が誤答を出した後で正誤を知って修正したら、「そうだね、正解です」と言ったり、「よくできました」とも付け加えるかもしれない。

　子供に行動期待を教えるときも私たちは、そのスキルの出来具合を詳しく伝えていく。伝統的に学校では、規則に従う行動よりも問題行動に対して注意を向けている。多くの学校で子供は「規則」（例：「走ったらダメ」「乱暴な言葉はダメ」「宿題が遅れたら休憩時間を短縮です」）は覚えている。でも子供は、自分にどのような行動が期待されているか知らない。私たちは子供に期待行動を積極的に教えているので（第4章を参照）、こうしたスキルを獲得し流暢になるにつれ、その出来具合を詳しく伝えていかなくてはならない。残念ながら、子供が期待に従っているとき、私たちはしばしばフィードバックを与えていない。勉強のときと同様に、期待に応えているかどうかを伝えればいいのだ。

- エセルの先生が、バーモント州の州都がわかる人、と言う。エセルは挙手して「モントピリア」と言うと、先生は「正解よ、エセル。よくできました」と言う。
- エセルの先生が、静かにしなさい、と言う。子供たちは静かになり、先生は授業を始める。

　2番目のシナリオで、エセルの先生が子供の行動の正誤を教える機会を逃したのは、なぜなのだろうか。勉強で正しい答えにすばやく、明白に、一貫して対処するのと同様に、期待に沿う行動に対して強化を与えることを考えてもらいたい。エセルの先生が本書を読んだ後なら、次のような展開になるよう望みたい。

- エセルの先生が、静かにしなさい、と言う。子供たちは静かになり、先生は次のように伝える。「指示にすぐに応えてくれて、ありがとう！　皆さんはまさに学級全体のルールにある通りの話し方をして、礼儀を示してくれましたね」。

　教師の褒め言葉は効果的だし、子供たちはみな期待を思い出すことができる。教師と子供とのポジティブなやりとりの機会を作り出すことにもなる。授業はポジティブな様子で始まる。このやり方なら子供たちも、教師が自分たちの努力に気づいて認めてくれたとわかる。静かにするという行動が将来も生じる可能性だって、高くなる（強化というものの定義を覚え

ているだろうか？）。もちろん、もしみんなが静かにしなかったら、教師は子供に再び期待を思い出させるか、罰することさえしたかもしれない。好ましい行動に注意を向けたほうがよい。将来もある行動が生じて欲しいなら、その行動の直後に快適な結果が伴うようにすべきである。

　期待に従う行動に応じて、すぐに褒め言葉をかけるのは、1つの手である。本章では、好ましい行動を促すエビデンスに基づく一連のやり方を探求していく。覚えておいて欲しい。私たちは強化を通じて学習する。勉強でも社会的行動でも、教えた行動の流暢さを子供に習得して欲しいのなら、そうした行動が生じたときに強化を随伴させることだ。期待に従う行動が流暢にできたら、次に学習の維持段階に入る。強化を減らしていき、好ましい行動に伴うより自然な結果（簡単な褒め言葉、良い成績、他の子供を助けることでの満足）に進むことを考えてよい。でも、まずは大事なことから始めるとして、期待に沿う行動への一連の対応を見ていこう。

具体的で随伴する褒め言葉

　一連の反応のうち最初で最も単純なのが、期待に沿う行動に対して具体的な褒め言葉を与えることだ。称賛は、社会的強化のうち最も普通のやり方である。ある具体的な褒め言葉とは、その行動が褒められていて、特定の学習者たちに伝達されていることだ。具体的で随伴的な褒め言葉は、将来も生じて欲しいその行動の直後に与えられる。具体的で随伴的な褒め言葉は、好ましい行動の増加につながっている[21・40・124]。

　次に、具体的で随伴的な褒め言葉の例を挙げる。

- 「ロッド、静かに座っていてね、と言ったんだけど、本当にその通りにできているよ。今日は責任を持って良くやれたね！」
- 「トッド、リサの物を親切に拾ってあげたね。他の人たちに親切にするいいお手本だね」
- 「ネルソン、机をこんなにきれいにしておいてくれて、ありがとう。学級のみんなを尊重してくれているね」
- 「皆さん、練習した通り、廊下をじょうずに歩けました。誰もが静かに、手を側面につけたまま歩くことができました。その調子です！」

　これらの例ではどれも、褒められている行動が明白に述べられている。こうやってはっきりと行動を示すことで、いくつかの目的をかなえ得る。第一に、社会的強化子と強化される行動との連合を作りやすくする（つまり、何が褒められたかがわかる）。第二に、それは期待に従っていない行動をとる子供への言語的な手がかりとなる（例：ネルソンが机の上がきれいだと褒められたときに、隣の子供が自分の机を片づける）。最後に、明白に行動を述べると、単に「いいね」とか「うまくやってるね」と言うよりも、子供たちは自分の振る舞いを教師が見ているとわかる。多くの子供にとって、教師が注意を向けてくれることは強化につなが

る。つまり、こうした具体的な注意はそうした行動が将来も生じる可能性を顕著に高めるのだ。

　具体的かつ随伴的に称賛することに加えて、それは誠実になされるべきだ。もちろん、誠実さは観察したり測定できたりはしない。そこで、褒めるときの「誠実さ」とは何か考えてみよう。褒め言葉の与え方は、教師の子供との関わり方に一致している必要がある。例えば、あなたが通常、明るくて活発なら、褒め言葉も明るくて元気のよいものに聞こえるだろう。あなたがもっと控えめでユーモアも少ない傾向にあるなら、明るく元気に褒めても本気に思えず、子供は疑いの目さえ向けるかもしれない。事務的な調子の人なら、褒め方もそうしたらよい。また、使う言葉も変えたいと思うだろう。子供はお決まりの言葉には飽き飽きしているので、褒め言葉をいつも「～はいいですね」とか「正にそうです」とか言わず、言い換えるように心がけよう。ポジティブなメッセージを言葉とボディランゲージを通じて受け止めて欲しいのなら、聞き手と目を合わせて、微笑み、普段使っているスキル以外のやり方を用いよう。

　第7章では、機能について話す。もし教師の注意が強化になると子供がわかったら（つまり、子供が教師の注意を得るために特定の行動をとるなら）、随伴する褒め言葉は、その褒められた行動の生じる可能性を高める。教師の注意を引くことにさほど関心のない子供の場合はどうか。実のところ、大人の注意を引きたくない子供は、注意を向けられないように振る舞う。こうした子供が学級にいて、彼らに褒め言葉のシャワーを浴びせたら、好ましい行動に対して不用意にも罰を与えていきかねない。すると、そんな行動はもう見られなくなってしまう。周囲の注意を引きたくない子供がいたら、他に褒め方はある。例えば、返却するノートや紙きれに言葉を少し書いて渡してもよい（例：「このスペリングテストは良くできていました。あなたがこの授業でいつも良く貢献してくれていることを、感謝していますよ」）。こうした褒め方は遠回しだが、私たちは子供を困惑させたり、将来の期待に沿う行動へのやる気を削ぎたくはないのだ。それから、ある子供と授業後に個別に会うのも、押しつけがましくない1つの褒め方だ。

　具体的な褒め方は、「譲渡のできない」指導のあり方だ。それは教師なら、誰でもが知っておくべきことだ。とは言え、具体的な褒め方は必要ではあるが、十分ではない。具体的で随伴的な褒め方は、ある行動やある子供には効果的な強化子となるが、すべての子供の好ましい行動を維持するには不十分だ。褒めても強化だと感じない子供もいるし、褒め方も適切なレベルの行動を維持するには十分でなかったり、頻度も時に不足する。期待に沿う行動と何か形のある物や活動に基づく好ましい結果とを随伴させるように、いくつかの方法から選択するとよい。次に、そうした方法のいくつかを述べよう。

グループ随伴性

　教室では、1人ひとりの子供による好ましい行動をその都度強化するのは、ほぼ無理だろう。それに、連続スケジュールでの強化をしなくとも、多くの子供は期待行動を維持できる。では、ある具体的な行動ないし行動群をとったとき、学級全体を強化してはどうだろ

う。学級全体に、1つの報酬（例：学級パーティーとか映画の日、教室を子供の思い通りに装飾してよい機会など）をあげたいと思うかもしれない。もしそうなら、すべての子供が同じ強化子を得るグループ随伴性を適用しているのだ。グループ随伴性には3つのタイプがある。以下に述べよう（より詳しくは、文献1を参照）。

■ 所属グループ随伴性

　所属グループ随伴では、グループ内の1人あるいは少数の個人がした行動に付随して、グループの強化がなされる。つまり、グループの全メンバーが強化されるには、1人あるいは少数の子供が、目標となる行動を達成する必要がある。例えば、

- マークとクレオが3日間机の上をきれいにできたら、学級全体が新しい鉛筆とペンをもらえる。
- ナポレオン班がその時限の最初40分間、課題に取り組んでいられたら、学級全体で残りの5分間は話をしたり音楽を聴いたりできる。
- スズメ読解班が小テストで80点以上とれたら、学級全体が休憩時間を余分にもらえる。

　さて、疑問に思われたことだろう「それは良さそうだ。でも、マークやクレオ、ナポレオン班やスズメ班が、もしその行動をしなかったり教師の決めた基準に満たなかったら、どうなるのだろうか。他の子供たちは、この子らが強化子の"負担"をさせられることで、不満に思わないかな」。そして、よく考えて注意深くグループ随伴性を設定しない限り、2番目の質問に関する答えは、間違いなく「イエス」になるだろう。仲間からの圧力は、強力な道具であり、賢明に用いるべきだ。もし所属グループ随伴式にして、報酬が付随する学習者が「失敗しない」ようにできたら、それら学習者が好ましい行動をとるようにする効果的な方法となる。

　所属グループ随伴式を「失敗しない」ようにするにはどうすればよいか。第一に、随伴する子供は、実際に間違いなくその望ましい行動をできるようにすることだ。その子供はその行動を流暢にできるようになっているべきだ。上の例で、マークとクレオには机の上をどうきれいにするかを明白に伝えたうえで、望まれる期間彼らがうまくやれるようにしておくのだ。指導後に、しばしば参照できる視覚的な手がかり（例：きれいになっている机の絵）を与えておくのだ。この2人にも、全体にも、十分に言語的な手がかりも提供して、学習者たちに期待行動を思い出させる（例：皆さん、きれいにできている机はどんなだったかな。5分ほどしたら、机の上がきれいになっているか、見て回りますよ。整理しておきましょうね）。学級内の他の子供たちにも、努力を促すようにできる。実のところ他の人たちを励ますことは他のソーシャルスキルと同じように、教えたり促したり強化したりできるソーシャルスキルなのだ。確認したり、手がかりを提示したり、努力を褒めたり、自分自身の行動でモデルとなる（つまり、自分の机をきちんと整理しておく）ことで、他の子供たちもマークやクレオを支援できるのである。少数のもがき苦しむ学習者をすべての子供が温かく見守っている学級を、

想像してみて欲しい。素晴らしいではないか。同時に、学習者たちが学級で特権を得る一方で、失わないようにもしておきたいだろう。グループ随伴性を使えば、それが可能だ。ただ、すでに述べた思慮深さは必要である。でないと教室のコミュニティに亀裂を生んで、学習者を当惑させてしまう恐れもある。学習者が失敗しかねない期待行動を設定しているのなら、グループ強化の別のオプションを選択すべきだ。

所属グループ随伴性の長所
- あらゆる学習者を支援する学級コミュニティを作り出す。
- 学習者が、自分は学級コミュニティの価値あるメンバーだと感じる。
- 学習者は学級に強化子をもたらすし、他の人たちも個人を「応援」して気分が高まる。

所属グループ随伴性の短所
- 学習者が期待に沿えずに当惑する（仲間をがっかりさせて潜在的に罰を受けて、将来、好ましい行動が生じる可能性が低下する）かもしれない。
- 学級全体に報酬を得させようと学習者が思わずに、望ましい行動をとらない可能性もある。
- 仲間があれこれと言うなど、個々の学習者に不満を示す可能性がある。
- 好ましくない行動をとっている子供までもが、報酬を受けるかもしれない。

■ 相互依存型グループ随伴性

　グループ強化のもう 1 つのあり方は、相互依存型のグループ随伴性である。相互依存型グループ随伴性では、グループ内ですべての子供が強化の基準に見合ったとき強化する。言い換えれば、強化を得るには、グループ内の誰もが期待された行動をとらねばならない。例えば、

- 「全員が時間通りに授業に来られたら、授業の最後に 5 分間の話し合い時間をもらえるよ」
- 「カフェテリアで、全員が尊重することができたら、全員がアイスクリーム・サンドをもらえますよ」
- 「中間試験で全員が 80 点以上だったら、全員の小テストの一番低い点数をなかったことにします」

　相互依存型グループ随伴性の長所と短所は、所属グループ随伴性と似ている。望ましい行動をとらない（とれない）メンバーに、仲間が腹を立てるかもしれない。グループのメンバーの中には、報酬や他の仲間のことなど構わず、望ましい行動を十分にとらない子供もいるだろう。一方、学級の学習者たち**全員**に「失敗なし」相互依存型のグループ随伴をうまく達成できたら、すべての子供が共通の目標に向けて互いに励まし合っていくわけで、その姿

は素晴らしいだろう‼　子供は互いに手がかりを出したり褒めたりし、学級内の全学習者がポジティブに支え合うコミュニティになる。相互依存型のグループ随伴性を築くには、期待行動を注意深く徹底的に教えて、しばしば手がかりを与えたりモデルになったりすべきだ。全学習者を励まして、進歩しているよと繰り返し伝え、目標の報酬はほぼ間違いなくもらえるのだと誰もが思うようにする。ここでも、望ましい行動がグループ内の全学習者に「失敗なし」になる確信がないなら、別のグループ強化の選択肢を考慮すべきである。

相互依存型グループ随伴性の長所
- 全学習者を支援する学級コミュニティを作り上げる。
- 自分は学級コミュニティに貢献する価値あるメンバーだ、と全学習者が感じる。
- 学級に何かいいことをしたいと思うよう、全学習者を動機づけることができる。

相互依存型グループ随伴性の短所
- 学習者が期待には届かず、当惑したり、仲間をがっかりさせかねない。
- 学習者が報酬を得たいと思わなかったり（あるいは、仲間がその報酬を得るように助けず）、望ましい行動をとらない可能性もある。

■ 独立型グループ随伴性

　好ましい行動をとるとグループの個々のメンバーが強化されるのが、**独立型**グループ随伴性である。つまり好ましい行動をとるどの子供も報酬を与えられる。好ましい行動をとらない子供は報酬を与えられない。例えば、

- 「カフェテリアで尊重する行動ができた子供は、アイスクリーム・サンドをもらえますよ」
- 「3 日間、机をきれいにできた子供は、ペンと鉛筆をもらえるよ」
- 「今週ずっと授業に遅れずに来られた子は、『宿題遅れ』パスカードをもらえます」

　独立型グループ随伴性では、誰もが自分が報酬を得る責任を負う。このことで、所属グループ随伴性や相互依存型グループ随伴性のもたらす懸念が減らせる。一方で、思慮深く、かつ注意深く築かれた所属グループや相互依存型グループの「コミュニティ」が備える高揚感は失うことになる。

　独立型グループ随伴性では、報酬にあまり興味がない子供たちは、望ましい行動をとらないだろう。また、報酬をもらえない子供たちも、独立型グループ随伴性はイライラさせられ、やる気をなくさせるものだ。他の 2 つのグループ随伴性と同様に、独立型グループ随伴性も、学習者とその好みをよく見て進めるべきものだ。

独立型グループ随伴性の長所
- 報酬を得る責任は学習者にある。

- 報酬を得られなくても、他の子供たちには影響がない。

独立型グループ随伴性の短所
- 報酬を得たいと思わない学習者は、望ましい行動をとらない可能性もある。
- いつも報酬をもらえない子供たちが、イライラさせられる。
- 「誰もが自分のことだけ」というこの随伴性では、他の 2 つの随伴性と比べて、学級コミュニティが育たない。

　もしグループ随伴性があなたの学級にうまく合わないとしても、がっかりしないで！　他にも、好ましい行動を強化するオプションがある。他の方法と組み合わせて、グループ随伴性を用いることだってできる。学級や子供の事情に合わせてやればよい。

■ 良い行動ゲーム

　良い行動ゲーム（Good Behavior Game: GBG）はよく研究されてきた、エビデンスに基づくやり方で、相互依存型グループ随伴性の考え方によっている[36・126]。これは見逃せない。1969 年に開発されてから、GBG はさまざまな子供の、多くのタイプの問題行動を減らすことがわかっている[67・85]。GBG は行動や状況次第で修正できるが、普通は次のように使われる。学級を 2 つのチームに分けて、具体的な問題行動（例：無駄なおしゃべり）を選ぶ。問題行動が生じたら、各チームは黒板上に印をつけられる。授業の終わり（あるいはその日や、教師の選んだ時限）に、より印の数が少ないほうのチームが勝ちとなり、強化子を受け取る。どちらのチームも印が少ないか、なかったら、両チームに報酬を与える[126]。研究によっては、GBG を用いた教師が、目標となった好ましい行動（例：参加するときに挙手する）を追跡して、黒板上の印が最も多かったチームに報酬を与えている[125]。私たちは後者のやり方を好む。子供が何をすべきでないかではなく、子供は何をすべきか、に着目する流れになってきているからである。GBG は、効果的、実践的な手法であり、文化や状況に合わせて、好ましい行動を増やすことができる[85]。

行動契約

　行動契約も、好ましい行動を支援する一連のオプションの 1 つである。行動契約は伝統的には個々の子供となされてきた。しかし、学級全体のレベルで用いることもできる。行動契約はしばしば、グループ随伴性やトークン・エコノミー法など他の強化手段と併せて用いられる。「現実世界」で契約がどう使われているかご存知だろう。私たちは就職の際に署名をするし、自宅で職人さんに仕事をしてもらうときや、家を売買するときにも、契約をする。また、関係者たちの間で交渉をして契約書が書かれ、両者が署名して法的に拘束力が生じるものだ、と理解している。学級での行動契約は、法的拘束力があるわけではないが、「もし〜なら」という文章に、双方が合意する。例えば、行動契約の文章は次のようなものになる。

- 「ルークが宿題の 80% を 2 週間にわたって達成できて、それぞれ 80 点以上とれたら、自分の好きな学級パーティーかゲームを企画できる」
- 「ヤナが廊下で 10 回のうち 9 回、適切に行動できたら、好きな日に教師と昼食を一緒にとることができる」
- 「ギャビンとトミーが 1 週間にわたって、すべての宿題をやり教師の指示に従うことができたら、授業で隣同士に座ってよい」

　こうした文章に加えて、行動契約では教師がどのような支援をするのか、子供が特定の基準を満たしたとき、満たさなかったときにそれぞれどうなるかを、明示すべきである。契約者たちは、教師も含めて署名をする。実のところ、教師自身も契約のもとでは義務を負っているのである（つまり、子供がうまく課題を達成したら、強化をすることである）。契約は教師にとっても子供にとっても、期待行動を明確に述べており、その行動をとったときの結果を視覚的に示している。子供や学級と行動契約をする際の留意点を、いくつか述べる（詳細は、文献 1 も参照）。

- 契約は公正であること。学習者は求められた行動を達成できるか。
- その行動が生じた後には、報酬が与えられること。行動の前に報酬を与えても、強化とは言わない。技術的には、それは賄賂である。
- 契約は、好ましくない行動の不在（アラベラが授業中に大声を出さない）ではなく、期待行動をポジティブに述べる（アラベラが参加したいと思ったら挙手する）こと。
- 契約は服従ではなく、具体的な行動を強調すること。「教師をみな尊重する」とか「ルールには従う」などという文章は避けること。期待行動を観察・測定できるようにして、子供が期待に沿っているかどうかが明白なようにすること。
- 契約は、子供が期待に沿えなかった場合にどうなるか、を述べているべきだ。随伴する罰があるのか。
- 契約書に署名したならば、約束した通りに期待に沿う必要がある。

　契約は個人でもグループ相手でも用いることができる。グループ随伴性の導入を進めるときに、学級契約を用いたいかもしれない。また、さらに行動支援を必要とする子供に、個別に行動契約をしてもいい。行動支援計画（BSP）や他の特別なサービスで、追加の行動支援を受けている子供に進歩を示すときに、契約が役立つかもしれない。契約すると、子供も教師も責任を負うことになるので、好ましい行動を促す一連の学級支援に役立つだろう。

トークン・エコノミー法

　トークン・エコノミー法は、広く用いられ、よく研究もなされている行動管理法の 1 つである〔訳注：現在、アメリカの学校ではあまり使われていない〕。トークン・エコノミー法は、在宅 10 代の非行少年、自己完結の特別支援教室、一般の教室事態[1] などで、成功してきた。その

ため、ここで取り上げる。トークン・エコノミー法は、子供の学業、社会的行動の改善や、教師の学級経営の改善につながっており[1]、それもここで取り上げる理由である。端的に言えば、トークン・エコノミー法はさまざまな事態でさまざまな子供に対して役に立つ。学級での期待行動を強化する方法として、トークン・エコノミー法を用いることを考慮して欲しい。トークン・エコノミー法は他の強化方法と比べて、飽きにくい。しかも、柔軟かつダイナミックに子供の行動変化をもたらしやすい。トークンはまた、トークンがもらえる理由を子供が気づきやすくなるように、称賛と組み合わせてもよいし、またそうすべきである。このやり方の要素を以下に述べる。またコラム 5.1 でも事例を述べる。

■ トークン・エコノミーを作り出す

　トークン・エコノミー法を作り出すには、次のことが必要である。

トークン

　トークンは期待行動に随伴して与えられ、何か価値あるもの（予備強化子）と交換できる。トークンはそれ自体は価値あるものであってはならない。小さくて壊れにくく、扱いやすい物が理想である[1]。トークンの例には、チケットやポーカーチップ、教員の顔のついた（実際、こうしている教員もいる）ラミネートした「お金」、ポンポンボール、ステッカー、ポイント、得点マークなどがある。

　形のあるトークン（例：「お金」、チケット）の場合、ためておくところがいる。個人の「銀行」（例：机の上のバッグとか箱）や、教室の中央あたりの場所（例：トークンを入れるポケットの図や、教室のファイルキャビネットのフォルダー）にためてもよい。ステッカーなら個々の子供の表（机につけておく）とか、教師が大きな図に書き込んでもいい。ポイントとかマークのように、形のないトークンもある。こうした種類のトークンなら、たいてい教師は自分の机かクリップボードに大きな表を作っておく。教師によっては、穴あけパンチを使う。つまり、好ましい行動があるたびに子供の持っているカードに穴を開けていく。また、点をつなげたり（好ましい行動のたびに 2 つの点をつなげることができる）、パズルのピース（カードの穴を全部開けたり、点をつなげて絵にしたり、全部のピースをもらって）を完成させたりすると、予備強化子をもらえるのである。トークンには多くの優れたアイデアがある。学級や子供たちにふさわしいものを使えばいい。高校生は、パンチカードを喜んで持ち歩くことはないだろう。それでも、単位や PC 利用の時間、音楽を聴く時間などの追加と交換できるポイントをもらうのは好きだ（ちょっと待った。勇み足だ。予備強化子は次の話である）。

　トークンを選ぶことに加えて、どの行動を強化するかも考えておく必要がある。期待に沿う行動すべてに随伴してトークンを配るのか。あるいは、一部の行動なのか？　期待に沿う行動があったら必ずなのか、それとも断続的にトークンを渡すのか。どの行動も同じ数のトークンなのか。（トークンのような）般化された条件づけ強化子の最大の利点は、その行動に量的に関係づけられることだ。例えば、実際に期待をはるかに超えるような行動（所持品全部を落としてしまった子供を助けるなど）は、質問する際に挙手するなど単純な行動よりも多いトークンを与えるべきだろう。

コラム 5.1　トークン・エコノミー法の応用例

　このトークン・エコノミーの話は、サラ・サルスマンが開発した学級全体の方法に基づく。

どこから始めましたか？

　中1の国語授業用に、このトークン・エコノミーの手立てを開発しました。主な期待「尊重する」に注目しています。特に授業での討論で、礼儀正しい行動をすることに注目しました。それは、話し手に目を合わせること、挙手すること、質問したり意見やコメントをシェアして、討論に加わることなどです。

　このスキルを指導するにあたってまず私は、授業での礼儀正しい討論の仕方とはどんなもの？と質問をしました。子供たちが話し合った後、私は明白に期待行動を指導しました。次に班別に、適切な傾聴やアイコンタクト、挙手や質問、意義のあるコメントをしているスキットを作らせました。どの班もが作ったスキットを学級で披露しました。子供の理解度を確かめるために、いくつかの行動を学級全体に示して、期待行動と学んだスキルからして、この行動は好ましいか好ましくないかを尋ねました。子供の回答や授業での討論の様子から、新しいこのスキルの流暢性の度合いがわかりました。

　授業での討論に加わる好ましい行動を教える必要を、感じない人もいるでしょう。でも私は、非常に大切だと思っています。私の授業で討論は大きな部分を占めているからです。子供たちは、傾聴したり意見を交換する際、礼儀正しい行動とは何かを明白に指導される必要があります。子供はみな、異なった背景や経験を持つのですから。「尊重する行動」がどんなものかを、子供たちがみな知っていると思うべきではありません。尊重すれば有意味な討論がしやすくなるし、学級の外の現実世界でも、他人と関わる準備ができます（つまり、学んだスキルの般化です）。

どんな手立てでやりましたか？

　私が用いたトークンは、「S先生ドル」で、間欠強化スケジュールで手渡しました。いつ報酬がもらえるかがわからないと、子供は好ましい行動を取り続けるようです（人はスロットマシンでどう遊ぶか、を考えるといいですね）。また、部分強化スケジュールを選んだので、子供がトークンに飽きてしまうことを避けられましたし、子供には満足の遅延を受け入れるよう教えました（若い人には、実のところ誰にとっても、人生でとても重要なスキルです）。

　最初、子供を頻繁に強化しました。好ましい行動（例：話し手と目を合わせる、挙手する、有意義なコメントをする、質問するなど）の3回目ごとです。子供が好ましい行動が上手にできて、より多くのトークンをもらえるようになったらスケジュールを変更して、適切で尊重する学級行動をとった5回目ごとに「S先生ドル」をもらえるようにしました。

　トークンだけでは強化にならないので、交換する手立てを作りました。すべての子供の好みに合わせられるように、好きな物や活動を調査しておきました。この好みに応じて、安上がりなこと、例えば授業中に教師用の机を使うとか、宿題の提出遅れを認める、私と昼食をとる、消しゴムや鉛筆、マーカー、その他の雑貨など強化メニューを準備しました。私が作ったメニューは図5.1にあります。

図 5.1　強化子のメニュー控え例

S 先生の報酬メニュー

「S 先生ドル」で、次のどれでも支払いできます。ただ「S 先生ドル」
は毎月初めには失効します。使ってしまいましょう。

消しゴム	1 ドル
ペン、鉛筆	1 ドル
マーカー	2 ドル
ジェルボールペン	2 ドル
グミ	3 ドル
ドリンク各種（炭酸はなし）	4 ドル
先生の助手を 1 日	5 ドル
小テストのときに iPod を聴いてよし	5 ドル
先生の机の利用を 1 日	7 ドル
宿題遅れパス	8 ドル
小テストで正誤あるいは多肢選択問題の 1 問をパス	8 ドル

　得たトークンに期限を設けることで、トークンが累積していくことを防いでいます。月末になると、トークンは失効します。毎週末に子供は、「S 先生ドル」を強化子と交換する機会があります。でも、もし子供が「S 先生ドル」をより高額なオプション用に蓄えておきたいなら、有効期間は 1 か月だよ、と念を押しています。子供には成功して欲しいので、ある活動や物に値段をつけるのに、有効日の時間的制約をつけることにしました。子供たちには懸命に挑戦して欲しかったし、同時に期待が現実的で一貫しているようにも望んでいます。

このやり方をどうやって教えましたか？

　上に述べた「礼儀正しい」行動を教えた後、トークンの獲得・交換の仕組みも教えました。授業中、こうした行動を探して褒め、時々「S 先生ドル」を渡すよと説明しました。もらったトークンは、毎週末に交換する機会があることを説明して、（以前に配った調査に基づいて選んだ）オプションのメニューを示しました。「S 先生ドル」には有効期限があることと、もっと高い物をもらうのにとっておいてもよいけど、月初めになるともう使えないよ、と念を押しました。

　このやり方を子供に伝えた直後、ある討論を含む授業で、礼儀正しい行動を探して褒めて強化するよ、と告げました。どの子供からも 1、2 個の礼儀正しい行動を探し出しました。その最初の授業で、子供全員が「S 先生ドル」をもらうことができました。早い段階で強化の機会を作ったので、授業での討論ができる好ましい行動が生じやすくなりました。

　その後授業での討論の間、子供には礼儀正しい授業での討論の仕方を思い出させていました。はっきりと（例：「クラスメイトと視線を合わせることを忘れないようにね」）、あるいは間接的に（例：「マックス、ちゃんと手を挙げて呼ばれるようにできたね」「リディア、教科書のテーマと自分の経験をうまくつなげたね」と褒める）です。

ご自分の計画をどう変えたり、やめるつもりでしたか？

　計画がうまくいくとは限らないので、必要に応じて自分のプランを変えたりやめるつもりでいました。最初、子供は期待行動を示すことができませんでした。データを見て、行動をもう一度教えて、連続強化スケジュールに移行しました。行動と強化子を 1 対 1 にしたら、好ましい行動と強化との関係がはっきりわかるので、期待行動が増加しました。連続強化スケジュールを使い続けて、データ上行動が一貫してきたら、間欠強化スケジュールに移行しました。

　授業での討論で、頻繁に礼儀正しい行動が見られたら、強化を得られるまでに必要な礼儀正しい行動の「回転数」を上げました。また、予備強化子の価値を高めて、より困難にしました。

計画をどう見守り評価しましたか？

　自分の PC でエクセルのシートにつけて、計画をモニターしていました。授業での討論で礼儀正しい行動が見られ、「S 先生ドル」を渡したら、出席表の子供名の隣に印をつけます。授業後にはその情報をエクセルのシートにつけます。どれだけ子供たちがトークンをもらったかは、交換のときに正確にわかります。子供が「S 先生ドル」を使ったら、エクセルのシートから引いておきます。

他に何かポイントがありますか？

　このやり方では一貫かつ現実的な随伴性にして、子供がみな目標を達成して「S 先生ドル」をもらえるようにします。討論中に礼儀正しい行動をとったり、本当に話に加わっている子供を強化します。一貫性と統合性を保つために、期待行動をとらない子供は強化しません。積極的には関われない子供でも、話をよく聞いたりアイコンタクトをとるなどの非言語的な行動をとって、目標を達成できます。授業での討論で、子供はみな「S 先生ドル」をもらえるのです。

　教室の内外でとても大切な、ソーシャルスキルを強化できる点がいいですね。このやり方は教室でやって欲しいと思うどんな他の行動にも応用できます。例えば、子供が宿題を時間通りに出さないなら、何かを宿題に随伴させて「S 先生ドル」をもらえるようにできます。

　このやり方を使っていて、学んだことがあります。1 つは、これを使うのによい時間です。授業での討論は、私の国語カリキュラムの大きな部分です。でも、グループで話す子供を、常に追跡していることは難しいのです。よりくだけた会話の際に、言語的な称賛で強化することもできます。でも「S 先生ドル」は、よりフォーマルな場面（教科書や詩の読み取りなど）での強化に限定する必要があります。くだけた会話では、トークンはもらえず、子供は適切に行動しようと思えないでしょう。でも、普段の会話で変率強化にすると、強化がいつあるかわからないので、子供は「いつも身構えている」ことになります。

　期限切れの日についても、わかったことがあります。「S 先生ドル」を貯め込むのを避けようと、使用期限を設けていました。でも子供たちは時間切れでドルを使えずに、欲しい予備の強化子をもらえないと困っていました。そこで、1 ドルのものを何個か追加して、月末に残ったドルをそれで使い切れるようにしました。責任を持ってドルを使うようすすめて、貯めるか使うかを考えさせました。

　最後に、各学級でこのやり方を試して、子供たちにとってのリアルな感触をつかむべきだと知りました。学級によって、様子が違います。随伴性を一貫かつ現実的にして、行動目標が挑戦的でうまく達成できるように心がけるのです。

予備強化子

　トークンとして何を使うかを決めたら、そのトークンで子供は何を欲しがるかを考える。子供によって好きな物、嫌いな物がある。さまざまな強化子を揃えておけば、すべての子供がトークンをもらいたくなるようにできる。別のカテゴリー（社会的なこと、形のあるもの、活動など）での強化子を準備して、どれも実際に子供に提供できるようにする（事務的なお手伝いとか、好きな大人との昼食などの活動の強化子は、**事前に**調整しておくこと）。予備強化子の例は次のようである。

社会的なこと
- カフェテリアではなく友だちの 1 人や教師と教室で昼食。
- 教室の雑用とか使い走りとして教師を助ける。
- 友だちの 1 人と作業ができる。

形のあるもの
- ステッカー。
- 「宝箱」とか「お楽しみ袋」から、小さなおもちゃを選ぶ（教師や他の子供が持ち込んだ不要になった物）。
- ペンや鉛筆、消しゴム、ノート。

活動
- 教室内でのゲームや他の活動。
- コンピュータを用いる。
- 音楽を聴く。
- 教師用の作業室でコピーとりをする（あなたにとっても有益ですね！）。

　ここまで、強化子としての食べ物の利用には触れなかった。トークン・エコノミー法で食べ物は、強力な強化ができるので、予備強化子として用いてもよい。しかし、アレルギーとか子供の健康への懸念を考えて、強化子の例からは外している。

　「私の子供たちは何をもらいたいと思うのだろうか」と、皆さんは疑問に思っただろう。その単純な答えは、「子供に聞きましょう」。子供たちにアンケート調査をしたり、オプションを示して好きな順位を尋ねたりしてみよう。学校の始まる初日からやりたいなら、年齢に相応な報酬をいくつか選んでおこう。実施する中でいつでも、子供に尋ねればよい。暇な時間に子供たちが何をしているかに、注意しておくといい。おしゃべりしたいだろうか。外に行きたがるだろうか。コンピュータを使いたいだろうか。音楽を聴きたがるだろうか。予備的強化子を選ぶ際には、よく観察することだ。

　学級全体での報酬を用いる場合もある。獲得した全トークンが指定の報酬と結びつくのだ（トークン・エコノミー法と集団随伴性との組み合わせである）。例えば、子供あるいは学級に期待に沿う行動が見られるたびに、教師はガラス瓶にビー玉（つまりトークン）を 1 つ入れる。

瓶がいっぱいになったら、学級全体が事前に決まっている報酬（例：映画、休憩時間の延長）を獲得できる。これは効果的なトークン・エコノミーではあるが、子供の行動を効果的に強化してはいないだろう。こうしたやり方では、報酬を得るために好ましい行動をとろうとはしない子供だっている。ある子供がビー玉を1つももらえなくても、瓶が満杯になったときには学級全体で映画を見られるからだ。また、報酬を好ましいものと思わずに、欲しがらない子供だっているだろう。形のあるトークンがもたらすもっと明白な随伴性が、ぴったりくる子供もいるかもしれない。好ましい行動をすると、このトークンをもらえて、それは何か**その子**にとって価値ある物と交換できるのだ。確かに、「ビー玉の瓶」とか他の学級全体での随伴性はおもしろいし、子供の多くが楽しめる。でも、よりシステマティックなトークン・エコノミー法を用いれば、もっと子供の行動を形成できる。

交換の仕組み

　トークンと予備強化子が決まったら、交換の仕組みを作っておく。交換率（予備強化子はトークン「いくら分」にあたるか）、とか実際の交換の進め方（例：いつ交換に応じるのか、どれほどの頻度で？　どこで？）である。スキルや期待を教えるのと同時に、トークン・エコノミー法と、交換の仕組みを子供に教えておくことが必要になる。教師たちはよく「校内ストア」のようなやり方を使う。指定の時間に、子供たちはもらったトークンを予備強化子と交換できるのだ。放課後や週末にやるのがおすすめである。これなら予備強化子を手にして浮かれてしまっても、授業時間が混乱しないからだ。また、宝くじのような仕組みを使う教師もいる。トークン（子供の名前が書かれたもの）を箱に入れて、当たりを引く。当たった子供が報酬を得るのだ。くじ引き方式にするなら、個々の子供がトークンを予備強化子に交換するのに**加えてする**とよい。トークン全部が、後でくじにもなる。こうすれば、どの子供も自分の行動で予備強化子を得ることができて、しかも余分で何かもらえる子供も出る。くじ引きだけだと、子供の多くが予備強化子を得られず、もらえるチャンスがあるだけだから、やる気が出ない（特にトークンをもらう数の少ない子供たちこそ、強化を最も必要としているのだが）。

■ 仕組みを見守る

　トークン・エコノミー法をうまく回すには、その効果についてデータを収集することが不可欠だ。可能ならトークン・エコノミー法を**実施する前**に、目標となる子供の行動（つまり、トークン・エコノミー法でねらっている行動）のベースラインをとっておく（むろん、年度初めからやるのなら、そうはいかない）。実施中、子供の行動データをとっていく。好ましくない行動が減少し、好ましい行動が増加する様子が見られればよいのだが。加えて、トークンや予備強化子の配付数のデータも記録しておくべきだ。クリップボードや図に、トークンの配付数を記録しておけば、後にエクセルの数表に記載できる（または、子供を見守る間、タブレットを使う。技術のおかげで実にいろいろなデータ収集法があるが、本書の範囲を超えている）。どの子供が最ももらうトークンが少ないか気をつけて、なぜかを考えよう（例：行動が流暢さに欠けるのか？　他の強化子のほうが好きなのか？　仕組みを十分にわかっているのか？　好ま

しい行動に手がかりを与えて、随伴して何が得られるかを思い出させているか？）。一般的な教室のパターンにも気をつけよう。トークンの数に中休みがあるなら、理由を考えよう。あげるのをやめるのが早すぎたのか？　子供たちが好ましい行動をとるのをやめてしまったのか？　このやり方が飽きられたのか？　集めたデータを使い、トークン・エコノミー法をうまく修正しよう。

■ 他に配慮すべきこと

　トークンや予備強化子を選び、交換の仕組みを作って子供に教える他に、トークン・エコノミー法には教師が配慮すべきことがある。第一に、トークンを模造する気にさせないこと。クリップのような普通の物ではなく、コピーできにくく、教師の署名が必要な物を用いる。第二に、トークンを貯め込む子供に気をつける。それ自体で魅力的ではない般化された条件強化子も、時に子供はできるだけ集めようとする（最もよく知られた般化された条件強化子であるお金は、強化的であるようにできてはいない。この「トークン」に価値を与えるのは、お金で買える予備強化子のほうである。でも、お金を貯めるだけ貯め込んで、物やサービスに交換しない人だっているのだ！）。

　子供がトークンを貯め込みすぎるのを防ぐため、もっと頻繁に交換してもいい。トークンに有効期限を定めることを考えよう。（その後は無効となる）「利用期限」の日があれば、子供はもっと使うだろう。可能なら、古いトークンが失効したとわかるように変更する（例：チケットの色を変える）。トークンの貯め込みを防ぐ手として、毎月とか4半期ごとに「使って遊ぶ」イベントを開催しよう。例えば、どの子供もイベントに参加できるだけの枚数のトークンを渡しておき、10トークン「支払」わせて、学級で映画鑑賞をしよう。または10トークンあれば、小テストや試験の問題で得点を追加してもらえることにする。最後に、毎週、毎月、または各学期末に未使用のトークンを全部回収して引き出しに放り込み、もっと大きな報酬をもらえるようにする手もある。もし欲しい物が好きなだけ「買える」だけの数のトークンがあれば、子供は好ましい行動をとろうとしないかもしれない。トークン配付の記録を正確につけていたら、どの子供がトークンを持ちすぎだ（また、どの子供が少なすぎだ）とわかるだろう。

　年長の子供たちへのトークン・エコノミー法を提案したら、教師はそんなやり方には躊躇するだろう。そのやり方には「乗ってこない」だろう、馬鹿げてるとか侮辱だと思われる、と恐れるからだ。私たちの経験では、そんなことはない。トークン・エコノミー法はどんな年齢水準でも、少年院とか行動障害のある子供たちの教室のような状況でも、うまく用いられてきた。年長の子供へもトークン・エコノミー法をうまく適用するには、⑴自分自身もそのやり方を受け入れること、⑵年齢に応じた適切な強化子を見出すこと、である。考えてみて欲しい。「皆さん、このやり方は古くさいと思うだろうけど、試してみたいんです」と言って、子供にこのやり方を示したらどうだろうか。あまり乗ってきそうにもない。一方、「期待に従って行動すると、好きな物をいろいろもらえるいい仕組みを考えましたよ。皆さん、欲しい物を言ってみてください」とやったら、もっとうまくいくだろう。年齢相応の強化子を探すには、子供に尋ねたり好みを観察するとよい。地元のカフェで買った

コーヒーを抱えて、授業に来ている？　では、その店のギフトカードが当たるくじ引きをしよう。あるペンやノートを誰もが持っている？　では、それを強化子に使うことを考えてみよう。

　加えて、特に勉強がらみの行動に目を向けたトークン・エコノミーをするのなら、学業に基づいて子供への報酬を考えよう。例えば、宿題を提出するたびに 1 ポイント。20 ポイントで子供は、将来使える「宿題提出遅れ」パスをもらえる。また、教室での討論で関連する質問をするたびに、トークンをもらえるとする。5 つトークンがあると、次の小テストや試験で余分に点数をつけてもらえる。すでに基礎的ソーシャルスキルや期待に従う行動ができるようになっている学級では、勉強がらみの報酬や行動がより適切である。

支援を減らしていく：決定規則

　さて、期待を明確化したうえで指導した。子供にはいつも手がかりを与えているし、具体的に褒めたり、適切なトークン・エコノミー法で強化している。順調だったが、そこで中だるみに陥る。データによれば、子供の行動はもう改善していかない（または、それ以上改善しようがない）。「さあ、トークンを予備強化子と交換するよ」と言っても、子供は以前のようには乗ってこない。どうなっているのか。

　授業での目標は、子供の行動を改善することだ。読解などの学業上の概念を初めて教えるときには、私たちは多くの支援をする。コーチし、単語の発音を助け、読み解く方法を教え、正しい学業上の行動は肯定的に評価して、褒めていく。習熟から流暢さの段階になるとき、私たちは支援を減らしていく。困ったときには、こんなやり方を試してみよう、と言ってもよい。しかし一般には、新しいスキルを個別にやってみさせて、褒めたり励ましたりすることが少なくなる。生徒指導でも同じことである。子供が流暢に期待行動ができ、維持・般化のレベルに向かっていたら、行動支援を減らして新しいスキルを個別にやってみさせ、強化は少なくしていく。できれば、新しい行動が自然の強化子を得て、その利用が持続するとよいのだが。例えば、「どうぞ～してください」とか「ありがとう」と言うと、相手から笑顔で「どういたしまして」とか、ポジティブな返答がある。そのことで、礼儀正しく言うことが継続する。授業で討論に参加すると、おそらく良い成績にも結びつくし、教材を理解できる。そこで、参加する行動が維持される結果にもつながるだろう。

　そろそろ行動支援を減らしていこう、という分岐点がある。期待行動を増加させるのに、すでに子供が流暢にできる行動の上に立つ、より洗練された行動に報酬を与える。例えば、挙手してからの発言を強化しているときなら、挙手してから学級での討論に関して説得力のある発言をした際に強化するようにする。別の例では、適切に並ぶことを強化しているとき、適切に並んだうえで、両脇をつけて隣の教室に移動できたときにだけ強化する。学年の終わりには、学級の期待を「超えて先を行く」行動のみを強化していることになろう。新入生が 1 人で昼食をとっているときに誘うとか、代理教師が校内で迷っているときに助けるなどである。

　また、強化を受けるのに必要な行動の「量」を増やして、強化を減らしていってもいい。

例えば、挙手するたびに強化していたところを、3 回挙手できたら強化する（間歇の定率スケジュールによる強化）か、平均で 3 回できたら強化する（変率強化スケジュール、文献 1 を参照）のである。課題に 30 分間取り組めたときに強化していたのなら、期待行動の時間を 45 分間にする。期待行動を少しずつ増やしていくと、行動の維持と般化を促進できるし、より自然な強化子によって維持されやすくなる。

　強化子の頻度や強度、また強化子を減らすことで、強化を減らしていくこともできる。45 分間課題に取り組めたら 10 分間コンピュータを使えるとしていたなら、45 分で 5 分間としていく。たいてい、強化子を減らすよりも、行動の「量」を増やすほうに、子供は敏感に反応する。これらのフェイディング技法をすべて組み合わせて用いる教師もいる。強化をあまりに速く取り下げてしまわないように気をつける。消去の定義を確認していただきたい（第 7 章）。以前に強化をしていた行動に対して強化をしなくなると、その行動はたいてい消えてしまう（つまり消去される）。期待に沿う行動に対する強化を急に、劇的に減らすと、期待行動は消去されてしまう。この現象を「ひずみ速度」と呼ぶ（つまり、強化を速く取り下げてしまうと、新しい行動が維持されない）。

　いつ強化子を減らしていくかは、任意に決めるのではない。データに基づくべきである。強化の仕組みを作るときに、決定規則を考えることだ。仕組みをいつどのように変えるかを決めておく。例えば、挙手行動の基準データをとったところ、学級での討論で平均 10 分間、子供たちが参加していた。強化の仕組みを考える際には、参加の目標を決める。1 時間の討論で仮に 50 回の参加という目標を決めたら、その目標を達成したときに強化の仕組みを変える。ただ、仕組みを変えるまでには、目標を 2 回以上達成しなければならない。どの子供のグループも、1 回は目標を超えている必要がある。私たちは、行動パターンを形成しようとしているのだ。3 データポイント（つまり、1 回の授業で 50 回以上の参加が、3 回続いた）だと最低限だが、5 回なら理想的だ。そこで、例えば次のように決める。「1 時間の授業で 50 回以上の参加を 5 回という目標を子供たちが達成できたら、間歇の変率 3 回で参加に対する強化を減らしていこう」。そして、平均 3 回の参加の後で、強化を減らしていく。例えば、2 回の後、次に 4 回の後、次に 5 回の後、次に 1 回の後に強化する。子供が現在の参加率を維持していることを、データを集めて確認しておくこと。もしそうすれば、平均 5 回の参加まで増やせるだろう。行動をより洗練させることをねらって、第二の決定規則を加えてもよい。「子供が 1 時間の討論で平均 50 回の参加を間歇変率で 5 回維持できたら、以前の授業内容にも具体的に触れたときに強化するようにしよう」。

　支援の減らし方に加えて、期待行動が思ったように伸びない場合の対策にも、決定規則が必要である。例えば上の例では、「もし 10 回の授業をして、1 時間の討論での参加が 10 回を超えなかったら、参加の期待を教え直したうえで、子供に予備強化子の好みをもう一度尋ねよう」。計画を立て、データを用いて意思決定することが大切である。うまくいかないことも見越して B 計画も用意しておくほうが、「この仕組みはうまくいかないから、やめてしまおう」と言うよりもよい。

まとめ

　本章では、学級での期待行動を伸ばす諸方策を紹介してきた。望む行動を強化するには、教師は少なくとも具体的な随伴する称賛の言葉を用いるべきである。集団随伴性も、好ましい行動が生じやすくするもう 1 つの方法である。期待に達しなかったり、子供が強化子を気にかけないようなら、子供の様子をよく見ておく必要がある。期待行動と強化子との間の随伴性を教師も子供も説明できるように、行動契約を用いる手もある。トークン・エコノミー法についても、詳しく述べた。このエビデンスに基づく実践は、どんな状況でも、どんなタイプの好ましい行動にも、またどんな種類の子供たちにも効果的に利用できる。最後に、子供が指導した行動を維持し般化していけるように、強化を減らしていく必要性について触れた。強化は、行動が将来も生じる可能性を高めることである。そして、私たちはまさに、期待行動についてそうしたいのだ。

5章　学習の 4 段階

≫ 習得する

1. 称賛を具体的で随伴的にするにはどうしましょうか。具体的で随伴的な称賛の例を挙げて、なぜ具体的で随伴的に称賛すると、「よろしい」と言うだけよりも効果的なのでしょうか。
2. トークン・エコノミー法の基本的要素を説明してみましょう。具体的かつ詳細に、自分の学級で、どうトークン・エコノミー法を実践したらよいでしょう。

≫ 流暢にする

1. 「反応の連続帯」を使って、好ましい行動を促すとは、どういうことでしょうか。2 つ以上の反応を準備する必要があるのはなぜでしょうか。
2. ⑴ 所属グループ随伴性、⑵ 相互依存型グループ随伴性、⑶ 独立型グループ随伴性、の例を挙げてみましょう。また、これらのグループ随伴性の長所と短所を列挙してみましょう。

≫ 維持する

1. 正の強化と負の強化（第 7 章で学ぶ）の原理を説明しましょう。またそれが、学級経営とどう関わるかを説明しましょう。
2. 学級での強化をどのように減らしていくか。決定規則を述べ、好ましい行動を維持・増加させつつ支援をどう減らすのかを説明しましょう。

≫ 般化する

1. 学級全体での強化の手立てを作る際に、子供をどうやって巻き込むでしょうか。子供を巻

き込む理由は何でしょうか。

2. 学級全体での強化の手立てを、文化的・文脈的に子供たちに合わせるにはどうしたらよい
でしょうか。学級や子供のどういう部分を考えるべきでしょうか。

≫ その他のスキル構築のための演習

1. 自分の学級であなたは行動契約をやってみたいと思います。⑴ 契約が目指す行動は何で、
それを選んだのはなぜでしょうか。⑵ 契約をどうやって計画し、実施するか。契約の例を
挙げてみましょう。

2. すでに述べたその他の学級経営の諸方策（つまり、構造を最大化し、期待行動を明確化して、
それを教えることである）は、好ましい行動強化とうまく溶け合うでしょうか。これら 3 つ
の要素をすべて必要とするのはなぜでしょうか。仮に好ましい行動を強化する手立てがな
いと、どうなるのでしょうか。

第 **6** 章

好ましくない行動への対処法

本 章 の 目 標

1. 好ましくない行動を減らす各種の方策を選ぶことができる。
2. 年齢や状況に応じて適切な仕組みを作ることができる。
3. 望ましくない行動を防止したり、減らすための方策を実践し、評価することができる。

想像してみよう……

　学年の初めの状況です。ストーン先生は、教室における期待される行動（ストーン・スタンダード）を明確にして、期待される行動を強化するためにトークン・エコノミー（ストーン・スターポイント）を実施しました。最初の1か月間、子供たちは多くのポイントを獲得し、大部分は期待される行動に従って過ごしていました。しかし、10月頃になると典型的な6年生の問題行動が生じ始めます。子供たちは頻繁に私語をしたり課題を放棄したり、指示に従わず、ストーン先生を小馬鹿にするようになりました（「先生、ムカつく〈臭うんだよ〉」と机間巡視の際に子供たちはささやきます）。

　ストーン先生は、望ましい行動にのみ対応するポジティブな行動支援を大事にしていました。でも、（期待されない）子供たちのこのような行動に戸惑っていました。子供のこのような行動を無視しようとしましたが、やがて疲れ果ててしまい、怒鳴り散らしました。「雑談をやめなさい！」「私は臭くない！」。でも怒鳴り散らすと、かえって子供たちの好ましくない行動が増えるばかりでした。先生は子供に居残りを命じ、ついには先生の話を聞いている子供にのみ教え、他の子供は好き放題にする始末でした。

　ある日、バーナード先生がストーン先生の教室にホッチキスを借りにやってきました。教室ではほとんどの子供が雑談にふけり、ストーン先生の授業には注目せず、ほとんど席についていません。

　授業後、職員室でバーナード先生はストーン先生に話しかけました。「トム、いったいどうなっているの？」。

　「私は思いつく限りのポジティブな対応をこれまでしてみたんだ、ダイアン。でも彼らには全く効果がない。バーナード・バックス（ストーン・スターと同じトークン・エコノミー）は先生の教室でうまくいっているけれど、ストーン・スターはうちの教室で全然効果がないんだよ。もうこれ以上どうしたらいいかわからないんだ」

　「そうねぇ、ただ単純にある仕組みを導入してそのまま、というわけにはいかないわよ。子供たちが必要とする支援に合わせて調整することが必要なのよ。計画通りにいかないときには、別の方策を立てていかないとね」

　「でも、私は子供を罰したくはない。それは私のやり方ではないから……」

　「罰ではなくて、好ましくない行動を減らすための『結果』の話ですよ。取り組み方を見直して、好ましくない行動をできるだけ減らせる仕組みにすることが大事なの」

　この会話の後に、バーナード先生の助言に従ってストーン先生は、ストーン・スター（トークン・エコノミー）を見直して、好ましくない行動に明確かつ一貫した対応を続けました。その直後、ルールに従う望ましい行動は急増し、望ましくない行動は激減します。ストーン先生は「やればできるんだな」と誇らしく思ったのでした。

好ましくない行動に対して一連の方策を立てる

　これまでの章で、エビデンスに基づいた教室での期待行動を高める実践を紹介してきた。これまで皆さんは、教師の期待を明確に示し、教え、強化すること、教師の指示に子供を引き込むことを学んできた。さらにより予防的にする方法、望ましい行動を促す方法、そして教室における行動原則を適用する方法を学んできた。素晴らしい。さあ、もうこれで大丈夫 ?!

　しかし、上述のストーン先生の事例で示されたように、実際はそう簡単ではない。効果的で、データに基づき、積極的な学級経営の計画を立てても、教師の期待に合わない子供の行動は生じる。子供たちは現実に、普通の結果の価値を変えてしまうようなさまざまな「その場の状況」（第 7 章参照）に常にさらされている。例えば、ある子供が通学バスで喧嘩をして、ひどくイライラして学校に着いたとする。この場合、静かに入ってきて着席して普通に得られる結果（教師から微笑まれたり、褒められたり、叱責を避けること）の価値は低下している。実際、課題を拒否するという行動の結果（つまり、職員室に連れていかれたり校内停学になる）のほうが、子供にはずっと良さそうに思えたりもするのだ。

　「その場の状況」以外にも、子供たちの行動を左右する要因はたくさん思いつく。例えば、教師の施す強化子に飽きているかもしれないし、通常のルーチンに変更があるかもしれない。あるいは、単にどこまで許されるかを試している（読者の皆さんも経験があると思うが、児童期および青年期には至って普通のことだ）ことも考えられる。私たちには、期待に合わない行動に対処する心構えが必要だ。好ましくない行動に一連の方策で対処することは、総合的な学級経営の計画において不可欠だ。以下、好ましくない行動を減らし、期待される行動

の生起を高める方策について説明していこう。

起きる前に問題行動を予防する：先行刺激の修正

　これまでの章では、問題行動を防止し、望ましい行動をとるための方策を提示してきた。これらの一般的な予防方策を用いたうえ、適切ではない行動につながる環境を調整すれば、多くの問題行動の発生が予防できる。先行刺激の操作は、個々の子供レベルでも全学級レベルでも実施でき、多くの好ましくない行動を防ぐ有効な方法だと言える。「予測できることは予防できる」[93]（p. 134）と覚えておいて欲しい。過去に問題行動をした子供は、再び問題を起こす可能性が高い。それをあなたはどのように未然に防ぐだろうか？

　例えば、コード先生のクラスの4年生は、休憩時間の後に課題に取り組めなかった。コード先生は頻繁に子供を戒めるが、先生の叱責はほとんど効果がない。（この本をしっかりと学習して）方策を検討した後、コード先生は、休憩（子供にとって好まれる活動）から勉強（あまり子供にとって好まれない活動）に移行する「適度に好ましい活動」を導入した。休憩から戻ってきた子供に、先生が本を読むのを10分間聞いているよう求めた。この活動は子供にとっては楽しいものだ（コード先生がどの本を読むかを子供に投票させ、決めるようになってからは特に）。子供の重荷にはならず、また休憩中の興奮を鎮め、授業に向かう誘い水にもなった。

　先行刺激の修正について検討する場合、「機能的に」考える必要がある。子供の好ましくない行動が教師の注目を引くように働いている場合には、そうした特定の行動に振り回されることなく、できるだけ頻繁に注目を向けていくべきだ。この方策は非随伴性強化（noncontingent reinforcement: **NCR**）[18]と呼ばれる。NCR においては、まず子供の問題行動の機能と、その行動を強化しているもの（例：注目されるために行動しているなど）を見抜く。そして、特定の行動、特に問題に左右されず、子供が強化子を得ようと問題行動にふける必要が**なくなるように**、頻繁に行動の強化子を与える。例えば、子供のおしゃべりが明らかに教師の注目を引く機能を果たしているなら、出席の確認をする間に、頻繁にその子供の机の横で立ち止まる（不断に注目する）などということだ。

　子供の好ましくない行動が、嫌な課題（例：難しい宿題など）を回避する機能を果たしている場合には、子供を十分にサポートし、援助（先行刺激を変更すること）し、NCR を使用して頻繁に休息を与える必要がある。加えて、子供が学習でつまずいて問題行動に走ってはいないか、丁寧に見ておくことだ。特に、子供の年齢が上がると、学習上の困難と問題行動との間に明確な関係が現れることが指摘されている[79]。それゆえ、問題行動に対処するためには、学習上の課題の修正や介入がつきものである。学級レベルでは、問題行動につながる学習上のルーチンがないか検討する。具体的な各種の学習ルーチンについて、あなたが高率かつ多様な OTR（第3章で議論した）を提供できているか点検し、子供が必要とする支援をより良く満たすための指導を強化したり調整する方法を検討してみて欲しい。

特定の随伴性エラーを修正する

　特定の随伴性エラーの訂正については、以前にも述べてきた。学習上の誤りに対処するのと同様に、些細な行動上の誤りに対処するという第1章の議論を思い出してみよう。以下にこの考え方を示す例を用意した。次のシナリオを想像してみて欲しい。

- ある子供が黒板で足し算の問題に取り組んでいる最中に、間違えてしまった。それを見つけた教師が「レオナ、もう一度問題を解いてみてね。違う答えになるかもしれないわよ。何か質問があったら遠慮なく言ってね」と声をかける。子供は再度問題に取り組み、正しい解答を示すと、「その通り。頑張ったわね」と教師は声をかける。
- ある子供が授業中、挙手しないで答えを叫んでいる。教師は「アシュリー、叫ばないで」と声をかける。アシュリーは、手を挙げるが、教師はもうすでに他の子供を指名していた。

　最初のシナリオでは、子供は学習上の誤りをする。教師は子供にフィードバックとサポートを提供し、子供が正しい反応を示した際には、随伴性フィードバックと賞賛を提供した。2つ目のシナリオでは、教師は子供の行動に正の罰を与えるために、"「やめて」表現"（「今後も大声で叫ぶことを回避する」ための声かけ）を用いる。子供が望ましい行動（挙手）をとった場合にも、それ以上により望ましい行動に向かうフィードバックや行動強化の声かけは得られていない。

　私たちは些細な行動上の誤りに対して、なぜ学習上の誤りと同様に対応できないのだろう。学習上の誤りでは、教師は子供をサポートする。必要であればスキルを再教育し、子供の行動を活性化させる声かけをし、頻繁に子供の理解をチェックする。行動上の誤りに対して教師は、(1) 好ましくない行動を抑制したり、(2) 望ましい行動に修正するために、「ダメ、やめなさい、してはいけません」という声かけをし、しばしば嫌悪刺激を加える。

　ここで少し考えないといけない。あまりに「ダメ、やめなさい、してはいけません」という声かけをすると、それは罰による条件づけになってしまう。大きな音と痛みという刺激は罰の二大刺激である。通常これらの刺激を行動に随伴させると、私たちはその行動をとらないようになっていく。例えば、熱いストーブの上に手を置いたとすると、手は火傷を負う。その後、ストーブの上に手を置くことにはより慎重になるだろう。小さい子供の場合、危険（例：交通量が多い道に子供が入っていきそうになる、犬の尻尾を引っ張るなど）を伴う活動だと感じると、私たちは「ダメ、やめなさい、してはいけません」と叫ぶ。言葉の意味がわからない幼児でも、その大人の大声は怖くて嫌なので、その行動は抑制される。実際に経験した声かけの音量やトーンと嫌悪とがつながっていくので、徐々に「**ダメ、やめなさい**」という言葉自体が、怒らなくとも行動を抑制し始める。それで、「ダメ、やめなさい、してはいけません」と子供に言う場合、過去に子供がしつけの中で経験した嫌悪条件づけを暗に用いて指導をすることになる。それは多くの場合、大声で時に身体的な感触を伴ったもの（例：「い

けないでしょ！」と言われながら、ぐっと腕をつかまれるなど）である。

　随伴的で嫌悪的な結果を使って教室をコントロールする教師は、子供との権力闘争を激化させる[66]。大人は嫌悪的なマネジメントを嫌うが、子供たちも同じだ。さらに、教師が怒鳴ってイライラを示したり、頻繁に子供とのネガティブな交流をすることは、子供たちにとって強化子になりえる（もちろん、これは子供たちに提供したいモデルではない）。早い話、子供が教室でより望ましい行動をとるようにする他の方法があるのだ。1 つには、教師の称賛やよい成績、その他の喜ばしい結果を得る正の強化。もう 1 つは、叱責や居残り、親の呼び出しなどのネガティブな結果を避けるという負の強化だ。教室でネガティブな強化のみを用いると、子供にとって温かく歓迎されない環境になってしまう。嫌悪的な結果が、処罰としてうまく機能しない子供だっている。これらの結果さえ回避できればいいのだと、好ましくない行動を控えなくなるからだ。

　「ダメ、やめなさい」と教室で言う代わりに、軽度な行動の誤りには、学習での誤りのときと同じように対応するほうがよい。この方法を用いた場合の先のシナリオが、以下の通りだ。

- ある子供が挙手しないで、答えを叫んでいる。教師は「アシュリー、教室での立ち居振る舞いを思い出してみて。教室で気持ち良くあなたの意見を他のみんなと共有する正しいやり方は、どのようなものだったかしら」と声をかける。アシュリーは、手を挙げ、教師は「そうですよ、アシュリー。さあ、これまでの意見に何を付け加えたいのか話してみて」と授業は進んだ。

　さて、潜在的に否定的なやりとりを、より肯定的なやりとりに転換できた。アシュリーが教室で答えを叫んだときに、嫌悪刺激を与えるのではなく、より望ましい行動に関する随伴的なフィードバックを与えた。子供とのやりとりで誤りの修正が支配的だと、より誤まった行動が生じやすいという[66]。子供とよりポジティブなやりとり（例：エラー修正をするたびに 3 〜 4 回、あるいは 15 分ごとに 6 回）を試みる教師のもとでは、子供の望ましい行動が増え、望ましくない行動の抑制が認められること[1, 124]が研究で指摘されている。

　やむを得ず誤りの修正を行おうとする場合にも、教師であるあなたの声かけは、いつも子供たちのモデルとなる。キーキーと叫ぶのではなく、自信に満ちていることが重要だ。そして、アイコンタクトによって子供の注目を引いたうえで、それは期待されている行動ではない、ときっぱりと言うことだ（例：「ダニエル、ブライアンを突くのは良いことではありません。廊下でちょっかいを出さないこと。さもないと、放課後に正しい廊下の移動の仕方を練習することになりますよ」）。この例のように、教師は子供たちにその好ましくない行動を取り続けると、この先にどうなるのかを必ず知らせることだ[30]。もしその行動の先に何の結果も随伴しない場合、子供たちは今現在の行動を修正しようと思うだろうか？　あなたは、「君たち、私が 3 つ数えるまでに（好ましくない行動を）やめたほうがいいぞ。1（間をとる）、2（間をとる）、3！」と子供に迫るような教師ではないのだ。もし子供たちが「3」の後、どうなるかじっくり見てみようじゃないかと考えたら、どうなるだろうか？　「3」の後に、教師としての権

威を保てる結果を用意している教師など、ほとんどいないだろう。

　大人と同様に、子供たちも誤りの修正は、人前でよりも素早くまた密かに行われることを好む[61]。もちろん、公開での懲戒は他の子供に対する警告として機能する。しかし、子供に恥ずかしい思いをさせないほうがより重要だろう。もし「だって、間違った行動をしたときに子供は、その結果まで考えておくべきでしょう！」と思われるのなら、確かにその通りだ。ただ、あなたは大人だし、子供たちにとって望ましい行動のモデルでありたい、という点にも留意して欲しい（このケースでは、誤りの訂正を行うときと、結果に対する警告の仕方）。そして懲戒は、できる限り**望ましい行動の強化**と併せて与えて欲しい。結局、私たちは好ましくない行動に注目しているのだから、好ましい行動にも目を向けるべきなのだ。誤りの訂正は、比較的シンプルであり、どの学齢の子供にも適用できる。私たちはこれを褒めることと同じように、教室内での「交渉の不要な」方策だと考えている。

　ただし、誤りの訂正は、深刻な問題行動や継続的な問題行動に対しては、効果的ではない。学習でのエラーと同様に、些細な社会的エラーに対しては、問題が起こってすぐに、社会的に望ましい行動の強化がなされるべきなのだ。

分化強化

　教師の期待しない行動に対するもう 1 つの方策は、分化強化である。「それはいったい何だ？」「行動を減少させる強化のこと？」それに近いかもしれない。分化強化とは、好ましくない問題行動の生起頻度の減少や弱化をねらった強化スケジュールである。分化強化は、従来個人レベルで用いられてきた。学級のレベルにおける応用も可能だろう。しかし、いくつかの留意点や工夫が必要となる。以下にいくつかの型の分化強化の種類を説明する。

■ 行動を弱化する分化強化

　行動を弱化する分化強化（Differential Reinforcement of Lower rates of behavior: DRL）では、特にその頻度が問題となる行動を減らそうとして、特定の強化スケジュールを適用する[1]。例えば、授業に参画することは望ましい行動であり、望まれる姿である。しかし、あまりにも頻繁に授業に参画する（例：教師の発問に毎回答えたり、仲間が何か言うたび意見を主張するなど）場合は、適切ではなく、また望まれない。それゆえ、教師は対象となる子供を側に呼んで、以下に示すように DRL を適用する。

- 「ジャック、君が意見や答えをみんなと共有しようとしてくれていることは嬉しいよ。でもクラスの他のみんなも参加するチャンスが必要じゃないかな。だからジャックには、1 回の授業につき 4 回だけ手を挙げてもらいたいんだ。もしできたら、ランチの列は 1 番前を約束しよう」
- 「ジル、トイレに行くのは構わないんだよ。でも、授業中に 4 回も 5 回もトイレを利用するのは困るね。だって、長い時間を抜けてしまって、話が聞けないだろう。もし授業中に抜け出すのを 1 回にできたら、放課後に 10 分のコンピュータの時間を設け

　てあげよう」

　DRL では、対象となる行動の発生頻度の減少を強化する。効果的に DRL を行うためには、対象となる行動のベースライン（基準）頻度を決めておく必要がある。その上で、適度な下げ具合による基準により、限界値を設けるように働きかける[1]。もし子供が授業中に 20 回叫んでいるとしたら、分化強化を導入するうえでいきなり 4 回以下の基準にするのは不適当である。さらに、好ましくない行動を分化強化する際に留意したいことがある。それは、分化強化はたとえ少ないとしても好ましい行動の強化を意図していることだ。例えば、1 時間に 15 回以上毒づく子供がいたとする。5 回以下であった場合に強化子を与えたとき、その子供は 5 回毒づくのは構わないのだと考える可能性がある。また、毒づくことで実際に褒美をもらうことにもなる。このケースでは、実際に問題とされる行動の生起頻度が下がった時点で、「君は自分の言葉づかいについて一生懸命努力しているから、バーナード・バックスにふさわしいね（良い努力をしていることに対するトークン）」と伝えてみるほうがよいだろう。

■ 他の行動の分化強化

　他の行動の分化強化（**Differential Reinforcement of Other behaviors: DRO**）を用いる場合、教師は、問題となる行動が生起しなかった際に強化を行う。つまり、問題が生じない（ゼロである）ことを強化するということである。以下に例を挙げよう。

- 「エロイーズ、もしフランシスと以降 20 分間おしゃべりをしなかったら、ストーン・スター（トークン・エコノミー）がもらえるよ」（この場合、エロイーズの近くの友だちへのおしゃべりがないことを強化している）
- 「ギャビン、授業中の討論に割って入らなかったら、授業の最後の 5 分間に音楽をかけてあげよう」（この場合は、ギャビンの討論中に割って入るおしゃべりが発生しないことを強化している）

　DRO が魅力的であると感じる教師（問題行動が発生しないのは素晴らしいと考える教師）がいる一方で、DRO の適用については、考慮すべきことがある。まず第一に、DRO では、問題行動のない状態を強化しようとしている。言い換えるならば、「行動の空白」と言ってもよい。私たちの目指している最終的なゴールは、再び発現して欲しい行動を強化することだ。しかし、DRO は望ましい行動の生起頻度には直接影響をしない。加えて、DRO のみを単独で用いた場合（これは**絶対に**おすすめできないが）、問題行動が生じなかった際に DRO によって他の行動を強化してしまうリスクを抱える。例えば、ギャビンが授業中に討論に割って入らず、机で居眠りをしていた場合でも、彼は授業の最後に 5 分間の音楽を聴く時間という褒美を得ることになる（実際、討論の邪魔はしていないのだから）。DRO を用いる場合、望ましい行動に対する強化も、問題行動が生じなかったことへの強化に併せて用いることが重要だ。DRO とこの次に紹介する DRA との併用を検討してみて欲しい。

■ 代替行動の分化強化

いい知らせだ。代替行動の分化強化（Differential Reinforcement of Alternative behaviors: DRA）は、もうすでにあなたがやっていることでもある。DRA では、問題行動の代替となる（問題行動と競合する）行動を強化する。あなたはギャビンに対して、討論を邪魔しないでいるという行動を強化する選択肢（DRO）があり、同時に、随伴性強化として、彼にはコメントを書くよう促している（つまり、議論の邪魔をするという好ましくない行動の代わりに、自分のコメントを書くという教室場面で望ましい代替行動を強化している）。エロイーズには、フランシスとおしゃべりをしないということを強化するだけではなく、さらに1人で課題を全部することなどの随伴性強化を追加するべきだ。問題行動の代替となる社会的に望ましい行動は、何であれ強化できる。教師がその行動を期待していて、うまくできれば報酬を得られると、子供自身がわかっていることが肝要だ（好ましい行動を促し指導するスキルは、この本の内容を実践してきた方なら、磨かれているはずである！）。

分化強化は、嫌悪刺激を加えずに（心地よい状況を損なわず）、好ましくない行動を減らし、望ましい行動を促進する方法である。子供との関わりはポジティブであるべきで、好ましくない行動よりも望ましい行動を取り上げたい。分化強化は、教師にとって好ましくない行動に対処する諸方策の1つである。

計画的な無視

第7章では、すでに強化されている行動の「消去」について議論する。例えば、ジェイコブの授業中に叫び出すことが、（「やめなさい」とか「落ち着いて、ジェイコブ」という）教師の注目を獲得することに役に立っている場合、教師はその好ましくない行動を消去するためにジェイコブの叫びを無視するべきだ（ジェイコブが叫ぶことに、注目を与えない）。もちろん、教師は「消去バースト（消去拮抗）」を意識しておくことが必要である。ジェイコブが叫んだとき、教師の注目を獲得できないと、声が大きくなり頻度も上がるかもしれない。消去バーストを抑制するためには教師は、同時にジェイコブの好ましい行動についても、**頻繁に注意を向ける必要がある**。叫ぶ代わりに、教師の注目を引くより望ましい行動（例：手を挙げる、教師に視線を送るといった行動）を将来とりたくなるようにするのだ。また教師はジェイコブが叫んで教師の注目を誘う必要がなくなるように、できる範囲でジェイコブの様子を観察するなどの配慮をするといいだろう。

注目の獲得を目的とした行動に対して行われる消去には、きちんと考えられた計画的な無視も含まれる（課題をやりたくなくて、頭を垂れている子供のように回避を目的とした行動に対しては、通常この方法は用いられない）。計画的な無視は、効果的に実施することが難しいと言われる。それに、この方法はこれ単独で用いられるべきではない。もし、注目を獲得する行動の弱化をねらうのなら、ジェイコブの例のように、注目を引くために効果的な望ましい代替行動を指導し、強化することが鍵である。子供が望ましい行動をとれば、注目を十分に得られるのだと（頻繁に声をかけてもらえるなど）、教師は明確に伝えなければならない。注

目を獲得するために叫んでも無意味だし（ジェイコブはすでに多くの注目を獲得しているし、さらに好ましい行動をすればもっと注目されるのだから）、効果もない（叫んだところで注目されない）と教師は示すのだ。

　計画的な無視をする場合には、（子供の）行動が良くなる前には（一度）悪くなりがちだ、と知っておくとよい。また、消去バーストに耐えられるか否かも、考えておくことだ。子供が日常的に教師であるあなたを下の名前で呼ぶ場合、あなたは「そんな風に呼んではいけません。レッド先生と呼びなさい」と子供に告げるだろう。この状況では、計画的な無視をしてもよいかもしれない。しかし、子供の行動は良くなる前に、（一度）悪くなると思っておかなければならない。子供が「やぁ、ノーマ」と声をかけても、あなたが反応しなければ、おそらく再び同じことを口にするだろう。その行動は通常注目を引くからである。その子供は、何度も同じ行動を繰り返し、その頻度や程度は悪くなるだろう。「やぁ、ノーマ。やぁ、**ノーマ**！　どうしたんだい？　聞こえてるんだろ！」といった具合だ。あなたはこのような消去バーストに耐えられるだろうか？　100 回目の「ノーマ」の後にどのようになるか考えてみて欲しい。おそらく「**ノーマって呼ばないで！　レッド先生と呼びなさい!!**」と怒鳴るかもしれない。これでは問題行動をさらに 1 段階強化し、その問題行動によって教師の注目が得られると証明したことになってしまう。根気負けしないことだ。

　もう 1 つの注意点は、「計画的な無視」とは、好ましくない行動に対して「**すべての**」注目を取り除くということだ。したがって、子供が叫んだ際に、「私はあなたを無視しますね」とか、「叫ぶ子供の発言は取り上げませんよ」といった応答はしない。これらは無視をしているのではなく、少し違う反応を返しているだけだ。よく似た形で、子供の問題行動のたびに、「無視」をして子供の名前を黒板に書いたり、チラッと視線を送ったりする行為もまた消去につながらない。教師は子供が好ましい行動をとっている場合か、問題行動をとらずにいる場合にのみ、注目するように心がけなければならない。

過剰修正

　過剰修正は、好ましくない行動に対する随伴性の方策で、おおげさに好ましい行動を求めるものだ[1]。懲罰的（随伴性の強化によって不適切行動の将来的な生起頻度を減少させる）である一方、過剰修正では子供に実際に**望ましい行動の練習**を要求することになる。過剰修正においては、罰は本当に「罪に合わせる」のだ。

　過剰修正には 2 つのタイプが存在する。現状復帰法では、子供は自身の好ましくない行動によって環境を乱した場合、元の状態に復元するよう求める[1]。例えば、ケイシャはペンで自分の机に名前を落書きした。これは教室を大事にするという望ましい行動ではない。そこで、このケースでは、教師であるあなたは現状復帰法を適用し、ケイシャに自分の机を綺麗に拭くように指導し、さらに教室の他の机も綺麗に拭くように求める。ケイシャは自分の好ましくない行動を、机を綺麗に拭くという行為によって**過剰修正**するのだ。

　もう 1 つの過剰修正のタイプは、積極的練習法である。積極的練習法では、好ましくない行動をとる子供は、好ましい行動をするように求められ、さらに追加もある[1]。例えば、廊

下を走り回っている子供たちがいたとする。積極的練習法を適応すると、この子供たちには、廊下を静かに歩いて移動することを実際に数回練習させ望ましい行動を学習させる。あなたは、子供たちが好ましくない行動を選択しないよう過剰修正が十分に嫌悪的であることを望んでいる。ただし、従来のように「走らないで！」と怒鳴ったり、居残りさせたり、罰点をつけたりといった嫌悪刺激を環境に導入はしていない。単に望ましい行動を数回練習させているだけなのだ。

　過剰修正の運用の手続きには、いくつかの留意点がある。まず第一に、どのような結果であれそうだが、過剰修正も頻繁に用いてはいけない。効果を失ってしまう。望ましい行動から嫌悪的な経験を連想させることを、私たちは望まない。もし 30 回子供を整列させたら将来、子供に整列を求めた場合に、子供たちはため息と呻き声とともに以前の経験を思い出すだろう。もし、現状復帰法を使用する場合には、各学校の指導方針の範囲内で実施することも忘れてはいけない。現状復帰法のような指導を認めない学校も存在する。そして好ましくない行動がどのような結果につながるか、子供にも保護者にも周知しておく必要がある（透明性については章の後半で触れる）。

　過剰修正は、将来的な問題行動の生起を抑制する効果がある。また、望ましい行動に関する努力（積極的練習法）、あるいは責任をとるという重要なソーシャルスキルを学ぶこと（現状復帰法）が求められる。ただし、好ましくない行動に対する他の対応とも同様に、過剰修正は慎重に、継続的な行動の強化と組み合わせて用いることが重要だ。

レスポンス・コスト法

　レスポンス・コスト法とは、好ましくない行動をすると報酬刺激が取り除かれることを言う[96]。レスポンス・コストは、好ましくない行動を戒めるようにできている。将来的に問題行動の起こる可能性を抑えるねらいで、好ましくない行動をすると望ましい刺激が取り除かれるのだ。レスポンス・コスト法は、問題行動の後に、楽しみをもたらす刺激が環境から取り除かれることで、（文字通りの行動的な意味合いとしての）罰として機能する。

　通常は、レスポンス・コスト法はトークン・エコノミー法とセットで用いられる（トークン・エコノミー法については、第 5 章を参照）。トークン・エコノミー法では、子供は望ましい行動の報酬としてトークンを獲得する。レスポンス・コスト法では、すでに獲得した強化子を失う、または強化子を得る資格を失う。つまり、子供は自分の行動が好ましくないときに「罰金をとられる」羽目になる。レスポンス・コスト法が効果的となるか否かは、(1) 子供がトークンや後に生じる予備強化子を魅力的であると感じているか、また、(2) 子供のトークンの累積率とスケジュール、によって決まる[1]。

　以下はレスポンス・コスト法の使用例である。

- ベルベンダー先生は「頑張りましたチケット」を好ましい行動に対して配付した。子供が好ましくない問題行動をとると、ベルベンダー先生は子供がためたチケットの中から特定の枚数を減じる。罰はあらかじめ設定されており、子供は特定の行動をする

と特定の枚数のチケットがとられることをわかっている。

- チン先生は、子供が期待される望ましい行動（例：他者を助ける、掃除をする、学級のボランティアをするなど）をとるたびに、ステッカーを与える。子供が好ましくない行動（例：友人や教師への配慮に欠いた発言、予習を怠るなど）をとるたびに、あらかじめ決まった枚数のステッカーを剥がす。

　ベルベンダー先生もチン先生も、どのような行動によってトークンが失われ、またどれだけのトークンが取り上げられるのかを明確にしていた。もしあなたがレスポンス・コスト法を使用する場合（決してそうするべきであると提案しているのでなく、純粋に好ましくない行動に対する選択肢の1つとして説明しているにすぎない）、あらかじめ罰金額を明示しておくことが重要である。そうすれば子供たちは、自分たちが獲得した報酬をどの程度失うのか認識することができる。レスポンス・コスト法は、叫ぶこと[127]、攻撃的行動[43]、そして特定の文脈における好ましくない行動[48]を抑制する効果があることが明らかになっている。

　レスポンス・コスト法の使用にあたっては、以下の留意点がある。まず第一に、レスポンス・コスト法は実際に子供たちが獲得したものを取り上げるのだから、これまでに紹介したどの方略よりも侵襲的である。過剰修正とは異なり、レスポンス・コスト法を使っても、望ましい行動をする機会はない。レスポンス・コスト法によってあなたは、罰となる結果（獲得したトークンの取り上げ）を執行する。過剰修正や計画的な無視では、好ましくない（あるいは好ましい）行動の強化を操作している。問題行動の修正において、子供は好ましくない行動への明確な警告と好ましい行動についてのリマインダーを受け、好ましくない行動を行った際の結果を知らされる（レスポンス・コスト法を問題行動の修正として使用する場合、あなたは子供に対して、問題行動を続けると「罰金」の対象となることを伝えるだろう）。

　第二に、レスポンス・コスト法を実践するうえでは、運用上の留意点が存在する。以下のシナリオを想像してみて欲しい。

- ニコールは授業中にチューインガムを噛んでいた。教師が「ニコール、授業中にガムを噛むのはルール違反だとわかっているわよね。口から出して、2枚のトークンを私に渡しなさい」と言うと、ニコールは「私はトークンは持っていないわ。1枚ももらってないもの」と言った。
- ニックは、音を立てたり変な顔をしてクラスメイトを煩わせていた。教師が「ニック、それは行儀の良い振る舞いではないよ。3枚のトークンを出しなさい」と言うと、ニックは「トークンなら机の中にあるよ。欲しいなら、ここまでとりにきたら？」と答えた。

　この2つのシナリオではどちらも、レスポンス・コスト法における問題点が浮き彫りになっている。最初のシナリオでは、ニコールは罰として支払うべきトークンを1枚も獲得していなかった。このようなケースでは、教師はどう対応するべきだろうか？（そしてこのような状況は、今想像する以上に好発する事態である。子供たちはトークンを獲得し累積する以上

に、問題行動を呈し、その結果として罰として支払うべきトークンがなくなってしまうというのは よくあることだ)。教師は、レスポンス・コスト法を実施するのであれば、子供の「トークン 残高」が少ないままになったり「ゼロ」になることを防止しなくてはいけない。さもなけれ ば、効果がないからである。算数の授業でレスポンス・コスト法を用いた事例がある。子供 たちは「通帳」と呼ばれるノートを持っており、そこにトークンを記録していく。教師は、 レスポンス・コスト法を実践したが、このノートは預金口座のように記帳方式になってい た。そのため教師の実践では、トークンがマイナスになっても記載できた。さらに教師は子 供たちに「負の数」を指導する機会も得た(教師は、決して負のトークンになることを望んだ わけではなかった。そうなる可能性に備えていただけで、授業の中で教材として活用したのだ)。

　ニックのシナリオでは、反抗的な行動をとる子供から物理的にトークンを取り上げる羽目 になる。レスポンス・コスト法を運用する場合、あなたはどのような形で子供から取り上げ るだろう?　もしトークンをポイント制にしており、教師自身が管理している場合には、何 の問題もない。しかし、子供自身でトークンを管理している場合には話が違う。教師と子供 でトークンをめぐるパワーゲームになることは誰も望まない。好ましくない行動をとる子供 は往々にしてトークンを失う。教師としてあなたは上述のようなリスクのあるこのレスポン ス・コスト法を実施する気になるだろうか?　どうか、実践する前に必ず、しっかりと考え てみて欲しい。

　最後の留意点は、レスポンス・コスト法が運用中の褒美のシステムに及ぼす効果について である。学級規模の強化のシステムを設計する際に、教師は子供の望ましい行動をどのよう に促進しようかと考える。レスポンス・コスト法を採用すると、あなたが考えた仕組みに嫌 悪刺激を付け加えることになる。つまり、よりポジティブな教室の風土を構築しようとした 仕組みが子供の目には、より懲罰的でピリピリとしたものとして映るだろう。前述したよう に、問題行動のある子供は、(1) トークンを獲得する可能性が低く、(2) 頑張って得たトーク ンも取り上げられる可能性が高い。こうした子供は、トークンを保持できない(トークンを 取り上げるぞと脅される)なら、強化のシステムに関心を失ってしまうだろう。レスポンス・ コスト法が給与に適用されたら、大人だって気分を害する。時間給で仕事をしていたとし て、働いた時間分あなたはお金を手にする。もし風邪をひいて欠勤した場合、その時間分は 給料が支払われない。上司はあなたの銀行口座からお金を天引きしたりは**しない**。すでにあ なたが獲得したお金なのに、上司が口座から幾ばくかを取り上げた場合の不快さを、レスポ ンス・コスト法を使う際には想像しよう。おすすめしたいのは、望ましい行動の強化に全力 を注いでいくことだ。子供が好ましい行動をしない(好ましくない行動をする)なら、単に 強化を得られないのだから。

タイムアウト法

　強化からのタイムアウトは、好ましくない行動に対応する選択肢の 1 つだ。単にタイムア ウトと言っていない点に留意して欲しい。「強化からのタイムアウト」なのである。タイム アウトが効果的であるためには、その子が居たいところから出してしまうことが重要だ。さ

もなくば、好ましくない行動の発生頻度を減らすことには役立たない。実際、子供にとって好ましい環境への「タイムアウト」が実行されると、問題がかえって強化される可能性がある。例えば、親に口答えして部屋に行かされた子供を想像してみよう。子供の自室には、ゲーム機やコンピュータがあり、ネットを見たり友だちとチャットもできる。決して嫌悪刺激とはならない。課題に取り組まず、教師をおちょくり、国語の授業中におしゃべりしていた子供を想像してみよう。ついに教師は、「ジミー、もうたくさんです！　今すぐ校長室に行きなさい！」と叫んだ。ジミーは友だちの賞賛を受けながら教室を出る。校長室で秘書とのおしゃべりを楽しみ、校長先生と 1 対 1 で話をする機会を得た。ジミーは好ましくない行動の結果として、たくさんの随伴性の注目を受けたのである。また、そもそもあまり乗り気ではなかった国語の授業を受けなくてもよくなっている。この「タイムアウト」は、強化からのタイムアウトでは全くない。おそらくジミーは次に国語の授業で乗り気ではない場合、過去にうまくいった同じ好ましくない行動をとり、注目を引くだろう。以後の紹介も、単にタイムアウトではなく、「強化からのタイムアウト」なので留意して欲しい。

　強化からのタイムアウトは、「非排除的」にも「排除的」にも運用できる[1]。非排除的なタイムアウトは、随伴性観察である。ひと昔前の小学校の休み時間には、子供が廊下に立たされていた姿があった。これがこのタイムアウトだ。つまり、運動場で好ましくない行動をした子供は、休み時間廊下に立っているように告げられる。他の子が楽しそうに休み時間に遊んでいるのを見ているように言われるのだ。随伴性観察では、子供は問題となる行動が生じた環境の中に留め置かれつつも、活動には参加できず、強化子も得られない。数分後、子供は元の環境に戻ることを認められ、褒めに値する行動が生起したらできるだけ素早く強化される。

　教室場面における非排除的なタイムアウトは、他の子供が活動をしているのを「黙って見ていなさい」と言われることに似ている。決まった時間の間、トークンを得ることができなかったり、頭を下げているように指示される。「決まった間」である。教師であるあなたが「十分だ」と感じるまでといった任意の時間管理でタイムアウトを用いるのはよくない。ルールとして、タイムアウトの上限が事前に明確に示されなければいけない（例：「友だちを押したり、危ないことした場合は、5 分間壁に向かってじっとしていなさい」「グループでシェアリングをしなかった場合は、その時間中はトークンを獲得できません」）。要約すると、子供が教育環境に残されつつ、強化子や活動に関与することを禁じられている状況が非排除的タイムアウトである。排除的タイムアウトでは、活動から切り離されるのに加えて、教室を移動させられたり、教育環境から取り出される。以下は排除的タイムアウトの例である。

- ビバリーは、個人作業の課題中に大きな声で歌を歌い、友だちはそれで大笑いをしている。3 曲目を歌おうとしたときに、教師はビバリーの座席を教室の後方（彼女からは友だちが見えないけれど、教師からはビバリーが見える位置）に移して「活動に戻るには、6 分間静かにここで座っていなければいけませんよ」と伝えた。
- ケニーは、黒板に算数の課題を解くように指示された。彼は数式の代わりに黒板に絵を描き始め、教室は笑いに包まれた。教師は口頭で注意を与えたが、ケニーは従わ

ず、好ましくない言葉づかいの吹き出しを描き足した。教師は校長室にケニーを連れていき、授業が終了するまで校長室にいるよう伝えた。

タイムアウトを効果的にするためには、強化子を取り除くことが不可欠だ。紙くずをポイ捨てしたり、課題を拒否したり、頭を下げて授業を聞かない子供を教室から出すことは、強化からのタイムアウトではない。教室から出すと、授業が嫌いな子供にはむしろ負の強化となる場合もある。さらに子供を教室から出すことによって、教師が負の強化を受けることも想定される（教師が不快に感じる問題行動は、子供に教室を出るように告げれば取り除かれてしまう）。このようなタイムアウトの誤用は、強制循環的に機能するリスクがある。子供は好ましくない行動をして環境から出され（子供をネガティブに強化する）、その子供を環境から出すことによって教師も負の強化がなされてしまう[122]。その次に教室（授業）にいるのが嫌になった子供は、前回と同様のことをするだろう。したがって教師も前回と同様に、この子供を外に出そうとしてしまう。

ここまでの議論を踏まえると、タイムアウトを効果的に運用することは難しい。またこの本で紹介しているポジティブな実践のほうが、より容易で倫理的であると**言わざるをえない**。当然、教師にとってタイムアウトは十分な考慮と慎重な運用が必要とされる。ただ実際には、使いすぎてしまいがちなのである。また、頻繁に教室で問題行動を起こす子供こそ、適切な構造と指導を**最も必要とする**。タイムアウトを運用している間に子供は、望ましい行動を学ぶ機会がない。彼らは、どのような行動がタイムアウトをもたらすかを学習するにすぎない。タイムアウトを同じ子供に何度も何度も繰り返しているのなら、それは弱化にはなっていないのだ。好ましくない行動は減少していないのだから。あなたが行動を罰しているのだと信じているかどうかは、関係がない。結果が本当に「罰」となっているかを知る唯一の方法は、ターゲットとしている行動が将来的に減少もしくは停止するかどうかである。

問題行動に対応する際の検討事項

これまで本章では土足で踏み込むようなやり方について、注意事項や留意点を並べてきた。教室で罰を用いることについて、もう少し述べておこう。しかし、まず初めにわかっていただきたいのだが、私たちは問題行動への結果が伴わない教室にしようと言っているわけではない。教師が積極的に指導して、子供を促し、望ましい行動を強化している**中**で、問題行動を減らすため、慎重にかつ思慮深く「結果」を使用して欲しいと願っているのだ。

罰の問題点として、教師が置いている前提が主に2つある。(1)罰を行使すれば他の介入は不要であり、(2)伝統的になされてきた帰結は「罰子」として機能する[30]ということだ。実際には、罰以外の介入も**不可欠**なのだ。他の章でもおわかりの通りに、行動は目的によって支えられている。それゆえ、問題行動であっても一定の目的のために生じているのである。子供たちが好ましくない行動をして、何かから逃れようとしている場合などがそうだ。子供のある行動を罰すると、子供の必要性を満たす手段を子供たちから奪うこととなる。その場合は、その子供の必要性に合致する他の行動を子供に示す（教える）ことが肝要だ。も

し子供が頻繁に教師に話しかけることで注目を獲得したい場合、「静かにしなさい！　しゃべるのはやめなさい」と指導すると、好ましくない行動がやめられるかもしれない。しかしそれでは、教師からの好ましい注目の獲得方法（例：挙手をするなど）を指導することにはならない。私たちが注目するべきは常に、子供たちの望ましい行動を促進することだ。そのためには、子供たちが好ましくない行動よりも望ましい行動を選択するよう、強化する必要がある（そして好ましくない行動ではその強化が随伴しないということも重要だ）。

　2つ目の前提である「伝統的になされてきた帰結が罰子として機能する」を教師が信じている限り、子供の行動は変わらない。人は、問題行動の結果についてあまり機能的に考えない。例えば、授業をサボったり試験を無断欠席した子供を出席停止に処す方法は**明らかに**、機能に基づいてはいない。授業をサボる子供はその場にいたくないわけなので、出席を停止するという結果を随伴させても、罰として全く機能しない！　同様に、従来の伝統的な帰結としての居残りや特典の取り上げ（休憩時間の取り上げ）も罰として機能しない場合がある。1日の日課が終わって、行動違反が生起したずっと後に（問題行動と随伴しない形で）課される居残りを考えてみて欲しい。放課後にグループで居残りさせ、子供たちがおしゃべりしている様子を想像してみよう。あるいは、そこで子供が宿題をしている居残りはどうなのだろうか？　これらは、好ましくない行動に対する「罰」としては、どれ1つとして効果的には機能しない。特権の失効は子供がその特権に興味を示している場合にのみ、効果的な罰である。また、休憩やカフェテリアでのランチ、遠足などに全く無関心な子供たちにとっては、これらの特権を剥奪したところで無意味である（当然罰として機能しない）。

　「罰」使用へのもう1つの懸念は、それを悪用、乱用する危険性があることだ。教室で罰を頻繁に使用すれば、攻撃的・敵対的な学習風土ができあがるおそれがある[30]。どんな学級にしたいのか、と考えてみよう。子供が罰を回避したくて好ましい行動を選択することが大切だろうか。それとも、教師からの賞賛（良い成績、あるいは良いことをしましたという家庭へのメモ）を獲得しようとして、好ましい行動を選択しているほうが大切だとお考えだろうか？　好ましくない行動に罰を与えて抑え込むだけの環境よりも、望ましい行動が奨励され、強化される環境のほうが、はるかに幸福度が高く生産的だ。嫌悪的なコントロールに直面すると子供たちは（大人と同様に）しばしば反発する。そして結果的に、好ましくない行動といった問題やパワーゲームが生じてしまう。どのような好ましくない行動の結果として罰が生じるのか、どうすればその罰を回避できるかを、教師は子供に教えるべきである。罰では、望ましい行動は指導できない。これまでに違反切符を切られたことがある方ならわかると思うが、違反切符は車の速度を落とすようには促すが、目的地に素早くたどり着く方法まで示してはくれない。違反切符の効果は薄れていき、再びスピードを出すようになるのがオチだろう（警察がいる場所で運転するときには、速度を控えるかもしれないが……）。罰による効果は短命だ。しかし、早起きをできたり、自分の時間管理をより上手くできれば、スピード違反の運転をしなくても済むだろう。私たちは、子供に何をして欲しいか考えるべきで、何をして欲しくないかと考えるべきではないと思う。本書は学級経営の本であって、懲罰の本ではない。

　問題行動への対応について考えておくべきことが、まだもう1つ残っている。学校が始

まったその日から（あるいは学期中に編入された子供が教室に足を踏み入れた瞬間から）、子供とその保護者には1人残らず、正確かつ明確に、この対処法を示しておく必要があるのだ。これまでの章で述べた「透明性」の概念である。すべての保護者にあなたの学級で期待される行動について文書で知らせることが大切だ。つまり、どのような期待に沿うと、子供はどのような強化を受けるのか。あなたの教室における強化の仕組みは、どのような期待を損なうと、子供たちはどのような対応を受けるのか。また、あなたの問題行動への対応の仕組みは、どのような問題行動による結果どうなるのかが明確であること、などである。

　子供、保護者ともに、前もって具体的な結果を知っていれば、教師が批判を受けたり不条理だと感じられることは、ぐっと減るはずだ。子供たちは（そしてその親も）生じた「結果」にも驚かないし、よりその結果を受け入れやすくなる。その結果に伴う具体的な仕組みが文章化されていて、その説明を受け、必要な限り誠実かつ公正に運用されているならばなおさらだ。特定の結果をもたらす行動は、明確に定義されるべきで、「反抗的」などという主観的な分類によって示すべきではない。行動は主観的にではなく、次のように客観的に記述するべきなのだ。

- 「好ましくない言葉を使ったり、からかったり、他の友人を馬鹿にする。あるいは、制止後にもおしゃべりを続けた場合には、(1)教室からの15分間のタイムアウトを与えられる。(2)あった出来事は家庭にその詳細を報告する」
- 「身体的な攻撃行動（クラスメイトを叩いたり、蹴る、押す。備品を蹴ったり、叩く、投げる）をした場合は、職員室に送られて指導を受ける」

　行動に伴う一連の結果の運用は、体系的で一貫していることが重要だ。そのためには図を描くといいだろう。教室に関わるボランティアや補助教師でも、子供の好ましくない行動への具体的な対処法がわかるところが鍵だ（図6.1）。

　罰を行使するのは、最終手段だと肝に銘じたい。問題行動の予防策を工夫していただきたい。もし子供たちが好ましくない行動をとっていたら、望まない行動を減らし、好ましい行動が促進されるように、あなた自身が変えられるところを工夫してみよう。授業は学習者から見てうまくいっているだろうか？　教示はきちんと届いているだろうか？　あなたの子供に期待する学習や行動は明確にされているか？　好ましい行動をしっかりと褒めているか？

　あなたの強化の仕組み（そのタイミングや予備強化子の選択）はうまく機能しているだろうか？　子供たちの援助の必要性に沿ってより**好ましい方法**を指導しているだろうか？　子供に期待する好ましい行動のモデルとして、あなた自身が振る舞えているか？

　罰を行使することを考える前に、問題行動を予防する手は尽くしたか、自らに問いかけてみよう。これまで読者の皆さんは、好ましい行動が起きやすくする構造的な工夫について十分に学んできた。問題行動に対応する際に、学ばれた方略をぜひ応用してみて欲しい。簡単に言うと、問題行動が生じる前に手を打つのが、最適な方法なのだ。

図 6.1　結果チャート

あらかじめ具体的な行動への対応を決めておくと、問題行動に一貫して対応できます

子供が教室で期待される行動に反する行動をしている場合、
まず、ルールからの逸脱の度合いをアセスメントしましょう。

・ルールの逸脱が**メジャーな**場合：生徒手帳に明記されているルールを著しく侵害する場合には、学校の対応規定に
　基づき、ODRを出します。

・ルールの逸脱が**マイナーな**場合：生徒手帳に明記されているルールや教室でのルールを軽微に害する場合には、
　教師は以下のステップの通りに対応します。

確認：これは最初の違反ですか？

YESの場合、誤りの類型を決めます。

習得に関するエラーである場合（特定のスキルが不足する場合）には、望ましい行動について再度指導・教育します。

流暢さに関するエラーである場合（特定のスキルは獲得したが、一貫してスキルを発揮できない場合）には、望ましい行動に関するフィードバックとスキルを練習する機会を十分に与えます。

維持に関するエラーである場合（特定のスキルは獲得したが、一定の時間が経過してスキルを使用していない場合）には、好ましい行動に関する手短なリマインドと、適切な行動の強化を十分に与えます。

般化するに関するエラーである場合（特定のスキルは獲得しているが、特定の場面もしくは対象にしかスキルを使用できていない場合）には、他の場面や対象でスキルを使用できるよう練習する機会と強化を十分に与えます。

「その場の状況」を特定しましょう。
それに応じて介入していきます（強化を変えたり問題行動の前提となっているものを取り除きます）。

NOの場合、

学習のフェーズに沿って、必要な限り好ましい行動について再度指導・教育します。

子供に結果を意識させます。
問題行動を具体的に指摘し、その問題行動を続けた場合に生じる結果と、子供に期待されている望ましい行動について、具体的に**1度だけ子供に告げます。**

子供が問題行動を続けたら、以下の対応をとります。
・機能に準じて結果を運用する（例：友人の関心を引く目的で問題行動が生じている場合には、グループや友人と離します。課題から逃げるために問題行動が生じているならば、放課後に間違えた問題のやり直しを求めます）。
・強化を差し控えます（例：教室での強化のためのトークンを一定期間、保留します）。
・子供が最初の介入の結果に反応しない場合、あるいはすぐに望ましい行動をしない場合、保護者に連絡します。

まとめ

　望ましい行動への対応に幅があるのと同様に、好ましくない行動への対処法も幅広い。些細な問題行動に対しては、最も侵襲性の低い方法で対応すべきである。より徹底的で干渉的な処罰は、深刻な問題行動のためにとっておくべきだ。また対応する際にはいつも、問題行動の持つ**機能**を考慮するべきだ。罰を伴うアプローチを使う場合にも、必ず教室において期待される望ましい行動を指導し、強化を加える。どの行為をやめさせるかではなく、子供たちのどのような立ち居振る舞いを増やしたいのか、という視点で工夫するべきなのである。罰を伴うやり方を運用する際には、問題行動を予防する策は尽きたのかを見直して欲しい。罰は最後の手段なのだから。

6章　学習の4段階

▶▶ 習得する

1. 具体的かつ随伴的に誤りの修正をするには、どうすればよいでしょうか。具体的かつ随伴的な誤りの修正方法を例示しましょう。このやり方で行動上の誤りに対処するのはなぜでしょうか。

2. 各種の分化強化について述べてみましょう。それぞれの例を挙げましょう。

▶▶ 流暢にする

1. 好ましくない行動に対する「一連の方策」とは何でしょうか。なぜ1つの決まった対処法だけではなく、複数の対処方法を備えておくべきなのでしょうか。

2. 過剰修正とは何かを述べてみましょう。現状復帰法と積極的練習法について、本書で示した以外の例を挙げてみましょう。

▶▶ 維持する

1. 正と負の強化（序章、7章）について、その原則を述べ、学級経営にどうつながるのかを説明してみましょう。

2. レスポンス・コスト法を学級で用いることの、プラス面とマイナス面は何でしょうか。こうした長所と短所は、あなたがこの方法を使うか否かを左右するでしょうか。

▶▶ 般化する

1. 好ましくない行動への一連の対処法を考え出す際に、子供たちも参加してもらうべきでしょうか。なぜでしょう。どんな形で参加してもらうのでしょうか。

2. 好ましくない行動へのある対処方法が、文化的・文脈的に見て自分の学級の子供たちに適

切かどうか、どう判断すればよいでしょうか。学級や子供のどんなところを考えておくべきでしょうか。

❯❯ その他のスキル構築のための演習

1. 一連の方策を使って自分の学級での好ましくない行動に対処したいと思っています。⑴その手順、⑵その一連の方策とその選択理由、⑶公平にかつ一貫してその方策を用いるにはどうしたらよいかを述べてみましょう。

2. すでに述べてきた他の方策（構造を最大化する、期待行動を明確化する、期待を教える）の中で、学級での好ましくない行動への方策はどう位置づくのでしょうか。期待に沿わない行動を減らし、期待に沿う行動を励ますには、どうすればよいでしょうか。もし好ましくない行動への対処の手立てがなければ、どうなるでしょうか。

第Ⅲ部

ポジティブ生徒指導 PBIS の基本原理

第 **7** 章

ポジティブ生徒指導 PBIS の行動原理

本章の目標

1. 行動の「ABC」についての説明ができ、教室の子供によく見られる「ABC」を明らかにすることができる。
2. 教育活動に見られる行動原理を説明することや、教室において、行動に関する適切な指導方法を選んで実践することができる。

想像してみよう……

同僚に初任者の教師がいます。『学級経営の初歩』という本を購入したばかりのその教師は、憤慨しながら言いました。「本に書いてある解決法をみんな試してみたけれど、1つとしてうまくいかなかったのですよ」「私は学級経営のスキルは高いし、もし『問題のある子供』を学級から外に出しさえすれば、学級は完璧になるんですけどね」。その教師が問題を起こす子供の名前を挙げ始めると、私の知った名前です。しかも前年度に自分の学級では、まずまずうまくやっていた子供です。また、その子供たちの要求を満たすためには、普段の指導法を一捻りしたものでした。一冊の本から取り出した「小手先の手立て」を実行する程度では、この子供には通じなかったでしょう。同僚の教師は、学級経営について、初歩以上のことを理解する必要があったのです！

行動原則：その意味すること

ポジティブ生徒指導 PBIS（以下「PBIS」）は、行動理論や行動科学の長い伝統に基づいている。この豊かな理論的で経験主義的な伝統から、私たちは、全校および学級での子供への効果的な行動支援を行う、鍵となる行動原理を学んできた。この点で、あなたは尋ねることだろう。「なぜ、わざわざ理論に焦点を当てるのですか？ なぜ実践や「手立て」を、端的

に教えてくれないのですか？」。その答えは簡単だ。手立ては、**状況次第では役に立たない**。**しかし理論は、裏切らないのである**。実践の基礎となる理論的原理を深く理解すれば、次のことができるようになる。(1) いろいろな子供にさまざまな状況のもとで、どんな実践が好ましいかを明らかにすることができる。(2) 実践が思い通りにうまくいっているかどうかを判断することができる。(3) 必要なら自らの実践を変更することができる。

　さらに、次に挙げる 3 点がどうであっても、行動原理は働くのである。

- 行動原理を理解しているかどうか
  先行刺激（antecedent stimuli）によって行動が絶えず引き起こされ、後続刺激（consequence stimuli）によって、強化され、罰せられ、あるいは消去される。それを理解していなくても、さらには気づいてさえいなくても、随伴性は行動に影響するものなのだ[26]。ただし、重要な行動のメカニズム（強化、罰、刺激統制など）を理解していないと、あなたは、望ましくない行動をうっかり強化してしまったり、望ましい行動を罰したりするかもしれないのだ。

- 行動原理の存在を信じるかどうか
  スキナー[109] は、有名な話を披露した。人間の行動についての行動理論からの説明を論破しようとする講演者のスピーチに居合わせたときのこと。スキナーは、同僚にメモを渡してこう言ったのだ。「私があの講師の行動を形成（シェイピング）してみせましょう。左手で『手刀打ちの動き』をさせますよ」。そして、講師が話を終える頃に、「手刀打ちのしぐさが激しすぎて、腕時計が講師の手の上を滑り続けていましたよね」[109]（p. 151）とスキナーは言ったのである。この逸話でわかるように、それを信じているか否かとは関係なしに、行動原理は働くのだ。そこで、それを疑っている同僚がいたら、行動原理を用いてその行動を変えてみせてはいかがだろう！

- PBIS による行動介入を、学校や教室で実践しているかどうか
  本章の内容は、いつでも、あらゆる人々のあらゆる状況のもとで利用ができる。いったん、行動原理に目を見開いた人は、日々を通してその証拠を目にすることができる。そして、子供や仲間、友人、家族、さらには自分自身のために、行動原理を活用できるだろう！

　それゆえに、行動原理の基本的理解を深めていくことはどうしても必要である。本章では、行動を形作る A、B、C の基本的要素から始めて、教育に関わる行動原理を検討する。こうした原理を理解して応用するときの参考に、さまざまな行動原理の実際を説明するコラムを随所に取り入れてある。行動原理についてさらに理解をしたい方は、他のテキスト[1・26]を読んでいただきたい。本章の至るところで、そうしたテキストを参照していることに、気づかれるであろう。

行動の ABC：3 項（ならびに 4 項）随伴性

　行動についての 3 つの基本的要素がある。それは、先行刺激（antecedents）と行動（behaviors）と結果（consequences）である。先行刺激（**antecedents**）とは、行動が起きる前に生じる刺激（例：注意、出来事、状態）のことを指す。行動（**behaviors**）とは、観察可能で測定可能な活動（例：直接知覚でき、測定できる活動）のことを指す。結果（**consequences**）とは、行動に伴って起きてくる先行刺激（刺激は加算／増加あるいは減算／減少するなど）における変化のことを指す。この「ABC」シーケンスは、3 項随伴性と呼ばれることが多い（図7.1 を参照）。「ABC」シーケンスは、日常を通して幾度となく生じる。学級でよく生じている ABC シーケンスを探してみよう。例えば、あなたが担当している子供たちに、授業中の課題を始めるように指示した（先行刺激）としよう。子供たちは静かに課題を始める（行動）だろう。そうしたらあなたは、「自分たちの課題を静かに行ってくれてありがとう」と言う（結果）かもしれない。別なパターンを挙げてみよう。先と同じような課題を示す（先行刺激）。1 人の子供が教材を使って遊んだり、友だちと話をしたり、机に落書きをし始めたりする（行動）。そのとき、あなたはその子供に対して、速やかに過ちを指導するように、違った対応をする（結果）かもしれない（「思い出して。割り当てられた課題を静かにすることになっているよね。もし質問があれば、手を挙げるように」）。こうした事例や日頃の経験から、すでにあなたは、(1) ある種の行動がいつ起こるのか、(2) ある行動はなぜ増加し、別の行動は減少する（あるいは止む）のか、を説明できるいろいろな種類の先行刺激や結果があることに気づかれたかもしれない。

■ 先行刺激のタイプ

　先行刺激には主に 3 つのタイプが存在する。弁別刺激（S^D）、刺激デルタ（S^Δ）、罰の弁別刺激（S^{D-}あるいはS^{Dp}）[注1]である（大文字の S は刺激を表す。上付き文字は刺激のタイプを表す。先行刺激の用語は長々とした言葉なので、略語が便利である！）。各タイプの先行刺激は、特定

図 7.1　行動についての基本的要素（ABC）：3 項随伴性

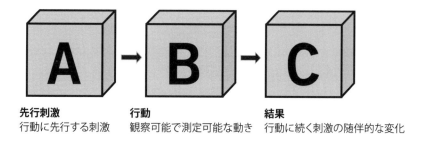

先行刺激　　　　　**行動**　　　　　　　**結果**
行動に先行する刺激　観察可能で測定可能な動き　行動に続く刺激の随伴的な変化

注 1：罰の結果に関連づけられる弁別刺激；決まった言い方はない[26]。本書では、特定の行動が罰の経験と関連づいた S^D（弁別刺激）を述べるにあたり、S^{D-} を一貫して用いることにする。

の行動や反応に対する異なるタイプの結果である、強化、中性、罰のそれぞれに関連づけられる（図 7.2 を参照）。その結果として、これら 3 つのタイプの先行刺激を経験する子供は異なった行動の反応をすることになる。なぜならば、ある先行刺激（S^D）の存在するもとでは、行動は強化されるが、別の先行刺激（S^{D-}）が存在するもとでは、罰を受ければ行動は消去されるからである。例えば、ふざける中学生を考えてみることにしたい。その中学生がある仲間の前でふざけたとき、その仲間は笑って、期待通りの注目をしてくれたとする。その仲間は、ふざける行動に対する弁別刺激（S^D）となり、ふざけた中学生にとっては、仲間がいるときにふざけたことに対して強化される経験をしたのである。子供が、赤ん坊である弟の前でふざけたとき、その赤ん坊は何の反応もしないだろう。赤ん坊は、ふざける行動に対する S^Δ となり、はっきりしない（中性的な）結果が生じることになる。対照的に、教師の前で子供がふざけた場合、その教師は誤りの修正をすることだろう（例：「ふざけることは、敬意を表すことではありません。仲間からの注目を集めるより良い方法は何でしょうね？」）。教師は、ふざける行動に対する S^{D-} となり、ふざけた子供にとっては、教師がいるときにふざけたことが罰の経験になるのである。こうした学習経験の結果として、その子供のふざける行動は、仲間の前ではより起こりやすくなり、教師の前ではより起こりにくくなり、赤ん坊のきょうだいの存在には影響しないことになる。次に、各タイプの先行刺激について、より詳しく説明することにしたい。

S^D（弁別刺激）

　先行刺激は、特定の行動を強化されるという経験と結びつくことによって、その行動にとっての弁別刺激（S^D）となる。例えば、子供にある種の単語課題（先行刺激）で特定の課

図 7.2　同じ反応に対する各タイプの先行刺激と結果との関係

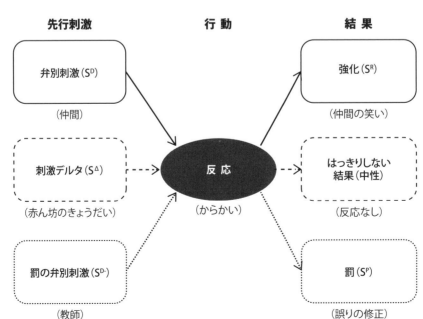

題解決方法を用いる（行動）ように指導し、子供がその方法をうまく用いて、そのうちにそのタイプの単語課題で満点をとった（強化をもたらす結果）とすれば、そのタイプの単語課題は、そのストラテジーを使うための弁別刺激（S^D）となるであろう。同様に、教師が学級で静かにすることを促すサインを示したところ（先行刺激）、子供たちは自分がしていることをいったんやめて静かに聞き（行動）、そこで子供を褒めた（結果）とする。このとき、静かにすることを促したサインは、静かに教師のほうに注意を向けるための弁別刺激（S^D）となるであろう。言い換えると、子供の学習経験（すなわち、特定の先行刺激が一貫して特定の行動を強化する経験）の結果として、特定の行動は、先行刺激すなわち S^D があることで生起しやすくなるのである。実際に、私たちが「先行刺激」を語るとき（例：「何がその行動の先行刺激か？」）、通常は、弁別刺激（S^D）の話なのである。つまり、先行刺激と言う場合には、強化の経験と結びついた行動を引き起こしている先行刺激を指すことが多い。

S^Δ（刺激デルタ）

　身の回りには他にも、強化や罰といった特定の経験と結びつきのない「弁別的な」属性を持たない刺激が、いろいろとある。例えば、単語課題の事例において、子供の環境には、実に多くの先行刺激が存在している（ワークシートに用いられている色やフォント、教師の服装、外の気温など）。しかしそれらの刺激を受けて、特定の課題解決ストラテジーを用いる（行動）としても、強化（または罰）につながる結果には全く結びつかない。同様に、子供の環境には、子供が自分のしていることをいったんやめて、教師のほうに注意を向ける（行動）ときの強化（または罰）とも結びついていない、多くの先行刺激が他に存在している（時刻、教室内での教師の居場所など）。いずれの場合においても、こうした刺激は、S^Δ（刺激デルタ）であり、特定の行動の生起には影響しえないものである。つまり、それらの刺激は、行動がもたらす結果に何ら結びつきがないのである。

S^{D-}（罰の弁別刺激）

　S^Δ（刺激デルタ）とは異なり、S^{D-}（罰の弁別刺激）は、特定の反応に対する罰の経験と結びついたものである。例えば、もしある子供が、異なるタイプの単語課題を前に、先述したものと同じ課題解決ストラテジーを用いた（行動）とすれば、その子供は課題やテストで点数を失う（罰）ことになるだろう。結果として、子供が、異なるタイプの単語課題を前にしたときに、不適切なストラテジーを用いる可能性は低くなるであろう。そして、単語課題は、特定のストラテジーを用いることに対する S^{D-}（罰の弁別刺激）になるであろう。同様に、もし子供が、協同的な学習グループのもとで仲間とともに主体的に作業を行うことを要求された（先行刺激）ときに、自分のしようとすることをやめて教師の話を聞く（行動）とすれば、教師は、仲間とともに作業するよう再度指示するはめになり、子供はグループ課題で満点を得られないことだろう（罰）。それゆえ、協同的な学習グループは、静かに着席して教師が話をするのを待つことに対して、S^{D-}（罰の弁別刺激）になることだろう。

　まとめてみると、3 種の先行刺激（S^D、S^Δ、S^{D-}）は、強化と中性（あるいははっきりしない結果）と罰といった結果の経験に影響を受けて、いかなるときに各種の行動が最も起こり

やすい（そして最も起こりにくい）かを、うまく説明してくれるのである（コラム 7.1 を参照）。こうした考え方は、刺激コントロールの確立について議論する本章の最後に示すことにしよう。次の節では、特定の行動に随伴して生じる異なるタイプの結果について調べてみる。

■ 結果のタイプ

　すでに述べたように、結果は、ある行動に随伴して生じる刺激（加算あるいは減算）の変化である。

　私たちは、3 タイプの先行刺激に関連する 3 種類の結果、つまり強化、中性（あるいははっきりしない結果）、そして罰について話をしてきた。私たちの目的からして、これから起きる行動を左右するこうした結果に私たちは関心を持ってきた。そこで、この節では、強化や罰の結果に関するタイプについて検討する。

将来の行動にもたらす影響

　結果は将来の行動に関して 2 つに 1 つの影響を持つことだろう。それは増加と減少である。将来の行動に関して増加（*increase*）をもたらす結果（刺激の変化）は強化子（**reinforcer**）であり、将来の行動に関して減少（*decrease*）をもたらす結果は、罰子（**punisher**）である。それらの定義には、意図やその他の価値や判断を含んでいないことに注意したい。ある刺激について、将来の行動への影響（増加あるいは減少）を調べてみて初めて、それが強化子なのか罰子なのかを知り得るのである。例えば、課題を静かに遂行している 2 人の子供を想像してもらいたい。各々の子供に対して、あなたは次のようなことを言う。「わあっ、自分の課題を静かにできたね。責任を果たしている様子が、私は好きですよ」。1 人目の子供は、次には、あなたがそばを歩くときに、静かに取り組んでいそうである。あなたの褒め言葉は、その行動を強化するものとして機能してきたのかもしれない。しかし 2 人目の子供は、人前で認められることには反応せず、あなたが近くにいるときに静かに作業する可能性は低いかもしれない。2 人目の子供にとって、あなたの言ったことはその行動に対する罰子として働いたのかもしれない。両方の子供にとって、あなたは良い結果を与えようとしてきたものの、同じ結果が、一方には強化子に、他方には罰子として機能したのである。

　2 番目の例を考えてみよう。あなたが担当する授業中に粗暴な行動をする 2 人の子供を想像してみたい。あなたは、授業妨害を理由に、2 人の子供を呼び出し管理部門委託（office referral）で指導室に送る。次に授業で 2 人の子供に話をしているときに、あなたは一方の子供がきちんと話を聞くのに対し、もう一方の子供はより粗暴になっていることに気づく。もしこのパターンが続くことになれば、次のように推論できるであろう。指導室に送られることが、一方の子供の粗暴な行動に対しては罰子として機能し、もう一方の子供の行動に対しては強化子として機能している……と。この事例でもまた、将来の行動への影響を見て初めて、結果が強化になっているのか罰になっているのかがわかるのである。もし行動が持続的に起きるのであれば、それは強化されたのだと推測できる（こうした考え方は、なぜ生徒たちが特定の行動にふけるのか、すなわち行動の機能についての議論に登場してくる）。

コラム 7.1　行動に関する先行刺激の実際：電話に応答すべきか否か

　今、電話に着信があったことを知らせる着信音や、振動、点灯、あるいはあなた自身が好みの先行刺激として選んだ信号が来ている。この先行刺激（S^D）は、誰からの電話であるかを確かめるために「電話を取り上げ、目を向ける」という反応（R）を引き起こすだろう。少なくとも一時は、通話者との話に夢中になるときもあるだろう（すなわち、あなたは電話に応答するときに、強化を期待するのである）（S^{R+}）。

　しかし、続く次の段階について考えてみてもらいたい。あなたは実際のところ、どういうときに電話に応答するだろうか？

　「電話へ応答する」行動の一部は、そのときの状況に依存することであろう。ここで、異なった結果（S^R、中性、S^P のそれぞれ）と関連するであろう 3 つのタイプからなる先行刺激（S^D、S^Δ、S^{D-}）について思い出していただきたい。

- 自宅に 1 人でいるとき（S^D）なら、発信者からの注意や情報を受け取る（S^{R+}）ために、あるいはそのときにしている作業から逃れる（S^{R-}）ために、かかってきた電話に応答する（R_1）だろう。
- 研修中あるいは授業の途中では（S^{D-}）、電話に応答する（R_1）可能性は低いだろう。白い目を向けられるかもしれない（S^{P+}）（管理者や教師からの凝視や批判など）。重要な情報をつかみ損ねて、結果的に試験の得点も下がりかねない（S^{P-}）。
- しかし、環境に存在する他の刺激（S^Δ）は、あなたの行動を左右しないであろう。例えば、身につけている衣類やお気に入りの音楽アプリで再生している曲、環境にあるその他の物や活動や人々は、あなたが電話に応答するかどうかには影響しないことだろう。電話に出ることが、強化（S^R）や罰（S^P）の経験へと結びついていないからである。

　さらに言えば、電話に応答するかどうかは、電話に表示された発信者を示す名前（あるいは顔）に左右されることであろう。

- もし発信元が親友や重要な人であれば（S^D）、電話に応答して（R）、その相手から期待通りの配慮や情報を受け取ることであろう（S^{R+}）。
- もし上司とか最近言い争った人が発信元であれば（S^{D-}）、追加の仕事を聞かされたり、嫌な注意を受けたりする（S^{P+}）のを避けるために電話に出ないだろう。
- もし見覚えのない名前や電話番号が発信元であれば、その電話に応答する可能性は、これまでに見知らぬ人が発信元だった電話に応答をした際の、強化（あるいは罰）の経験次第となる。見ず知らずの発信者が弁別刺激（S^D）か罰の弁別刺激（S^{D-}）かは、あなた自身の学習経験に左右されるのである。

　そのようなわけで、異なった先行刺激は、強化や罰、あるいははっきりしない（中性の）結果と結びつくことで、異なる反応を引き起こすのである。

■ 働きかけ（足すか引く）

すでに述べてきたように、結果とは行動に随伴して起きる刺激の変化のことを指している。刺激を変える方向は 2 つある。足す（与える）か引く（取り去る）かである。数学的な用語（**足すと引く**）に焦点を当てると、それらの言葉の指す符号や操作を思い浮かべることだろう。念のために言うと、加算はプラスあるいは**正の符号**と関連している。減算はマイナスあるいは**負の符号**と関連している。そこで、**正と負**という用語を、数学的な操作の視点で考えてもらいたい（足す＝**正**、引く＝**負**）。

　正の（**positive**）結果は、刺激が行動に随伴して足されるときに起こる。例えば、自分の注意（例：物理的に近づく、言語的に何かを言う）や持ち物、活動、あるいは行動に随伴する他の刺激を足す（与える）ことがあるだろう。もしこうした加算が、将来の行動に影響を与えたとすれば、正の結果を与えたことになる。対照的に、負の（**negative**）結果は、刺激が行動に随伴して引かれるときに起こる。例えばあなたが、自分の注意（例：歩き去る、無視する）や持ち物、活動、あるいは行動に随伴する他の刺激を引く（取り上げる）ことがあるだろう。もしこうした減算が、これからの行動に影響を与えたとすれば、負の結果を与えたことになるのである。あらためて記すと、こうした例においては、意図や価値の話はしていない。**足し算、引き算**から単純な説明をするだけである。

■ 結果の 4 タイプ

　2 つの概念（働きかけと効果）を組み合わせると 4 タイプの結果、すなわち正の強化、負の強化、正の罰、負の罰になる（図 7.3 を参照）。この節では、結果の 4 タイプについて、もう少し説明をしていくことにしたい。行動表記法に関する先のコメントを思い出してもらうと役に立つだろう。すでに述べたように、大文字の S は、刺激を表す。そして上付き文字は、刺激のタイプを表す。上付き文字の R は、強化刺激を表し、上付き文字 P は罰刺激を表す。また上付き記号（＋または－）は刺激が増加するかあるいは減少するかを表す。

正の強化（S^{R+}）

　正の強化（**positive reinforcement**）は、刺激が、特定の行動に随伴して**足され**（働きかけ）、結果として、その行動の起きる可能性が**増加する**（効果）ときに見られる。以下の 4 つの例を検討してみたい。

1. あなたは子供にテストを課す（先行刺激）。子供は一生懸命に学習し、そのテストで問題に正確に答える（行動）。その結果、あなたはその子供に良い成績を「与える」のである（結果）。もしその子供が、今後、もっと学習をして正しい答えを出す可能性が高くなれば、良い成績は、正の強化子として機能したと見なすことができる。

2. 教師が直接指導（先行刺激）していると、1 人の子供が学級で不適切なコメントをする（行動）。すると、仲間たちは笑い出し、その子供への注目を「与える」（結果）。もしその子供が、その後、不適切なコメントをする可能性が高くなれば、仲間の行

図 7.3　働きかけ（与えるあるいは取り上げる）および効果（増加するあるいは減少する）を調べると、4つの異なるタイプの結果に分類できる

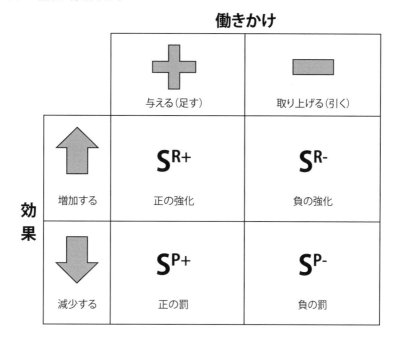

出所：Cooper, Heron, and Heward（2007, p. 37）から改変（Copyright 2007 by Pearson Education 許可を得て改変）

動は、正の強化子として機能したと見なすことができる。

3. あまり構造化されていない時間（先行刺激）の間、ある子供が「かんしゃく」を起こす（床に横たわりながら、叫ぶ、泣く、地団駄を踏む、地面を蹴ることを含む行動の集まり）。教師は、危機委員会のメンバーを呼ぶ。委員会は、直ちに部屋に入り、その子供にどうしたのかを尋ね、周りを取り囲む。そして子供の背中に優しく手を置いて「気を静める」（結果）。この対応は、そのときにはかんしゃくをやめたように見えるだろうが、もしもかんしゃくがその後起こりやすくなったならば、その危機チームから注目を集めたことは、正の強化子として機能したと見なすことができる。

4. 静かな学級の日常（先行刺激）。1 人の子供が、自分の顔の一方を繰り返し叩いたり、自分の目の前で指を動かしたり、「光を遮ったり」、両手をしっかりと膝に押し込んで揺れるといったことを交互に行っている（行動）。こうした行動の結果として、その子供は刺激を受け取っている（叩くことによる触覚、光を遮ることを通じた視覚、揺れることからの前庭感覚で、それらはすべて結果）。もしもその子供がこうした行動を取り続けるならば、こうした刺激は、正の強化子として機能したと見なすことができる。

こうした4つの例のどれでも、正の強化は、(1) 意図的に伝えられること（例：良い成績）もあれば、そうでないこと（例：子供の注目）もある。(2) 強化として意図されていること（例：良い成績）もあれば、そうでないこと（例：危機チームからの注目）もある。(3) 社会的

に媒介されること（例：最初の 3 つの例）もあれば「自動的」（例：4 つ目の例のもとでの、行動から導かれる刺激）なこともある。したがって、正の強化はその目的や意図とも、与えられ方とも、全く無関係なのである。このことは、続けて描写されるどの結果に対しても、当てはまる。正の強化のツボは、働きかけ（足す）と効果（増加する）にある。

負の強化（S^{R-}）

　負の強化（**negative reinforcement**）は、特定の行動に随伴して刺激が**引かれ**（働きかけ）、結果として、その行動の生起可能性が**増加する**（効果）ときに見られる。負の強化のわかりやすい（そしてよく用いられる）例は、あなたが自動車に乗るたびに発生している。現在のほとんどの自動車は、繰り返し電子音が発生し（先行刺激）、その後シートベルトを着用する（行動）。いったん、シートベルトが着用されると電子音は鳴りやむのである（結果）。今後も、その電子音を止める（あるいはそもそもその音を避ける）ために（おそらく自動車のエンジンを起動させる前に）シートベルトを締め続けることを考えてみてもらいたい。あなたの行動は、負の強化がされたと見なせるだろう。

　学級においても、負の強化に関する多くの事例が見られる。難しい課題が提示される（先行刺激）たびに、その課題のプリントを放り投げる（行動）子供の事例を考えてみよう。教師はその子供を無視するか、指導室（office）に送り込むだろう。しかし、そのどちらの場合においても、その課題は、その子供から取り除かれるのである（結果）。つまり、もしもその子供が自分の課題を与えられるたびに、その用紙を放り投げ続けるのであれば、実のところ、子供の行動は、負の強化をされていると推論できる。あるいは、生徒が与えられた課題（先行刺激）に対して、静かにかつ正しく作業している様子（行動）を考えてみてもらいたい。教師は「この授業で皆さんは全員、一生懸命に課題をしていましたね。だから今日はこの課題に関する宿題は出さないようにします」と言う（結果）であろう。もしもその学級の子供たちが、今後も引き続き、課題を静かに行うことになるとすれば、その結果（宿題を出さないこと）は、負の強化として機能していると言えるだろう。繰り返しになるが、負の強化のツボは、働きかけ（引く）と効果（増加する）にある。

正の罰（S^{P+}）

　正の罰（**positive punishment**）は、刺激が特定の行動に随伴して**足され**（働きかけ）、結果として、その行動の生起可能性が**減少する**（効果）ときに見られる。正の罰子は、本質的な「悪」ではないことを留意いただきたい。実際のところ、誤りを正す（減少する）ために何らかのフィードバックを提供する（言語による表現を足す）ことは、よい指導の一種と見なすことができる。例えば、教師の「2 ＋ 2 はいくつ？」という発問（先行刺激）に対して、子供が、「5」と答える（行動）とする。教師は「いいえ、2 ＋ 2 ＝ 4 ですよ」と指導する（結果）であろう。以後、子供が、「2 ＋ 2 はいくつ？」という発問に「5」と答えなくなったとすれば、子供の誤った答えは、正の罰を受けたと見なせるだろう（もしも、その子供が、さらに正答を示すとすれば、教師は「その通り。2 ＋ 2 ＝ 4 です」と正答を追認することもあるだろう。教師のその追認は、正答に対する正の強化として機能することとなり、その後、子供は正答し

続けることが予想される）。同様に、もしも子供たちが危険な行動をしている（例：仲間にものを投げつける）とすれば、「危ないよ。あらかじめ決められた目的で、道具を使わなければいけません」と教師が言うことだろう。もしその子供が、今後、ものを投げつけなくなったならば、そうした行動は、正の罰を受けたと見なすことができる。

　正の罰子は、よい指導の一種であり学級の行動支援の一種でもある。だが、ある特定の正の罰子については、学級で（いや、どんなところでも！）使用すべきではない。子供に屈辱を与えたり危害を加える結果をもたらすことは認められない（倫理的ではない）。例えば、ある子供が好ましくない行動をしていたとする。その生徒を叱りつけながら壁際に追い詰めていったり、子供に怒鳴り散らすことは望ましくない。あるいはその子供が望ましくない行動をとったことが他の仲間にわかるように、異なる色のシャツ（あるいは他の目立つもの）を着用させたり、仲間の前でその子供をからかったりすることも望ましくない。ここで「加えた」結果については、いずれも極端であり、馬鹿げていると聞こえるであろう。しかし、いずれも近年実際に確認された事例である。たとえ、これらの結果が、好ましくない行動に対する正の罰子（今後の可能性を減少する）として機能するとしても、使用されるべきではない。むしろ、教師は、好ましくない行動をとる子供に対して、その行動が学級内の期待と一致していないことを冷静に伝え、期待されている行動を思い出させることがふさわしい。

負の罰（S^{P-}）

　負の罰（**negative punishment**）は、刺激が、特定の行動に随伴して**引かれ**（働きかけ）、結果として、その行動が起きる可能性が**減少する**（効果）ときに見られる。例えば、ある子供が、試験問題（先行刺激）で、誤答した（行動）とすれば、点数を引かれる（結果）であろう。もしも、点数を引く（働きかけ）ことの結果として、その子供が、今後、同じ誤りをする可能性が低くなる（効果）のなら、負の罰が生じたと見なすことができる。負の罰は、学級の結果システム（consequence systems）〔訳注：例えば青、黄、赤などレベルごとに色分けした表やボードに、子供たちの名札をつけていく方法。子供が何か悪い〈良い〉ことをするたびに、教師は色分けのレベル間で名札を移動する〕のもとで用いられていることが多い。例えば、教師は、1人あるいはそれ以上の子供による好ましくない行動に随伴した道具や活動を、学級から取り除くであろう。あるいは危険な行動に随伴し、学級のレベルシステムで「子供のレベルを落とし」、特権の享受を制限するであろう。望ましくない行動に随伴して特定の道具や活動に触れることを禁じたりするであろう。いずれの場合も、刺激を取り除いたり差し引いたりすることが、特定の行動を減少させる結果へと結びついた場合、その教師は負の罰を用いたことになる。こうしたシステムは、好ましくない行動を減少させることにはつながるが、好ましい行動をはっきりと指導したり強化したりはしない。それゆえ、あなたとしては、問題行動を減らす目的で「取り除く」（負の罰）やり方から、好ましい行動を増やす目的で取り除いた刺激を子供たちが取り戻す（正の強化）ことを認める（あるいは増強する）やり方へと変えていきたいだろう。

　負の罰は、概ね適切かつ効果的に使用されることであろうが、**決して使用されるべきではない**方法がいくつかある。問題行動に随伴して、基本的欲求を満たす刺激へのアクセスを子

供から奪ったり制限したりする（例：食料、水、あるいはトイレへのアクセスを制限する）ことは決して認められない（倫理的ではない）。もちろん、日頃から基本的欲求を管理するよう指導することは差し支えない（つまり、数学の授業中に、子供が50回もトイレに行ったり水を飲んだりすることを、推奨しているわけではない）。しかし、問題行動につながるからといって、休憩中の飲食やトイレの使用までを制限するべきではない

消去（Extinction）

　結果の4タイプに加えて、行動が起きる可能性に影響する5つ目の結果の状態なるものがある。ある行動について、過去に強化された事実があり、その強化が、一貫して制限されたりおあずけにされたりしていると、その行動は減少し、最終的には消えることになる。このプロセスは消去（extinction）と呼ばれる。例えば、教師主導の指導（teacher-directed instruction）が行われる間（先行刺激）、子供は繰り返し教師を大声で呼びつける（行動）かもしれない。すると教師は、子供のところに近づき、指導し直したり注意喚起したりする（正の強化をする）ことであろう。ここで自分が子供に注意を向けることによって、その子供の呼びつけ行動を強化し、増加させていると気づいた教師は、(1) 子供に対して、静かに手を挙げて、適切に注目させる方法を指導するか、(2) それ以後の呼びつけ行動を無視する（注意を向けることを控える）か、を判断するだろう。すると、最初のうちは、子供の呼びつけ行動は、増加したり、ひどくなる可能性があるだろう。これは、消去バースト（extinction burst）と呼ばれる現象である。しかし、もしもその教師が一貫して呼びつけ行動を無視することができるならば、結果としてその行動は消えていき、うまく消去できたことになる。

　まとめてみると、結果の4タイプ（S^{R+}、S^{R-}、S^{P+} そして S^{P-}）は、すべて特定の行動に随伴して生起し、働きかけ（足すあるいは引く）と、今後の行動の生起可能性に関する効果（増加するあるいは減少する）によって定義される。5番目となる結果の手続き（消去）は、過去に強化された行動から、強化（S^{R+} または S^{R-}）が制限され、結果としてその行動が減少するときに起こる。したがって、なぜある行動が生起し続けているのか（強化の経験）、なぜある行動が減少したり消えたりするのか（罰ならびに、あるいは強化の不在の経験）について、結果は説明するのである（コラム7.2にある結果の付加的な例を参照されたい）。先行刺激のタイプがわかると、いつ（先行する状態）、そしてなぜ行動が生起（結果の状態）し続ける（あるいは終了する）のかを説明できる。しかしこうした知識だけでは、よく似た先行刺激ならびに結果の状態のもとで、行動に多様さが見られる理由がよくわからない。そこで、ここからは、これまで説明してきた3項随伴性に加えて、「第4項」を扱うことにしたい。

■ 第4項の追加：その場の状況

　誰もが見てきたことであるが、1人ひとりの子供ごとに、日々の状況は（より良いか悪いかが）異なっている。かりに教室の状態が同じように見えているときであっても異なっている。例えば、あなたが1人の子供に宿題を渡した（先行刺激）とする。その子供はその宿題を完了し（行動）、称賛を受け、成績に加算され、次の活動へと進んでいく（結果）。しかし時には、あなたが同様な課題を渡した後、子供はそれを引き裂いて（あるいは、おそらくた

コラム 7.2　結果の実際：教師主導の指導での子供の行動

　指導する（あるいは指導計画を立てる）子供の年齢や内容とは関係なく、教師が指示を出す際に、教師は子供がどうすべきか、というイメージを持っている。具体的な行動の形は、年齢や能力あるいは状況によっても多様であるかもしれない。しかし、ひたむきな行動を望んでいるのだ。例えば、しっかり傾聴すること、きちんと目を向けること、床に両足をつけていること、手と道具を用いて学んでいること（例：ノートをとったり静かにしたりすること）、そして身体が落ち着いていることである。事前に先行刺激を用い、望ましい行動をはっきりと教えたうえで、しっかり取り組む可能性が高まる（望ましくない行動の起きる可能性が低くなる）ように、結果をうまく活用しよう。そのためには、各種の結果をどのように使うかを検討してみよう。

- 積極的に取り組む行動に対する正の強化（S^{R+}）：関与した行動に随伴して褒めたり、注目を与えることが具体的にできるだろう。年下の子供に対しては、「あなたの目が私のほうを向いて、姿勢も良いので、本当に私の話を聞いていることがわかります」と言えるであろう。あるいは年上の子供に対しては、「静かにノートをとってくれてありがとう。この内容は、小テストに出します。皆さんはいい点をとれると思いますよ」。もし具体的な称賛が、能動的に取り組む行動を増やしているのであれば、それは正の強化をしたことになるのである。
- 積極的に取り組む行動に対する負の強化（S^{R-}）：授業の指導内容に関する長々とした宿題リストを示して授業を開始したとしよう。大多数の子供たちがしっかりと課題に取り組んでいることがわかったら、5 分ごとにリストから 1 つずつ宿題を取り除いていくのである（当然ながらこの手続きは、取り除いた課題が、子供たちの成長を妨げない場合にのみやっていい）。
- 妨害行動に対する正の罰（S^{P+}）：子供が妨害行動をするたびに、あなたは具体的な誤りの修正をすることだろう（例：「思い出してね。私に質問などがあれば、手を挙げるのですよ」）。もしその子供が、望ましくない行動に関わらなくなってくれば、あなたは正の罰を与えたことになる。
- 妨害行動に対する負の罰（S^{P-}）：ある子供が、仲間とおしゃべりをしてふざけているときに、1 分間、その子供を仲間から離れた机に移動させる（仲間に近づく機会を取り除く）としよう。その後、望ましくない行動があまり見られなくなったとすれば、負の罰を与えたのである。

　以上の箇条書きで示した通り、子供の望ましい行動を増やして、望ましくない行動を減らすための、結果の使用の仕方は多彩である。本書では、ポジティブでかつ予防的な学級経営の総合的アプローチの一環として、結果の方略を使うように推奨している。具体的には次の通りである。(1) 好ましくない行動を防ぎ、好ましい行動を促すために、先行的で指導的な方略を取り入れること。(2) 主に正の強化に基づいた結果の方略を強調すること。(3) 結果（あるいは他のあらゆる行動方略）がもたらす効果を観察するために、データを集めること。(4) 子供の行動やデータの結果次第でやり方を調整すること。

だ顔を伏せて）その課題を拒むのである。先行刺激とあり得る結果は、子供が課題を行っている他のときとそっくりなのだが、この ABC シーケンスについては、何かが違っている。その場の状況あるいは動機づけ操作は、こうした行動がさまざまなことを説明するのに役立つ。これらの 2 つの概念は若干の違いがあるが、本書では、両者を一緒に扱って、「その場の状況」という言葉を用いたい。その場の状況とは、特定の行動に対する結果の価値あるいは効力を一時的に変える先行する出来事や状況を指す[例：60]。次節では、その場の状況の 3 つの重要な特徴である、(1) 先行刺激であること、(2) 特定の行動に対する結果の価値を変えること、(3) 一時的な効果をもたらすこと、について説明したい。

その場の状況も先行刺激である

　その場の状況を定義づける 1 つの特徴は、先行刺激（すなわち、状況または出来事）だということである。すなわち、その場の状況は、行動に先行して（時には行動とともに）起きる。これらの状況は、時間的にかなり隔たった過去に起きていることもある（行動が生じている数時間あるいは数日前など）。例えば、自宅、スクールバスの乗車中、あるいは学級外の環境（運動場、ロッカールーム、廊下など）で起こった子供の出来事が、たとえ数時間あるいは数日前に起こっていたとしても、あなたが担当している学級におけるその子供の行動に影響を及ぼすこともあるだろう。しかし、その場の状況は、弁別刺激（S^D）と同時に生起することもあったり、行動が生起しているときにも依然として存在していることもあったりする。例えば、教室での個別課題を課している（S^D）ときに、ある子供が風邪（あるいは他の病気）を患っているとする。その課題を完了することが期待されている（行動）ときも、その子供は依然として具合が悪いだろう。病気の症状は、課題を成し遂げることへの結果（得点）の価値を低下させ、その子供が顔を机の上に伏せる動作の強化的な価値（例：即座の安静）を高めることだろう。

その場の状況が結果の価値および効力を変える

　その場の状況は、行動が起きる可能性に影響する（すなわち、行動の起こりやすさが高くなったり低くなったりする）。なぜならば、その場の状況は、その行動の結果の価値や効力を変えるからである。つまり、強化や罰を多かれ少なかれ効果的にするのである。日常生活を振り返って、夜遅くに就寝した後、仕事のために起床したものの睡眠不足だと考えてもらいたい。普段のあなたは、適切な出勤時間を維持するために時間通りに目的地に到着し（行動）、上司から覚えがめでたい（正の強化）のだが、その日は、15 分遅れでスヌーズボタンを押した（行動）。そしてお気に入りのコーヒーショップに立ち寄り、ラージサイズのカフェイン飲料を購入した（行動）。その結果、仕事に遅れてしまったのである。この例では、睡眠不足はその場の状況であった。同時に、(1) 時間厳守の行動に対する社会的関心の効力（すなわち強化的な価値）が低下し、(2) スヌーズ機能のアラームを作動したり、ラージサイズのカフェイン飲料を得るために店に立ち寄ることへの強化子として、睡眠とカフェインの効力が高まったのである。

その場の状況の効果は一時的である

　定義から見れば、その場の状況とは、**一時的な**効果を有している事柄でもある。上の例のように、その場の状況は、欠乏状態（疲労、空腹、渇き、無関心、長期間の社会的相互作用の欠如など）あるいは飽和状態（睡眠過多、過度な満腹感、暑さ、興奮、過度の社会的相互作用など）を含むのみならず、身体的（病気、アレルギー、発作など）、社会的（仲間との喧嘩、家族の不幸など）、環境的（騒音、光など）刺激も含む。これらの例はすべて、一時的な状況あるいは出来事である。対照的に、障害や認知的（あるいは）精神的健康の状態は、一時的なものではないので、その場の状況として機能することはない。とは言うものの、これらの状態のうち一時的な症状（例：幻覚）として現れるものは、それが特定の行動への結果の価値を変えるならば、その場の状況として機能するかもしれない。したがって、その場の状況は、一時的に結果の価値を変えるわけで、行動が多様であるのを説明するのに役立つのだ。

　まとめることにする。行動について分析し説明するときには、拡張され洗練された 4 項随伴性を考えるとよい（図 7.4 を参照）。(1) ある行動が、ある弁別刺激（S^D）の存在のもとで起きやすいのは、その行動が、その刺激の存在のもとで、過去に強化（正あるいは負）されていたためである。(2) もしもその場の状況が、特定の強化子の効力および価値を高めるならば、行動はより起きやすくなる（強化子の効力および価値を低めるならば、行動はより起きにくくなる）。対照的に、(1) ある行動が、ある罰の弁別刺激（S^{D-}）の存在のもとで生起しにくいのは、その行動が、その先行刺激の存在のもとで、過去の罰の結果（正あるいは負）と結びついていたためである。(2) もしその場の状況が、罰子の効力を高めるならば、行動はより生起しにくくなる（罰子の効力を低めるならば、行動はわずかに起こりやすい）。言い換えれば、本章の冒頭に比べると、私たちの言う ABC は少しだけ洗練されているのである！

行動的な指導方略

　さて、以上により、行動の基本的要素（ABC）についての理解をしたことになるが、この知識をどのように指導に活用できるか見ていきたい。序章で学んだ通り、本書は、子供たちが学習の 4 段階を通してスキルと知識を、効果的かつ持続的に応用できるようになることを

図 7.4　行動の ABC に加えてその場の状況を考慮した拡張版（4 項）随伴性

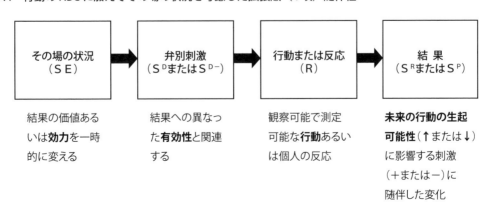

ねらっている。ここで言う 4 つの学習段階とは、新たなスキルと知識を**習得し**、**流暢さ**（指導場面のもとで、スキルと知識を正確かつ効率的に活用すること）を高め、学習したスキルと知識を**維持**（指導場面のもとで再指導することなくスキルと知識を活用すること）して、**般化**する（指導場面に限らずさまざまな場面でスキルと知識を応用する）ことである。円滑に進めるために、次の節では、4 つの基本的な指導上の原則について話したい。それは、プロンプティング（prompting）、刺激コントロール（stimulus control）、シェイピング（shaping）、つなぎつけ（chaining）である。

■ プロンプティング（促し）

　プロンプティングは、後ほど説明する他の方略と組み合わせて用いられることが多い有用な指導方略である。プロンプトとは、弁別刺激（S^D）に付け加えられる先行刺激を指す。プロンプトにより、弁別刺激（S^D）に反応した望ましい行動に、子供が関わる可能性を高めるのである[1]。効果的にプロンプティングを行う鍵は次の 2 つである。(1) 弁別刺激（S^D）から注意を逸らすことなく子供がうまくやれる「ちょうど良い」（強くもなく弱くもない）プロンプトを選ぶこと。(2) 子供が弁別刺激（S^D）にのみ反応するように、できるだけ速やかにプロンプトをフェイディングすること。例えば、幼児が文字の書き方を学ぶとき、幼児向けに教師が用意した文字の点線をなぞるであろう。こうした視覚的なプロンプトは、幼児が適切な形と間隔で文字を書くことを教えるのには役立つ。しかし、大学生が、受講クラスでの課題やテストで読みやすい字を書く際に、そうしたレベルのプロンプティングは不要であろう。そんなわけで、それぞれのプロンプトが導入される前には、それのフェイディングの計画も立てるべきなのである。次節では、2 つのトピック（正しいプロンプトの選択、プロンプトのフェイディング）について考えることにする。

プロンプトのタイプ

　プロンプトにはさまざまなタイプのものがある[1・26・73]。そのため次に挙げる点に基づいて最良のプロンプトを選ぶべきである。(1) スキルのタイプ（例えば、身体的なガイダンスは、身体的な活動を指導する際に必要とされるであろうが、解析学で積分を行う生徒に指導する必要はない）、(2) 子供への支援の必要性と好み（例えば、ある子供は言語的なプロンプトに反応するであろうが、別の子供は視覚的なプロンプトを好んだりうまくやったりするであろう。さらに別の子供は身体的なガイダンスを必要とするかもしれない）、各種のプロンプトには、しばしばさまざまな「レベル」があり、子供がうまくやれるほどの、最も弱いレベルのプロンプトを選択すべきである。別な言い方をすれば、子供がヒントを得てうまくやれるならば、手取り足取りやる必要はない。むしろそうした指導は実際には、子供の独り立ちを妨げてしまうだろう。

言語的プロンプト

　言語的プロンプトは、弁別刺激（S^D）に付け加えるあらゆる言語表現を含み、子供の弁別刺激（S^D）への反応が生起する可能性を高める。言い換えるならば、言語的プロンプトは、子供が特定の状況や活動、指導、あるいは他のタイプの刺激に遭遇したときに、何をすべき

か思い出させるもの（リマインダー）である。

　言語的プロンプトは、**ルール**（例：「このクラスでは、尊重を示しましょう」）や、**直接的な言語表現あるいは指示**（例：「授業中に尊重を示すためには、発言をする前に、手を挙げて、指名されるのを待ちましょう」）、**間接的な言語**表現あるいは手がかり（例：「私の注意を引くための方法を思い出してください」）、ならびに特定の状況で期待された行動を思い出させるその他の言語的手がかりである。言語的プロンプトは、子供自身が操作することもできる。子供が困難を覚える状況に備えて直接的な言語的プロンプトや指示をデジタル録音しておいて、「再生」ボタンを押すように子供に指導してもいいだろう。最終的には、子供が、リマインダーがなくてもスキルや知識を示すことができるようになることを念頭に置いてもらいたい。したがって、子供がうまくやっていくためには、できるだけ程度の低い言語的プロンプトを選ぶ必要がある。

視覚的プロンプト

　視覚的プロンプトは、あらゆる視覚的補助物が含まれ（pictorial or textual[73]）、子供がうまく反応する可能性を高めるために弁別刺激（S^D）に付け加えられるものである。視覚的プロンプトには、正しい反応様式を示すポスターや連続画像、ワークシート上に完成させたサンプル問題が含まれるだろう。ほとんどの教室の壁は、いろいろな視覚的プロンプトの例に覆われている。視覚的プロンプトは学級全体向けだろうが、うまくやっていくために追加のリマインダーを必要とする子供たちに対して、個別化した視覚的プロンプトを作ってもいい。例えば、学級の子供たち用に掲示したスケジュールを補助するために、1人の子供に対して、スケジュールを視覚的にすなわち絵で示すとよい。視覚的プロンプトのタイプとは関係なく、自然に起きる弁別刺激（S^D）に子供が反応することを促すのがねらいである。それゆえ、子供たちが、ポスターがなくても行動することができるように、視覚的プロンプトをフェイディングさせる計画を立てるといい（さらに、教室の壁をすっきりさせていくのがよいだろう！）。

ジェスチャープロンプト

　ジェスチャープロンプトには、あらゆる動作やジェスチャー（例：うなずき、指差し）が含まれ、子供が適切に反応する可能性を高めるために弁別刺激（S^D）に付け加えられるものである。ジェスチャープロンプトでは、完全に期待された行動を十分に示す（モデリング）ことまではしない。例えば、教師が小さな子供たちを廊下で歩かせるときに、教師は歩きながら、2本の指を上げる（全校で行われる静かにすることのサイン）であろう。子供が廊下で（S^D）静かに歩く（行動）可能性が高くなったとすれば、静かにするよう要求する教師のサインは、ジェスチャープロンプトとして機能している。他のプロンプトと同様に、ジェスチャーはフェイディングさせ、プロンプトがないときにでも適切に反応できるようにしていくべきだ。

モデリングプロンプト

　モデリングでは、「エキスパート」が完全に期待された行動を示す。例えば教師は、子供たちが小集団で成し遂げる（行動）ための問題を割り当てる前に、複雑な数学の問題（S^D）の解き方を示す（モデル）ことだろう。あるいは、校長が、何人かの上級学年の高校生に依頼して、講堂（S^D）での激励会中にどのように尊重を示す（行動）とよいかを、新入生に対して見せる（モデル）。先行研究では、有能で、「格好良く」、子供（たち）と共通性の高いモデルが最も効果があると実証されてきた。ビデオセルフモデリングは、（有能である）望ましい行動に上手に関わる（「格好良く」、共通性が高い）子供の動画を編集することによって、3つの特性すべてを最大限に引き出すというやり方である。ビデオセルフモデリングは、多くの子供の集団にとって望ましい効果を示すことが実証されてきた[1]。結論として、モデリングがうまくいくためには、モデルが次の特性を持っていることである。(1) スキルを正しく示す（すなわち、有能である）、(2) 子供の目から見て社会的「威信」がある（すなわち、格好いい）、(3) 子供に似ている（すなわち、共通性がある[1]。成功にとって重要ではないかもしれない[73]）。

身体的ガイダンス

　身体的ガイダンス、すなわち手動のプロンプトを示すとき、教師は、子供がうまく弁別刺激（S^D）に反応して、子供がスキルを身につけていけるように、身体で支援する。例えば、小さな子供がハサミを正しく使えるように指導するとき、初め教師は自分の手を子供の手の上に置いて、子供を誘導することだろう。この例のようなタイプのプロンプトは、「ハンドオーバーハンド」（たぐり寄せ）と呼ばれる。誤解がないように言えば、動きを制限したり、問題行動を減らしたりすることが意図される身体的「支援」は、身体的拘束と呼ばれる。身体的拘束と身体的ガイダンスとを、決して混同すべきではない。例えば、子供の手を握って、その子供が自分自身を叩かないようにする教師は、身体的ガイダンスではなく、身体的拘束を用いているのである。他のプロンプトと同様に、身体的ガイダンスはフェイディングして、子供にプロンプトがなくなってもすぐに弁別刺激（S^D）に反応できるようにすべきである。

プロンプトのフェイディング

　ここで説明してきたように、プロンプティングをしなくても、子供が弁別刺激（S^D）にうまく反応できるように、プロンプトをフェイディングすることが目標である。つまり、子供がプロンプトに依存してしまうことを避けたい[例：73]。プロンプトを効果的に使用するためには、プロンプトの階層（**prompt hierarchy**）を計画すべきである。すなわち、指導とフェイディングの手続きの間で、一連のプロンプトを使用することである[91]。各タイプのプロンプトには、階層があるだろうが（例えば、より強力な言語的プロンプトもあればあまりそうではないものもある）、階層に含まれた各種のプロンプト（例：身体的ガイダンス、直接的な言語的プロンプト、間接的な言語的プロンプト、ジェスチャー）を使い分けるとよいだろう。一般的に、目標とすべきことは、子供が弁別刺激（S^D）にうまく（すなわち、誤りがほとんどあるいは全

くない形で）反応することができるプロンプティングのレベルから始めることである。そして、次第にあまり強力でないプロンプトにフェイディングしていき、最終的には、子供がプロンプトから独立して反応するようにしていくのである。別な言い方をすれば、目標は、最大のプロンプトから最小のプロンプトへと（**most-to-least**）移行することである。また、条件によっては、あまり強力なプロンプトを出すことは控えて、次第に子供が反応するレベルのプロンプティングにしていく、つまり最小のプロンプトから最大のプロンプト（**least-to-most**）を与えていくとよい。これらの手続きのどちらでも、時間遅延（**time delay**）手続きを用いることも可能である。こうしたフェイディングの方略それぞれには長所があり[例：1・26・73・91]、このことについては次に取り上げることにしたい。

最大から最小へのプロンプティング

　うまくいくのに必要とされる最強のプロンプトから始める、最大から最小へのプロンプティングは、子供が誤る可能性を最小限に抑える。つまり、子供がスキルを習得するために提供する支援を徐々に減らしていくのである[91]。用いられるプロンプトの階層に応じて、最大から最小へのプロンプティングには、さまざまな形式がある。**言語的あるいは視覚的プロンプト**をフェイディングするためには、プロンプトによって提供された情報を次第に減らすことだろう[91]。つまり、言語的あるいは視覚的プロンプトでは、詳細を提供することを次第に減らしていき、子供がプロンプトから独立した状態に向かって進めるように、プロンプトがあれば容易に思い出せてしまう情報をフェイディングするのである。

　視覚的なプロンプトをフェイディングするときは、**刺激フェイディング**を使用してもいい。それは、典型的なやり方として、刺激の一面を誇張する（例：色の濃さを増す、刺激間のコントラストを増す）ことから始める。そして次第に誇張された側面をフェイディングし、最終的には刺激を元通りの弁別刺激（S^D）にしていくのである[例：26・73]。例えば、もしも子供に対して、2つの名前が表示されたときに、自分の名前を選択させたいならば、その子供の名前を白い文字で黒いカードに印刷し、他の名前については黒い文字で白いカードに印刷すればいい。そして次第に、その子供の名前の背景の黒色をフェイディングしていく（そして文字を濃くしていく）のである。すると2枚のカードともに、白いカードに書かれた黒い文字になる。結果として、子供は、（刺激間における他の違いよりも）文字の違いに適切に注意を払うようになっていく。また別のアプローチとして知られるのは、**刺激シェイピング**（**stimulus shaping**）である。刺激シェイピングのもとでは、教材を次第に変化させていき、最終的に子供が望ましい刺激に反応していくようにする[例：26・73]。この一般的な例は、公共テレビシリーズの「*Word World*（ワードワールド）」であり、そこでは、すべてのキャラクターおよび多くの対象物が、単語を構成する文字から「描かれている」（例えば、犬〈dog〉は、*D*、*O*、*G* の文字を使って描かれている）。しかし、このシリーズでは、刺激は、文字がより目立つようには形作られておらず、文字は消えてしまっている。学習指導においては、刺激を徐々に弁別刺激（S^D）に近づけていき、付加的なプロンプティングがなくても、子供が S^D に反応するようにしたいであろう。**身体的ガイダンス**のフェイディングとして、段階的指導（**graduated guidance**）と呼ばれる手続きが使える。段階的指導では、(1) **圧力**のレベルを下げ

ていって、後追い行動をする程度にする、あるいは、⑵支援の**近接性**を減らしていって、身体のターゲットとなる部分から手を離していく（ハンドオーバーハンドから、前腕に手を差し伸べ、次に、肘、肩へ）。最後には、すべての支援からフェイディングするのである[1・73]。しかも、このタイプのフェイディングでは、形式に関係なく、最初にうまくやっていくのに必要なプロンプトのレベルを子供が受け取れるようにして、誤りを最小限にできる。したがって、これは誤りのない学習アプローチと呼ばれることが多い[1]。

最小から最大へのプロンプティング

　対照的に、弁別刺激（S^D）を提示して、子供がうまく反応するまで、必要に応じて次第により強力なプロンプトを導入していくのが、最小から最大へのプロンプティングである。このやり方では、子供が誤りをする機会が増えるかもしれないが、より効果的でもあるかもしれない[31]。最小から最大へのプロンプティングでは、独り立ちに向けた学習や進歩を遅らせる不要なプロンプトを子供が受け取らない。したがって、このアプローチは、子供の現在のパフォーマンスのレベルを評価するのにより適していると言えるだろう[73]。

フェイディング法による*時間遅延（time delay）*の使用

　フェイディング法の2つのカテゴリーのいずれにおいても、子供が本来の弁別刺激（S^D）に反応する機会を提供するために、時間遅延（time delay）を用いることができる。時間遅延には、一定型（**constant**）（例：5秒に1回）と、漸進型（**progressive**）（すなわち、子供が流暢さを獲得するに従い増加[1]）がある。時間遅延を伴う最大から最小へのプロンプティングでは、すべてのプロンプトフェイディング法の長所を、最大限に活かすことができる。子供がプロンプトから独立して反応する機会を与える一方で、誤りを最小限にとどめられるのである[例：72]。そして、長時間にわたって不要なプロンプトに過度に依存してしまうことを避けられるのである。例えば、子供に五角形を理解させるために、次の手順を用いることができるだろう。

- 子供に正五角形の写真を示して、「何という形ですか？」（S^D）と発問する。そして5秒待つ。もしもその子供が5秒間で応答しなかったならば、最も強力なプロンプトを提示するのである（例：言語的プロンプトとして「正五角形は、5つの等辺と5つの等しい角を持つ図形です。まさにこれが正五角形です。私がこの形を尋ねたときは、『正五角形』と答えるのですよ」など）。
- その子供が最も強力なプロンプトで正しい応答をしたならば、また同じ弁別刺激（S^D）を提示する。そして5秒待つ。それから、次のレベルのプロンプトを提示する（例：情報が少なめの言語的プロンプトとして「この図形は、5つの等辺と5つの等しい角を持っています。さて、どのような図形が、5つの等辺と5つの等しい角を持っていますか？」など）。
- その子供が直前のレベルのプロンプトで正しい応答をしたならば、また同じ弁別刺激（S^D）を提示する。そして5秒待つ。それから、さらに次のレベルのプロンプトを提

　　示する（例：間接的な言語的プロンプトとして「辺を数えてごらん」など）。

- 弁別刺激（S^D）を提示するたびに、プロンプトのフェイディングを続けつつ時間遅延を用いる手順を、子供が弁別刺激（S^D）を見たらすぐに応答するようになるまで、繰り返す。

　プロンプティングは、最初に付加的な刺激（言語的、視覚的、ジェスチャー、モデリングあるいは身体的）をまず加え、次に効果的にフェイディングして、子供が弁別刺激（S^D）にうまく反応できるようになる有効な方法である。子供は弁別刺激（S^D）にうまく反応することで、プロンプトから自立していくのである（プロンプティングの実践例については、コラム 7.3 を参照）。プロンプティングは、自立型（他のアプローチと独立した形）で実践できるが、一般的には、より包括的な指導アプローチの一部である。次の節では、次の 3 つの指導アプローチに目を向けることにしたい。(1) すでにある行動を、好ましい先行刺激のコントロールのもとでもたらすための刺激コントロールを確立すること（例えば、「A」と書かれた文字を示されて「何の文字？」と尋ねられたときに、「A」と答える）。(2) 新たに比較的単純な行動を教えるためにシェイピングすること。(3) 新たに比較的複雑な（多段階の）行動を教えるためにつなぎつけをすること。

■ 刺激あるいは先行刺激コントロール

　学級で指導するいろいろなスキルや概念、知識などについて考えるとわかるが、私たちは正しいあるいは望ましい刺激の条件下で、適切に応答することばかりを子供に教えている。例えば、初心者に対しては、最初は音読、それから黙読で、正しく文字や言葉（S^D）を読める（すなわち、行動）ようにしたいであろう。そしてレベルの高い子供には、特定の執筆要件やリサーチクエスチョン（S^D）に応じて、一貫した方法で単語を並べて、文の段落やエッセイ、あるいは論文を書ける（行動）ようにしたいであろう。リテラシーや言語科目、数学、社会科、科学、社会行動や他の関連するトピックについての何であれ、特定の刺激のもとで、子供が正しく好ましい行動をとるようにしようとする。言い換えると、指導の目標のほとんどは、・刺・激・コ・ン・ト・ロ・ー・ル（**stimulus control**）を確立することである。刺激コントロールは、3 タイプの先行刺激（S^D、S^Δ、S^{D-}）についての知識を基にしている。もしも、あなたがこれらの記号を見て、各先行刺激に関する明確な定義を頭に浮かべるようにプロンプティングされていないようであれば、もとの文の段落に戻って復習していただく良い機会であろう（すなわち、先行刺激の定義が、まだ好ましい刺激コントロールのもとにない場合……ということである！）。

刺激コントロールの確立

　刺激コントロールを確立するには、2 つの基本ステップがある。1 つ目のステップとしては、特定の弁別刺激（S^D）と望ましい反応（反応 1、あるいは R₁ と呼ばれる）との間に、つながりを確立する必要がある。2 つ目のステップは、R₁（反応 1）が、S^D（弁別刺激）（もっと言えば S^D のみ）に関連する特徴のコントロール下にあることを確認する必要がある。先述

コラム 7.3　プロンプティングの実際：宿題の提出を増やす

　学級の子供たちを思い浮かべると、宿題を提出できない子供が少なくとも 1 人はいる。宿題を提出する課題には、次のような複数のステップが含まれている。具体的には、宿題として課された内容を記録すること、宿題をするために必要なものを家に持ち帰ること、家でその課題を完成させること、完成した課題や資料を学校に持ってくること、そして適切な場所と時間にその課題を提出することである。

　第一段階では、コラム 7.6 で述べるように、各ステップを、順序立てて教えることができる。

　第二段階では、各ステップを子供たちが完了する可能性を高めるために、プロンプト（すなわち、各々のステップに対する弁別刺激〈S^D〉が反応しやすくなる付加的な刺激）を追加することができる。例えば、次のことができよう。

- 連絡帳を取り出して、まずは宿題のことを書き留めるように、プロンプティングとなる言語的指示を加える（掲示板に書かれた宿題の情報という弁別刺激〈S^D〉に付け加えられる）。
- 子供たちが教室を出るときのドア近くに、宿題をするのに必要な資料を持ち帰るのだったと思い出せるように、視覚的プロンプト（バックパックに入れている連絡帳や本を描いた絵など）を加える（授業時間あるいはその日の終了を知らせるベルという弁別刺激〈S^D〉に付け加えられる）。
- 宿題の中にサンプル問題を含めたり、宿題を完成させるのに必要なスキルを書いた手引を添付して両親および保護者に E メールを送ったりする（宿題の中に組み込まれた、いくつかの弁別刺激〈S^Ds〉に付け加えられる）。
- 教室のドアのところで子供と挨拶し、宿題を提出するようにジェスチャーを交えながら、宿題提出箱（homework bin）を指す（教室の入口近くの宿題提出箱という弁別刺激〈S^D〉に付け加えられる）。

　子供のスキル獲得が軌道に乗ったら、もともとの弁別刺激（S^D）で各ステップをやり遂げるまでの間、徐々にかつ効率的に、各ステップからプロンプトをフェイディングしていく。

　第三段階では、宿題の提出を強化するための結果のストラテジーを取り入れてもよい。このことについては、コラム 7.2 の他の行動で説明したもの、ならびにコラム 7.6 のこのシーケンスについて述べたものを参照して欲しい。

　したがって、プロンプトとは、宿題の提出を増やすための包括的な指導アプローチに含まれる 1 つの要素なのである。

した例（「A」と書かれた文字を示されて〈S^D〉、「何の文字？」と尋ねられたときに、「A」と答える〈R_1〉という例）では、私たちは、子供が任意のフラッシュカード（例：「B」から「Z」の文字が書かれたカード）を示されたときに、ただ「A」と言っているのではなく、フラッシュ

カードに書かれた文字に反応していることを確認したいわけである。特に2つ目のステップの部分を成し遂げるには、弁別訓練を用いる必要がある。これらのステップについては、次節で説明したい。

ABC（つまり$S^D - R_1 - S^R$）連鎖の構築

　刺激コントロールを確立する際の第一のステップは、望ましい刺激（弁別刺激〈S^D〉）が存在するもとで、子供に対して、好ましい反応（R_1）をはっきりと教えることである[1,26]。ソーシャルスキルという点で、あなたは、子供がさまざまな学級のルーチン内で、敬意を示すことを望むであろう。この目的を果たすために、敬意（R_1）を定義して、教師主導の指導（S^D）のような、学級のルーチンのもとで、それがどのように見えるかをモデル化してもよい。高校では教師主導の指導が授業でよく見られるが、そのような学級では、敬意に相当するものは、静かに座って教師の話を聞くことのようだ。次に、学級のルーチンのもとで敬意を表している高校生を強化すること（すなわち、今後の可能性を高めること）を期待して、学級全体で承認の手立てがとれるだろう。これは、高校の教室での集団随伴性のようなものである。高校生が授業中に敬意を払う行動をしているならば、彼らは授業の終わりに余った時間を使って、宿題をしながら音楽を聴くことができるのである。そうでなければ、授業は時間いっぱいまで続き、高校生たちが宿題をしながら音楽を聴くような機会は持てないのである。このようにして、学級のルーチンの中で、高校生が敬意を表す行動のための$S^D - R_1 - S^R$の連鎖を構築し始めるのである。

　次に、歩行者用信号（緑色、黄色、あるいは赤色の棒人形の記号による信号）のある交差点で、横断歩道を渡ることを子供に教えるというシナリオについて考えてみたい。望まれた反応（R_1）は、子供が、横断歩道の線の中にいながら、道路の反対側の歩行者用信号に向かって、通りを横切って安全かつ効率的に歩くことである。この反応に対する弁別刺激（S^D）は、歩行者用信号（棒人形の記号）が緑色に変わるときである。したがって、子供が弁別刺激（S^D）の存在下でR_1に関わる（すなわち、信号が緑色のときに歩く）ときに、子供が、信号が緑色に変わったときに道路を横切って歩く可能性を増やす、すなわち強化する（S^R）ための心地よい刺激（例：具体的な称賛、あるいは道路の反対側にある目的のアイテムや活動にアクセスすること）を、あなたは提供するべきである（もちろん、子供の望ましい行動が増加したならば、あなたが実際に、強化を提供できたことがわかる）。

弁別訓練

　$S^D - R_1 - S^R$の連鎖の構築に加えて、子供が弁別訓練を受けることは重要である。ここでは弁別刺激（S^D）を、さらに言えばS^Dのみを受けて、ターゲット反応（R_1）、さらにはターゲット反応（R_1）でのみ適切に反応していることを確認する[1,26]。先に述べたソーシャルスキルのところに戻るが、敬意を払う行動は、教師主導の指導（S^D）の間は、静かに座って話を聴くこと（R_1）であると、あなたは子供たちに教えてきた。しかし、あなたは子供に、次の2つのことを知ってもらいたい。(1)静かに座って話を聴くこと（反応1. R_1）は、異なった学級のルーチン（すなわち、他の先行刺激）のもとでは不適切なこともある。(2)静かに座っ

て話を聴くこととは違った反応（R$_{2-X}$）は、教師主導の指導（S^D）のもとでは使用すべきではない。例えば、自分の机に向かって静かに座っていること（R$_1$）は、防災訓練中（S^{D-}）には、望ましくない、おそらく罰せられる結果（S^P）を招くことであろう。同じく、全く静かに座って話を聴くこととは異なるさまざまな行動（R$_{2-X}$、例えば仲間と話をすることや学級の外を歩くこと）は、違った状況下（協同学習や防災訓練など）では適切な場合があるが、教師主導の指導（S^D）の間は、強化につながる行動にはならないだろう。弁別訓練は、いかなる状況下で、どういった行動が必要とされるのかを子供が理解するのに重要なのである。

　別の例として、子供に道路を横断することを教えるシナリオについて再び考えてみたい。S^D－R$_1$－S^{R}の連鎖を構築することに加えて、あなたは、子供に対して、歩行者用信号が緑色に変わるとき（S^D）にのみ、横断する（R$_1$）ことを理解するように支える必要がある。言い方を変えれば、赤信号（S^{D-}）が灯っているときに横断することが罰（S^P）につながることを、はっきりと指導したいであろう。ならびに、強化や罰という結果には直接関係してこない他の無関係な刺激（S^Δ、例えば、飛んでいる鳥、信号が赤のときに道を渡る他の通行人、吠える犬）には注意を払うべきではないことも指導したいだろう。加えて、緑色に変わるとき（S^D）に、子供が全く異なる反応（R$_{2-X}$、例えば、這う、座る、斜めに歩く）に関わらなかったことを確認しておきたい。そうした行動も危険だからだ。潜在的な先行刺激のタイプ（S^D、S^Δ、S^{D-}）ごとに、あなたは十分に練習させたいだろう。そうすれば、はっきりとした弁別刺激（S^D）が存在する際に子供が適切に反応（R$_1$の反応、もっと言えばR$_1$のみの反応）でき、罰の弁別刺激（S^{D-}）が存在しない場合には反応しない、という事実が得られるはずなのだから。こうした弁別訓練をしない限り、適切なS^D－R$_1$－S^{R}の連鎖が起こる保証はないだろう。つまり、刺激コントロールが確立されたかどうかについて理解することにはならないであろう（刺激コントロールの実践事例として、コラム 7.4 を参照）。

刺激および反応般化のためのプログラミング

　私たちは、子供がある弁別刺激（S^D）に反応するというよりも、いくつかの刺激群（**stimulus class**）に同様な反応をすることをしばしば望む。例えば、ヨークシャテリア、イングリッシュスプリンガースパニエル、グレートデーンを、たとえそれぞれが異なる特徴を持っているとしても、「犬」のカテゴリーのメンバーとして、子供が識別できるようにしたいだろう。1つの刺激群に対して同様に反応することを、刺激般化（**stimulus generalization**）と呼ぶ[1,26]。道路の横断に関する例に話を戻すと、子供たちが、さまざまな歩行者用信号の刺激群（例：音つきあるいは音なしの信号、棒人形の描かれた信号、「歩け」「歩くな」といった言葉が表示される信号、手形の描かれた信号）に、同様な形で反応する（すなわち、信号が緑色のときに安全に歩く）ことを私たちは望むであろう。刺激般化を促進するためには、十分な**事例**を用いる必要がある。具体的には、(1) 関連性の高い特徴を持つ集まりに含まれる刺激間の**同一性**を示すこと（例えば、横断してもよいときには道の反対側にあるすべての信号が緑に変わる）。(2) 無関係な特徴を持つ集まりに含まれる刺激の**違い**の種類を強調すること（信号のさまざまな音と形など）。さらに、子供たちが、自分たちの反応を般化すべき刺激群を十分に理解することができるように、刺激群の「境界」を表す**例ではないもの**（*nonexample*）（例

コラム 7.4　刺激コントロールの実際：ジーンの発話

　私（ブランディ）が 18 歳だったとき、特別支援を必要とした青年のためのサマーキャンプで働いていた。参加者の 1 人であったジーンは 19 歳の女性で、自宅や映画、その他の場面で以前に聞いた言葉、フレーズや会話を、繰り返していた（エコラリアとして知られる）。しかしジーンは、自分の欲求を伝える基本的な発話さえもしなかった。言い換えれば、言葉を生み出す能力を持っていたのに、それを意図的に、または適切な状況で使用しなかったのである。つまり、行動は、適切な刺激コントロール下になかったのである（当時の私は、もちろんのことであるが、何が刺激コントロールかがわかっていなかった。そこで、この話を続けるものの、正しい行動を表す用語を、カッコ内に挿入しながら進めていくことにしたい）。

　他のキャンプカウンセラーと私は、ジーンのこれまでの過去の様子を調べたところ、ジーンが小さかったときに、自分の意志で発話をしていたことを知った。しかし、ジーンは年を重ねるにつれて、エコラリアの発話パターンを示したのである。そこで私たちは、ジーンの発話を、もう一度機能させようとした。ジーンが、言葉を使って道具を要求したり、欲しい物を伝えたりできるかどうかを知りたかったのである。

　ジーンのお気に入りは、赤い四角形のボールだった。私たちが「ボール」と繰り返し発声すれば、ジーンに「ボール」と言わせることができるだろう。ボールが存在するときに彼女が「ボール」と言ったならば、彼女にそのボールを渡すことで大いに注目をさせられるだろう、と考えたのである。また、もし後になってから「ボール」と発声した場合、つまり適切な文脈でないときは、その発声を無視するのである。さらに、もしもボールが存在しているときに他の何かを言ったときは、それも無視するのである。

　そこで、私たちは次のような計画を立てることにした（すなわち、弁別訓練である）。

- もしボールが存在していて（S^D）、ジーンが「ボール」と言った（R_1）ならば、彼女にボールを与えて注目する（S^{R+}）。
- もし他の刺激が存在していて（S^Δ）、彼女が「ボール」と言った（R_1）ときにボールが存在していないならば、彼女にボールを与えない（S^{R+} を保留）。
- もしボールが存在していて（S^D）、ジーンがボール以外のことを言った（R_{2-x}）ならば、彼女にボールを与えない（S^{R+} を保留）。
- ジーンが「ボール」と言う可能性を高めるために、私たちはボールを持ち上げて「『ボール』と言ってごらん」と言う。つまり、モデリングのプロンプトを示すのである。

　計画通りに実行すると、とても驚くべきことが起こったのである。「ボールを持ち上げて『ボール』と言ってごらん」と言ったときに、ジーンは「ボールをもらえますか？」と答えたのである。

　6 週間の夏季プログラムの終わりまでに、ジーンは、自分に提示された一連の道具の中から、自分自身の望んだ道具を求めることができるようになった。そして、提示されたものになかった道具を時々欲しがるようになったのである。例えば、ジーンに、どの色の紙を使いたいかを尋ねながら、赤色、黄色、青色の色紙を示したときに、彼女は時折、オレンジ色の紙を要求す

るのであった。したがって、私たちは適切な刺激コントロールのもとで、少なくとも彼女の言語的レパートリーの広がりをもたらしたのである。私は、ジーンの進歩に勇気づけられ（強化され）、6 週間のプログラムを超えてジーンとともに作業を続けることができればと望むばかりであった。

えば、自動車用の信号は、歩行者用信号といくつかの共通した特徴を持っているが、異なる形状であり、異なる場所にある）を用いる必要がある[例：57]。

　さらに、刺激群に含まれる個々の刺激が持ついくつかの固有の特徴に合わせて、子供は時折、反応を変更する必要がある。言い換えれば、自分たちの反応を調整して、初期の反応と同じ機能を持った異なる行動をとる必要がある。すなわち、同じ反応群のそれぞれに対する個別の反応である。こうしたプロセスは、反応般化あるいは適応と呼ばれる[1・26]。子供に対して、暗い部屋で照明のスイッチを入れて明かりを灯させる、というシンプルな状況を考えてみたい。子供に対して、1 つひとつのスイッチにどのように反応するかを教えるよりも、刺激群内の同一性と差異性を強調しながら、「照明スイッチ」に関する豊富な刺激群を表すいくつかの例を、選ぶとよい。次に、子供に対して、「照明スイッチの操作行動」の反応群から適切な反応を選ぶことによって、これらのスイッチにどのように反応するかを教える。例えば、シンプルな指で叩くオンあるいはオフのスイッチ、（時計回りに回す）調光ノブ、（紐を引っ張る）プルコードで明かりをつけることを子供に教える。さらに、子供が、個々の各刺激および各反応（例えば、ロッカースイッチを使ったり、ランプを点灯させたり、拍手スイッチを操作したりすることができるかどうか）で、スキルの使用を般化しているかどうかをテストしたい。刺激般化と（あるいは）反応般化を促す代表的なトレーニングの例を選んで使用することは、汎用事例を活用する指導とも呼ばれている[1・26・57・113]。

　すでに述べてきたソーシャルスキルの話を、もう一度考えてみよう。さまざまな学級のルーチン（例：教師主導の指導、協同学習、防災訓練）のもとで、子供たちが敬意を表す行動をとってもらいたいとあなたは望むことだろう。しかし、私たちは、多様な「敬意を表す」行動が、すべての文脈で適切であるとは限らないことも知っている。それゆえ、私たちは次のことをしたいのである。(1) 敬意を表す行動が期待される、刺激条件の範囲（すなわち、あらゆる学級のルーチン）を教えること。(2) 敬意を表す行動である各反応を構成する反応のバリエーションを教えること。そして、(3) 子供が敬意を求められる他の文脈（例：教室内外での指導を受けていないルーチン）に、般化できるかどうかを確かめること。新しい状況に合わせて、敬意を表す行動をとるのだ。

　したがって、刺激コントロールを確立するということは、次の 2 つのプロセスを指している。(1) ABC の連鎖を構築し、その中で、弁別刺激（S^D）が、望ましい反応（R_1）を引き起こす。そして、弁別刺激（S^D）が存在するもとで、望ましい反応（R_1）をはっきりと教えて体系的に強化する。(2) 弁別訓練を用いる。望ましい反応（R_1）が、不適切な刺激（すなわち、弁別刺激〈S^D〉と同様な刺激群には含まれない刺激を指し、無関係な刺激〈S^Δ〉および罰の弁別刺激〈S^{D-}〉に含まれる刺激）のもとでは生じず、望まれていない反応（すなわち、望ましい

反応〈R₁〉の群には含まれない反応）が、弁別刺激（S^D）のもとでは生じないようにする。さらに、私たちの目標は、ある刺激群（弁別刺激〈S^D〉に機能的に関わりの深い刺激を含む）と、望ましい反応（R₁）と同じ機能を果たす一連の反応群との間で、刺激コントロールを確立することでもある。この場合、私たちは同じ手続き（ABC シーケンスの訓練と、弁別訓練の提供）を使用する。しかし、汎用事例を活用する指導を用いつつも、そうした手続きを、さまざまな事例に応用するのである。どの事例でも言えることだが、1 つあるいは複数の反応が、子供のレパートリーの中にいったん含まれれば、刺激コントロールは可能になるのである。別の言い方をすれば、ABC の連鎖は、子供がすでに学んだ行動群でのみ構築することができるのである。なお、もし子供において、まだ学んでいない行動であったとしても、シェイピングあるいはつなぎつけを用いることで、教えることも可能である。

■ シェイピング

　比較的簡単に実行できる行動であれば、シェイピングは、その行動を学習させる理想的な方略である。シェイピングでは、まず、⑴ 望ましい行動および、⑵ 子供が現時点で実行し得る行動のうちで最終的な望ましい行動と関連している行動、をはっきりとさせておく。次に、目標となる行動と類似性が高い行動群をとるように、子供を徐々に強化していくのである。行動科学の用語で言うと、望ましい行動を、漸次的接近（successive approximations）により強化する[1, 26]。次の例に示すように、シェイピングは、さまざまな行動次元（第 2 章で詳しく説明している）に沿って実践することが可能である。以下のように実践されるだろう。

- ある子供の手書き文字が、読みやすくなる（すなわち、正しい文字の形に近づけていく）につれて褒めることで、その**反応形態**すなわち形が改善されていく。
- ある子供が、宿題を時間通りに提出するたびに、初めは 1 回で、次は 2 回で、そして 3 回で（それ以降も）……とご褒美を与え、結果として提出の**頻度**が増えて、毎週すべての宿題を時間通りに提出するようになる。
- 子供の年齢に相応の基準（すなわち、望ましい行動目標）を満たす（あるいは超える）まで、1 分あたりに正しく読む語数を次第に増加させる強化を通じて、その子供の読書**速度**を上げるシェイピングを行う。
- ある子供が、できるだけ長い時間にわたって座席に座り続けるごとにご褒美を与えて、その子供の着席行動の**持続時間**を増やす。
- 反応潜時ができるだけ短くなるように強化することによって、教師が課題を始めるように指導をすることと子供たちがその課題を始めることとの間に生じる**潜時**（すなわち、弁別刺激〈S^D〉と反応との時間間隔）を減らす。
- 低デシベルの状態での子供たちの声が、一定時間続く場合に強化することにより、音量すなわち**強度**を減らす。

　どの例でも重要なのだが、子供が先行する反応レベルで円滑に行動を示してから、次なる望ましい反応に近い行動を強化する。上述してきた例の通り、シェイピングは、いろいろな

コラム 7.5　シェイピングの実際：「あなたのランニング能力の向上」

　あなたはすでに、超耐久マラソンランナーなのかもしれない。でも並の人なら、未達成のフィットネス課題だってある。そこで、自身のパフォーマンスのシェイピング（漸次的接近により強化すること）を考えたいかもしれない。

　あなたがランナーなどではないと仮定しても、追いかけられていない限り、1分間くらいは全力で走れる（初期の行動）。その後、止まることなく5キロを走れる（最終的な行動）ようになりたい。いきなり5キロを完走しようとして無残に失敗するよりも、徐々に走る時間を延ばしていく（強化のための基準を変えていく）のである。最初は3分間走り、そして5分間、さらに8分間としていき、最終的に5キロ走るようにしていく。走る時間が増えた後で、フィットネスアプリに達成距離を入力し、あなたのお気に入りのソーシャルメディアサイトに投稿することで、自分の成功を祝うのである。異なるサブゴールに到達したときは（例：止まることなく1マイル〈約1.6キロ〉走るなど）、ランニング用品一式を自分に買うのもいい。あっという間に、5キロを走れるようになって、次の大きな目標に向かっているのだ。

次元に沿って、さまざまな行動を指導したり、増やしたり、減らしたりするのに用いられるのである（実践例はコラム 7.5 を参照）。しかし、行動が複雑な（すなわち、複数のステップを含む）場合は、つなぎつけという実践のほうがより良いアプローチとなる。次節では、これらの手続きについて説明することにする。

■ つなぎをつける

　つなぎつけ（chaining）は、複雑で多段階からなる行動を指導するのに用いられる[1-26]。例えば、長めの学習課題や問題解決シーケンス、あるいは1つのレシピをたどる方法などを初心者に指導するには、シェイピングには頼れない。代わりに、複雑な行動をとるのに必要な段階やスキルを課題分析して、つなぎつけ（chaining）を使って、順番に課題を遂行していくやり方を子供に教える必要があるだろう。次の節では、これらの各手続きについて説明することにしたい。

課題分析

　これまでの文献（例：19）の中には、多くの種類の課題分析（TA）があるが、本書では、その中の1つであり、つなぎつけの場面において最も有用な内容課題分析（component TA）に焦点を当てることにしたい。このタイプの課題分析では、複雑なスキルをいくつかのステップに分解することをねらう。課題分析（およびそれに従ってする作業）は、必ずしも容易ではない。子供のおもちゃを組み立てたり、電子機器をつなげたり、「使いやすい」説明書を使って家具を組み立てたりする経験からおわかりだろう。この種の課題分析（TA）では、1つのスキルを「お手頃な」数のステップに分割しようとする。各ステップは、あまりにも狭くて多すぎても駄目だ。また各ステップが少なすぎて、記されていない情報を子供が推測

しなければならないのも困る。

　シーケンス内の適度なステップを決定するためには、通常、次のことが必要である。⑴そのスキルを自分でやってみて、課題を成し遂げるためにとるべき各行動を知ること。⑵そのスキルを実行する「エキスパート」を観察すること。もしもスキルが複雑であったり、さまざまな反応のバリエーションがあったりする場合は、複数の専門家を観察したい。複雑な課題を遂行するのに不可欠なスキルを特定し、課題遂行に不必要なステップで個人の嗜好性や特異性を反映する部分は除外するためだ。例えば、私たちは、大学生（教師志望者）のグループに対して、ピーナッツバターとゼリーのサンドイッチを作るための課題分析をまとめるように依頼した。ある大学生は、75 のステップ（まじめな話である！）からなる課題分析を提出したのである。それは、重要なステップに加えて、多くの個人的な嗜好性（例：サンドイッチの各材料をきちんと並べる方法、パンの特定の配置、細心の斜めのスライス）を反映していたのである。あなたが子供に対して、特に苦労している子供に対してスキルを指導するときには、重要なステップのみに焦点を当てたいところである。

　重要なステップのシーケンスを明らかにすることに加えて、子供が課題を成し遂げるために必要となる前提のスキルおよび教材を特定することが必要である。まだ習得されていない前提となるスキルに対して、まずはそのスキルを指導する必要がある。あるいは課題分析の中でそのスキルをさらに細分化させる必要があるだろう。例えば、子供にケーキの焼き方を教える際に、その子供がケーキの材料を計量する方法を知らないとしよう。その場合、その子供に計量の仕方を指導するか、ケーキの成分を正しく計量できるよう詳細なステップを課題分析の中に組み込む。課題のステップや前提となるスキルと教材が明確になれば、つなぎつけを用いて子供に課題を指導できるのである。

つなぎつけのタイプ

　つなぎ（チェーン）をつけるとは、課題分析（TA）によって作られた一連のステップを教えることである。別の言い方をすれば、子供が複雑な行動のすべてを遂行することができるまで、複雑な行動の内容を、体系的に指導して強化することである。つなぎつけを応用する 3 つの方法がある。まず前向きのつなぎつけ（**forward chaining**）では、課題分析において、弁別刺激（S^D）に続く最初のスキル（あるいはステップ）を教えることから始める。最初のステップがうまく遂行されたときに、子供を強化して、次のステップを追加する。次に、子供が最初のステップをうまく遂行し、2 番目のステップを実行した場合にのみ強化するのである。子供がチェーン全体をうまく遂行して強化されるまで、各ステップが追加されていく。こうしたプロセスを繰り返していくのである。例えば、もしもある子供の靴紐がほどけて（自然な弁別刺激〈S^D〉）、その子供に靴紐を結ぶ（複雑な反応連鎖）ように指導していたとする。その場合、あなたは、まず子供に靴紐をしっかり引くように指導して（ステップ 1）、そのステップをうまく遂行したときに強化をするであろう。そして、子供に靴紐を合わせるように指導する（ステップ 2）が、靴紐をしっかり引いてそれらを合わせるようにする（ステップ 1 および 2）ときに強化するのである。次の楽しい活動（S^R）を続けることができるように、靴紐がほどける（S^D）たびに、子供が靴紐を締める（反応チェーン）のに必要なステッ

プを遂行できるまで、何日にもわたりチェーンを構築し続けるのである。いったん、チェーンが構築されると、弁別刺激（S^D）は、反応チェーン全体を引き起こし、子供は、チェーンを完了したときにのみ強化子に近づけるのである。

　同じプロセスは、逆の順番で使うことができる。つまり、シーケンスの最後のステップから始まり、後ろ向きのつなぎつけ（backward chaining）を用いて、最後から最初までのチェーンを構築するのである。後ろ向きのつなぎつけは、次のどちらかのときに、適切に機能するであろう。⑴ チェーンの最後のスキルが簡単なものであるとき。⑵ 自然な強化子へのつながりが強力で、後方からのチェーンを構築することで子供が恩恵を受けるとき。例えば、料理を教えるときを考えよう。チェーンの最後のステップは、作られたものを食べることに結びついている。これは大多数の子供たちにとって（教師にとっても！）、主要でかつ力強い強化子であるため、後ろ向きのつなぎつけを使って料理を教えることを選べるであろう（すなわち、最後のステップから開始し、そして最後から 2 つ目、3 つ目などといった具合に、チェーンの終わりから始まりに向かって作業していくのである）。

　子供たちがどのスキルであれ、全体の反応チェーンの状況から独立させたり逸脱させたりして実践することは、全く意味がない場合もある。例えば、ある子供に道を渡るように教える際に、一部のステップだけをさせることは望ましくないだろう。危険な結果につながる可能性があるからだ。あるいは、ジャケットを身につけずに、袖に腕を出し入れさせる着こなしを学ぶ子供は、イライラするであろう。こうした状況では、全課題提示（total task presentation）を用いることになる。全課題提示では、子供は、課題が提示されるたびに、チェーン全体を遂行することが求められる。チェーン内の内容ごとに異なるレベルのプロンプトが表示され、弁別刺激（S^D）に反応する際に、すべてのプロンプトがフェイディングされ、チェーンが独立して遂行されるのである。

　まとめてみると、複雑なスキルを教えるためには、以下の 3 点が重要である。⑴ 構成要素の課題分析を行って、そのスキルを構成要素の各部分に分けること。⑵ 前提となるスキルを特定して指導すること。⑶ 前から後ろへ（前向きのつなぎつけ）、後ろから前へ（後ろ向きのつなぎつけ）、あるいは毎回全体で実施される（全課題提示）という、いずれかのつなぎつけを使って複雑なスキルの要素を指導すること。つなぎつけは、複雑な学習課題（割り算の筆算など）、機能的なスキル（靴紐を結ぶ、レシピを見て調理するなど）、多段階の社会的行動（問題解決、就職の面接、電話、適切な会話、援助の要請など）を指導するのに用いられるだろう。コラム 7.6 は、宿題の提出を指導するのにつなぎつけがどのように使用されるのか示している。

まとめ

　本章では、基本的な行動原則について熟知することの重要性を強調してきた。冒頭で述べた通り、学級経営のためにしばしば教えられている「小手先の手立て」は、時折、失敗をするものである。小手先の手立ての背景にあるいくつかの原理を理解すると、その適用と調整の時期をつかめるのである。この章を読み終えた（そして学習の各段階の活動を完了した）な

コラム 7.6　つなぎつけの実際：宿題の提出を増やすこと

　コラム 7.3 に示されたシナリオに戻り、宿題の提出を増やすために、子供と取り組んでいると仮定しよう。先に説明したように、宿題の提出には一連のステップがある。宿題として割り当てられたものを記録し、宿題をするために必要なものを家に持ち帰り、家でその課題を完成させ、完成した課題および資料を学校に持ってきて、そして適切な場所と時間にその課題を提出することである。課題を一連のステップに分けることができるときはいつでも、そのスキルを教えるためのつなぎつけを使うことを検討すべきである。実際に、これらのステップを特定することで、つなぎつけの最初の段階にあたる課題分析を始めたことになる。また、課題分析を成し遂げるために、力をつけた子供たち（すなわち、宿題をうまく提出した子供たち）が、必要な段階を明確にしながら課題を成し遂げているのを見る必要がある。

　課題分析を完了した後で、子供たちがチェーンを完了するために前提となる必要なスキルと教材を考える必要があることを知っておく。この例では、子供たちが、前提となる具体的なスキル（例：書くこと、読むこと、持ち歩くこと）をすべて習得し、毎日の宿題に必要な特定の資料をはっきりとさせることである。

　そして、次のステップは、つなぎつけのアプローチとして、前向きのつなぎつけ、後ろ向きのつなぎつけ、あるいは全課題提示のどれを使用するか決めることである。少し考えてみれば、あなたは内容ごとにスキルに取り組むことができると気づく。だが、子供たちには、シーケンスの全体を毎回、達成して欲しいとも思っている。そこで、各内容（例：連絡帳の中に、いつどのように宿題を書き留めるか）を指導する。そして、コラム 7.3 で述べたように、ステップごとに、プロンプトを体系的に加えていき、一度に 1 ステップずつ、プロンプトをフェイディングする計画を立て、それをだんだん少なくしていく。

　最後に、宿題を提出するための強化計画を、実践に移すことにする。まずは、子供たちが宿題を連絡帳に正しく記録していくことを強化する（明確にされたシーケンスのもとでのステップ 1）。次に、子供たちが退出する際に点検を行い、宿題が正しく記録され、カバンに宿題に必要な教材を入れていれば強化する（ステップ 1 とステップ 2）。各ステップが達成されれば子供を強化し続け、その結果として、子供たちは強化を得るためにすべてのチェーンを達成していくのである。そして、自然な強化（成績、学ぶこと自体、教師からの肯定的な注目）によって宿題の提出が維持されるように、追加してきた強化を、次第にフェイディングしていく。

　すなわち、以下の 5 つの手続きによって、宿題の提出を指導するつなぎつけをうまくできるのである（つなぎつけの課題分析のためにいかがでしょうか）。⑴ 課題分析を完了する。⑵ 必要な教材と事前のスキルを決める。⑶ どのようなつなぎつけをするかを選択する。⑷ 各ステップの適切なチェーンのプロンプトを追加する。⑸ 各ステップの適切なチェーンを成し遂げるために子供たちを強化する。

らば、もはや行動の ABC についての基本的な理解をしたはずである。つまり、今や読者は次の 3 点について理解したはずである。⑴ ある行動が、いつ最も起こりやすい（あるいは最も起こりにくい）か、を説明するいろいろな**先行刺激**。⑵ なぜある行動が最も起こりやすい

（あるいは最も起こりにくい）のか、を説明する各種の**結果**。⑶それぞれの先行刺激と結果との間の関係性（すなわち、3項および4項の随伴性）。加えて、あなたは、プロンプティング、刺激コントロールの確立、シェイピング、そしてつなぎつけを通して、さまざまなスキルを効果的に指導するための知識を使えるであろう。

7章　学習の4段階

▶▶ 習得する

1. 学級で、子供たちの行動を1つあるいはそれ以上説明することができる ABC シーケンス（3項随伴性）を挙げてみましょう。

2. 学級にある視覚的プロンプトを挙げること。またそれを、いつ、どのように導入したかを思い出し、もし必要ならば、学級内の「自然の」弁別刺激（S^D）に子供たちが確実に応答するように、そのプロンプトをフェイディングするための計画を立ててみましょう。

▶▶ 流暢にする

1. 「習得する」の1で最初に明らかにした ABC シーケンスに対して、行動が最も起こりやすい、あるいは最も起こりにくいのはいつかを予測する先行刺激（S^D、S^Δ、S^{D-}）のタイプを挙げてみましょう。行動を維持する強化子（S^{R+} または S^{R-}）のタイプを明らかにしましょう。さらにその場の状況が、観察されたさまざまな行動を説明するかどうか考えましょう。

2. 新たなスキルを子供に指導するためのシェイピングを活用しましょう（あるいは、説明された行動次元の1つに沿ってすでにあるスキルの使用を増やしたり減らしたりしてみましょう）。

▶▶ 維持する

1. 「習得する」の1で明らかにし「流暢にする」の1で洗練させた3項随伴性に対して、行動を表す言語を正確に用いて、そのシーケンス（明らかになった情報を取り除いて）について同僚に説明してみましょう。

2. 学級で、複雑なスキルや行動を指導するためのつなぎつけを使用する状況を挙げてみましょう。カリキュラムに支えられたスキルに対しては、それらが適切かどうか（事前のスキルを明らかにする、必要とされる資料を述べる、必要な手順を含める）を判断するための課題分析（TA）について検討してみましょう。あなたが課題分析してきたスキルに対して、再び、その課題分析の適切さについて考えましょう。指導の効果および効率性を改善するために、必要に応じて課題分析を行いましょう。そして、そうした諸スキルの最善のつなぎ方（前向き、後ろ向き、全課題提示）を考えましょう。

▶▶ 般化する

1. 自分の専門の仕事（「維持する」の1に続いて）で、きちんと行動による言語を使い、そし

て行動原理をはっきりさせるようになったら、その言語および原理を、日常生活の他の側面に応用できるかどうか確認してみましょう（幼児が食料品店ですねているときの親の行動を説明したり、特定の先行刺激に反応した自分の行動を分析したりするなど）。

2. 学級で強調したいソーシャルスキルの範囲を特定しましょう。各スキルに対して、本章で述べてきたものの中から、最善の指導方略（刺激コントロールの確立、シェイピング、そしてつなぎつけなど）をはっきりとさせましょう。そして、主な指導方略に加えて、プロンプトをどのように用いるか決めましょう。各指導方略に対して 1 つのスキルを選び、そのスキルを育成する指導計画を立てましょう。そのスキルを指導するために計画を実践し、指導がうまくいっているかどうか（子供たちのソーシャルスキルの使用が増えているかどうかなど）を検証するデータを収集しましょう。

≫ その他のスキル構築のための演習

1. いつもの学級経営の方略を明確にしましょう。どの行動原理（先行刺激のタイプ、結果のタイプ、指導方略など）で説明できるかをはっきりさせましょう。そして、それぞれのやり方が、意図した結果をもたらすかどうか（強化の方略が、現実的に、望ましい行動を増やすことにつながっているかどうかなど）を考えましょう。

2. もしもあなたが現在、好ましくない行動を減らすために負の罰を用いている（問題行動に随伴して特権を取り除くことなど）ならば挑戦してみましょう。好ましい行動に随伴して子供たちが望ましい刺激（例：特権）を得ることができるように、やり方を「反転」できるかどうかを確かめてみましょう。そして、どちらのアプローチが学級に効果的であるかどうかを見極めるために、データを集めて分析してみましょう。

 章

結 論
これからどこへ向かうのか？

本章の目標

1. この本で学んだ内容を要約することができる。
2. 学んだ内容をあなた自身の学級や実践へと般化することができる。
3. 学級経営や関連するトピックについてのさらなる情報を評価することができる。

想像してみよう……

　今日は教師であるあなたの学校が始まる最初の日。準備は万端。あなたは子供たちが来るのを待つ間、ページの端を折って使い古した「学級経営初歩」をパラパラとめくり、書き込みに目を通しています。学級経営学の教授は「指導のゴールは常に、般化することです」とよく言っていたものでした。教授の言った意味が、今はよくわかります。行動原理の論文を書いたり、テストを受けたり、頭を整理したりすることと、実際の教室でそういう考え方を使うこととは、また別の話です。ベルが鳴ります。あなたは深呼吸してドアのそばに立ちます。子供たちを、温かく笑顔でクラスに迎え入れる用意はできています。さあ幕は上がりました！

別れを告げる

　さあ、あなたはこの本の最後に到達した。この本を、大学などの授業や現職教育で読まれたにせよ、自身の学級経営で困って手にとっていただいたにせよ、役に立ったなら幸いである。本章「結論」では、学んできたことをたどり、枠組みとしてきた４つの主要な事柄（すなわち、成果、データ、実践、仕組み）について振り返ってみよう。そして、般化という次の学びの段階へ進みたい。あなたは学んだ内容を教室で使うばかりではなく、人生の他の場面

でも使うことになるだろう。

私たちは何をしてきたか？

　この本では、行動支援の議論を支える理論的基礎を提供した。ポジティブ生徒指導 PBIS（以下「PBIS」）を紹介し、行動を支援するために多層的枠組みを用いることのエビデンスを要約し、効果的な学級経営の土台となる行動メカニズムを説明した。PBIS のいろはを教え（S^D も！）、実際の適用例を示すとともに、いわゆる「小細工」は通用しない場合もあるが、根底にある行動メカニズムはあなたを裏切らないとも述べた。それから、全校ポジティブ生徒指導 SW-PBIS（以下「SW-PBIS」）のティア 1 の概要に触れ、成果、仕組み、データ、実践のそれぞれが、すべての子供に前向きな行動支援を提供する鍵だと説明した。さらに、成果、データ、仕組みに関して、学級ポジティブ生徒指導 CW-PBIS（以下「CW-PBIS」）を説明した。

　次のパートでは、実証研究に裏づけられた、学級経営で CW-PBIS を確立できる実践の数々を見ていただいた。学級の仕組みを作り、指導に子供を巻き込み、学級経営での期待を確立し、よく見て指導し、すぐ実行に移す方法を提供した。子供に何を望むか明らかにした後、子供の期待行動を増やし、好ましくない行動を減らすための実践的な方法に、特に光を当てた。

　最後に、この本の最後では、CW-PBIS モデルが奏功しない子供たちのために、ティア 2、ティア 3 支援を確立する過程を紹介した〔訳注：本書では、原著にあったティア 3 の支援については割愛している〕。これらの支援を CW-PBIS に埋め込む方法を説明し、対象とする子供たちや個人的な介入が必要な段階において、第 7 章で示した行動原理をどう適用するか示した。

　しかし、これで振り返りは十分だろうか。**あなた自身**はこの本を読んでどうしただろうか。どのようなやり方で、自身の理解を深めただろうか。与えられた内容に関して、どのように学ぶ段階を進んだだろうか。ここで、少し読むのは休憩し、「ビッグ 4」概念に位置づけられる次の質問に答えてみて欲しい。

あなたは何をしたか？

■ 成　果

1. この本に何を期待しただろうか？
2. 期待行動は満たされただろうか？
3. 期待行動に到達するために、あなたは何をしただろうか？

■ データ

1. この本を使っている間に、どのようなデータを集めただろうか？（例：子供の成績、自己の振り返りなど）
2. 得たデータは、あなたの学習を導くように使えただろうか。

3. 将来の学級経営のスキル向上のために、データについて学んだことは影響しただろうか。

■ 実 践

1. 本書を読みながらどのような実践をし、その内容をより円滑に行い、維持し、般化できるようにしただろうか。
2. 学級経営のスキル向上のために、将来どのような実践をしようと思うだろうか？
3. 学級経営以外でのあなたの人生において、この本のどの実践が使えそうだろうか？

■ 仕組み

1. CW-PBIS について学ぶ際に用いた仕組みは、あなた自身にはどう役立っただろうか？
   今後、どのような面を改善できるだろうか？
2. エビデンスに基づく学級経営を推進するために、将来どのような仕組みを用いるだろうか？
3. 学級経営のスキルを確実に保つために、どのような仕組みを使うだろうか？

　本の最後でこのような質問を受けるのは奇妙に感じるかもしれない。しかし、学んだこと（学級経営の内容に関するこれから学ぶことも含めて）を、経験に照らして振り返り、「ビッグ4」に関連づけてとらえておくと、焦点が定まってスキルの般化が進みやすいだろう。

次に何をするか？

　先の質問のうちの 2 つは、学級経営における近年のエビデンスベースの実践の体制づくりと、学級経営のスキルを保持する体制づくりの話だった。質問に対するあなた自身の答えからスタートできるよう、学級経営と PBS に関して最新で先進的な、信頼のおける情報源のリストをご紹介しておこう。

■ ウェブサイト

　まず、PBIS に関しては次のウェブサイトを推奨する。各サイトは情報が豊かで多くの無料ダウンロード資料（プレゼンテーションや情報源、テンプレートなど）がある。

- National Technical Assistance Center on PBIS（www.pbis.org）
- State PBIS（http://pbismissouri.org）
- Academic and Bahavioral Response to Intervention Training Videos
  （https://louisville.edu/education/abri/training.html）

〔訳注：原文ではここにはもっと詳しい説明があるが、割愛した〕

　次のウェブサイトでは、PBIS、学級での指導、その他の多様なトピックなどについてのエビデンスベースの実践が紹介されている。

- What Works Clearinghouse（http://ies.ed.gov/ncee/wwc）
- Regional Educational Lab（http://ies.ed.gov/ncee/edlabs/regions）

■ 書 籍

　行動についての本は多様だが、私たちの実践で特に有用性が高かったものを取り上げておく（本書の全体を通して参照してもいる）。

　巻末の文献リスト参照……文献 1・26・28・29・30・88

　これまで繰り返してきたように、最高の教育者とは生涯にわたって学び続ける人だ。先に提供したリストは、あなたがこの分野に関わり続ける際に役立つだろう。また、（もしまだなら）あなた自身で、自分の好みに合う最も信頼できる情報源のリストを作ってもいいだろう。

　生涯にわたって学び続ける他に、どのような教育者になりたいかを考えていただきたい。子供に学んで欲しい「大きな」こととは、またあなたやあなたの授業について覚えておいて欲しいことは何だろうか。これから何年か先に、あなたについて、子供にどのように語って欲しいと思うだろうか？　この分野で、どのような足跡を残したいだろうか？　これらの質問について考えると、はっきりと目に見えて数値化でき、個別的な答え（例：「私は子供に関数の積分を学んで欲しい」など）が得られそうである。またはもう少し主観的なものかもしれないし（例：「私は子供に民主主義にのめり込む人になって欲しい」）、あるいは定義が難しいようなものもあるだろう（例：「私は何年にもわたって子供たちといい関係を保ちたい」）。はっきり目に見えて数値化できるものについては、あなたは今や、これらを、成果の宣言にしたうえで、自分の決定の材料となるデータを収集し、選択して実施し、その実践を支え保持する仕組みの作り方を知っている。私たちは関係性の構築も含め、いかなる成果にも、同じ手法が有効であると信じている。関係性こそが指導とCW-PBISの要なので、子供との前向きな関係構築について語って、この本を終えることにしよう。

子供との関係を作る

　学級経営の一側面として、子供との関係構築はよく話題になる[例：78]。子供との関係づくりは重要である。というのは、学校内で支援的な関係性を築き上げている子供は、学校での態度がよく、より高い学力到達度を示す。一方、学級での破壊的な行動は少なく、ドロップアウトや学力目標への未到達率も低い[88]。もちろん「関係構築」について観察したり、数値化することは、私たちが望むほど容易ではない。関係の構築具合を客観的に示したり、子供との支援的な関係構築に役立つ諸方策を、先生方にお届けできるだろうか。

　私たちはできると考える。あなた自身が強い絆を感じてきた教師を振り返ってみて欲しい。その教師は、他の教師とどのように違っていただろうか。ほとんどの場合、少なくとも次のように行動していたのではないだろうか。

- 子供全員の名前を知っていて、子供と話すときはよく名前を呼ぶ（授業の最初や、一日を通して、子供と会ったときに名前を呼んで挨拶をすることを含む）。
- 授業の前後に、子供と雑談もする（例：先週の週末はどうしていたの？　とか、誰か、新しい映画を見ていない？　と聞いたりする）。
- 子供が話しているときは、よく聞いていることがわかるよう、目を合わせてボディランゲージ（例：うなずき）で表し、子供が言ったことを繰り返し、後日にその会話を覚えている（そしてそのことを話す）。
- 子供の間違いを、建設的かつ前向きな方法で正して、子供の参加意欲を損ねないようにしている。間違うことは普通だし、間違っていいのだと子供が感じられる。
- 教科指導では、にこやかに熱心に指導する。
- 子供には、クラスの大切なメンバーとして接する（例：子供自身の学力向上と社会的な成長が大事なことだと日々知らせる）。

　これらの行動に加え、私たちがこの本で提供した実践をすることも、子供との関係構築に効果的である。子供たちは、何が期待されているかが理解できる環境において、より快適に感じる（だからこそ教師とのつながりもできやすい）。またあなたは、予測性や一貫性を高めるため、構造を最大化することを学んできた。私たちは、子供に課すアクティビティや課題選びに子供の興味を取り入れたり、また子供がとる期待行動を折に触れて認めたりしていくやり方を示してきた。こういうやり方をすれば、子供は自分に意識を向けられていることがわかるし、お互いに満足のいく関係が作れる。目標は、子供をあなたの「ように」することではない（そのことが絶対に悪いことではないが）。むしろ、目標は、教師と子供が尊重し合う環境を作り上げることである。そこでは、異なった意見も尊重されて心地よく交わされ、どうしたらうまくいくか（そして、どのようにすればそれが続くか）に焦点が置かれている。教師と強い絆のある子供は、登校することを当然ととらえているものだし、私たちはそのような行動が起こる機会をむろん増やしたいのだ。

　最後に考えていただきたい。教師と強い関係を持ちたいと必死に求める子供は、関係構築を苦手とする子供でもある。そのような子供は、恒常的な問題行動があったり、学校において否定的な経験をしていたり、学力が低く、日々をつまらなく感じていたりする子供かもしれない。そのような子供たちが最もあなたを必要としているし、だからこそ、子供のよい面を探す──この反対は、できていない面を探す──ことが肝要だ。問題行動の多い子供は、滅多にいいことを言ってもらえない（あればいいのですが！）。もし「グエン、やめなさい」「グエン、成績のことで話があるから来なさい」などと言われるばかりだとしたら、「グエン、ドアを持って開けておいてくれてありがとう。とても礼儀正しいのね」というような言葉をかけることが、子供の一日を大きく変えるかもしれない。

　あなたが子供の人生に与える前向きな影響を決して軽んじないで欲しい。教育は、すぐに目に見える形で成果の表れるものではないかもしれない。子供が学んだことを般化する段階に到達するまでは、教えられる内容の価値が腑に落ちないこともよくあるし（般化の段階に到達するのは、クラスを離れたずっと後だったりすることは常である）、ほとんどの子供はあな

たが教えたことについて「ありがとう」とは言わないだろう。ただ知っておいて欲しいのだが、あなたが教えたこと、特に社会的な行動に関して教えたことは、その子供と、その子供の周りの人たち（例：大切な人、雇用者、同僚など）の人生をも、よい方向に変化させるのである。

ギフトを分かち合う：

学級ポジティブ生徒指導CW-PBISを実践する重要事項チェックリスト

　さて、前向きなクラス環境を創造し、子供との関係を構築するために、CW-PBIS の成果、データ、実践、仕組みを統合することを考えてきた。思い切って実践し、この世界をより良い場所にして欲しい（あなたの教室から始めて欲しい）！　お役に立てるよう、CW-PBIS に関する、私たちの複数年にわたる研究と実践の結晶をもとにチェックリストを作り、私たちからの最後のアドバイスとして差し上げる（図終1 を参照）。CW-PBIS を実践する際にあなた自身の明確化を担保するツールとして活用してもらいたい。自己評価したり、同僚や管理職に短時間（10 〜 15分）で記入してもらうとよい。

　ここまでお付き合いいただいたことに、お礼を申し上げる。あなたがこの本を読んで、前向きで、構造的で、参加しがいのあるクラス環境を創造するためのより豊かな知識と力を得られたことを期待している。そのようなクラス環境とは、⑴ どのような行動が期待されているかが教えられ、適切な指示が与えられて実行され、⑵ 問題行動が防がれ、あるいは言葉による指導で効果的に修正されるような環境である。

図終1　学級ポジティブ生徒指導 CW-PBIS 自己評価（文献 96 に基づく）

チェックリストの手引き：このチェックリストに記入すると、学級 PBIS の「大きな概念」がわかる。各項目について、あなたが全面的に実施している場合には「はい」、ほぼ実施している場合には「部分的」、あまり実施していない場合には「いいえ」、の各欄に印を記入し、さらなる情報が必要な場合は「？」に記入して欲しい。あなたの目標は、クラスに関して、ほとんどの項目で（すべてではなくても）「はい」の欄に記入できることである。もし各欄が「いいえ」や「？」であるなら、それらの項目に関する援助を求め、行動指導の専門家（例：指導的な立場の教師、特別支援のスタッフ、管理職等）に相談して欲しい。

指導者：＿＿＿＿＿＿＿＿＿＿＿＿＿＿＿＿＿＿＿＿＿　　　日付：＿＿＿＿＿＿＿＿＿＿

観察者：＿＿＿＿＿＿＿＿＿＿＿＿＿＿＿＿＿＿＿＿＿　（もし必要なら）

指導内容：＿＿＿＿＿＿＿＿＿＿＿＿＿＿＿＿＿＿＿＿　　　開始時間：＿＿＿＿＿＿＿＿＿

＿＿＿＿＿＿＿＿＿＿＿＿＿＿＿＿＿＿＿＿＿＿＿＿＿　　終了時間：＿＿＿＿＿＿＿＿＿

学級経営の実践	実践の程度			
	はい	部分的	いいえ	？
構造を最大化する				
1. スケジュール／毎日する取り組み／クラスの活動、を掲示している。				
2. 部屋（席、用具の配置）を活動しやすいようにアレンジしている。				
期待する内容を示し、構築し、指示し、観察する				
3. 期待する行動を、少数（3〜5つ）掲示している。				
4. 指導の間、クラスを積極的に監督（例：歩き回る、目を配る）している。				
5. 肯定的な表現で述べた期待する行動や、他の好ましい社会的行動を、子供に指示し**効果的に**導くことができる（例：適切なタイミングで、年齢に応じて、肯定的な表現で指示できる）。				
指導に子供を巻き込む				
6. 指導においては、ほとんど、もしくはすべての子供が高い割合で応答したり参加したりできる機会を、適切に設けている。				
7. 観察可能な多様な方法（例：書く、言う、ジェスチャーで伝える）で、ほとんどの子供を**効果的に**活動に関わらせることができる。				
好ましい行動を把握する諸方策を用いる				
8. 学習や社会的な行動に関する生徒の好ましい行動を即座にとらえて、**効果的に**特定の褒め言葉（または他の方策や仕組み）を使える（特定の褒め言葉とは、その場に応じた、心からの、社会的に適切な言葉）。				
好ましくない行動に対処する諸方策を用いる				
9. 好ましくない行動に対しては、即座に、穏やかに、直接的で、明確な修正をしたり、再度の指示ができる（または、もしそうしたほうが適切な場合は、その行動を無視できる）。				
10. 好ましくない行動よりも好ましい行動について、より頻繁に（相対的に多くの割合で）認めている。				

出所：Brandi Simonsen and Daine Myers（2015）Copyright by The Guilford Press
本書の購入者が個人使用の場合のみ複写を許可する（詳細は著作権ページを参照）。
購入者は www.guilford.com/simonsen-forms からコピーをダウンロードできる。

【文 献】

1　Alberto, P. A., & Troutman, A. C. (2013). *Applied behavior analysis for teachers* (9th ed.). Upper Saddle River, NJ: Pearson Education.

2　Allen, C. T., & Forman, S. G. (1984). Efficacy of methods of training teachers in behavior modification. *School Psychology Review, 13*, 26–32.

3　Anderson, A. R., Christenson, S. L., Sinclair, M. F., & Lehr, C. A. (2004). Check & Connect: The importance of relationships for promoting engagement with school. *Journal of School Psychology, 42*, 95–113.

4　Anderson, C. M., & Borgmeier, C. (2010). Tier II interventions within the framework of school wide positive behavior support: Essential features for design, implementation, and maintenance. *Behavior Analysis in Practice, 3*, 33–45.

5　Artesani, A. J., & Mallar, L. (1998). Positive behavior supports in general education settings: Combining person-centered planning and functional analysis. *Intervention in School and Clinic, 34*, 33–38.

6　Baer, D. M., Wolf, M. M., & Risley, T. R. (1968). Some current dimensions of applied behavior analysis. *Journal of Applied Behavior Analysis, 1*, 91–97.

7　Barrett, S. B., Bradshaw, C. P., & Lewis-Palmer, T. (2008). Maryland statewide PBIS initiative: Systems, evaluation, and next steps. *Journal of Positive Behavior Interventions, 10*, 105–114.

8　Becker, W. C., & Gersten, R. (1982). A follow-up of Follow Through: The later effects of the Direct Instruction Model on children in fifth and sixth grades. *American Educational Research Journal, 19*, 75–92.

9　Begeny, J. C., & Martens, B. K. (2006). Assessing pre-service teachers' training in empirically-validated behavioral instruction practices. *School Psychology Quarterly, 21*, 262–285.

10　Bradshaw, C. P., Koth, C. W., Bevans, K. B., Ialongo, N., & Leaf, P. J. (2008). The impact of school-wide Positive Behavioral Interventions and Supports (PBIS) on the organizational health of elementary schools. *School Psychology Quarterly, 23*, 462–473.

11　Bradshaw, C. P., Koth, C. W., Thornton, L. A., & Leaf, P. J. (2009). Altering school climate through schoolwide Positive Behavioral Interventions and Supports: Findings from a group-randomized effectiveness trial. *Prevention Science, 10*, 100–115

12　Bradshaw, C. P., Mitchell, M. M., & Leaf, P. J. (2010). Examining the effects of School-Wide Positive Behavioral Interventions and Supports on student outcomes: Results from a randomized controlled effectiveness trial in elementary schools. *Journal of Positive Behavior Interventions, 12*, 133–148.

13　Bradshaw, C. P., Waasdorp, T. E., & Leaf, P. J. (2012). Effects of School-Wide Positive Behavioral Interventions and Supports on child behavior problems. *Pediatrics, 130*, 1136–1145.

14　Briere, D. E., Simonsen, B., Myers, D., & Sugai, G. (2013, August 16). Increasing new teachers' specific praise rates using a within-school consultation intervention. *Journal of Positive Behavior Interventions*. Advance online publication. doi: 10.1177/1098300713497098.

15　Bruns, E. J., Sather, A., Pullmann, M. D., & Stambaugh, L. (2011). National trends in implementing wraparound: Results from the state wraparound survey. *Journal of Child and Family Studies, 20*, 726–735.

16　Caplan, G. (1964). *Principles of preventive psychiatry*. New York: Basic Books.

17　Carr, E. G., Dunlap, G., Horner, R. H., Koegel, R. L., Turnbull, A. P., Sailor, W., et al. (2002). Positive behavior support: Evolution of an applied science. *Journal of Positive Behavior Interventions, 4*, 4–16, 20.

18　Carr, J. E., Severtson, J. M., & Lepper, T. L. (2008). Noncontingent reinforcement is an empirically supported treatment for problem behavior exhibited by individuals with developmental disabilities. *Research in Developmental Disabilities, 30*, 44–57.

19　Carter, M., & Kemp, C. R. (1996). Strategies for task analysis in special education. *Educational Psychology, 16*, 155–170.

20　Chafouleas, S. M., Sanetti, L. M. H., Kilgus, S. P., & Maggin, D. M. (2012). Evaluating sensitivity to behavioral change across consultation cases using Direct Behavior Rating Single-Item Scales (DBR-SIS). *Exceptional Children, 78*, 491–505.

21　Chalk, K., & Bizo, L. A. (2004). Specific praise improves ontask behavior and numeracy enjoyment: A study of year four pupils engaged in numeracy hour. *Educational Psychology in Practice, 20*, 335–351.

22　Cheney, D. A., Lynass, L., Flower, A., Waugh, M., Iwaszuk, W., Mielenz, C., et al. (2010). The Check, Connect, and

Expect Program: A Targeted, Tier 2 Intervention in the Schoolwide Positive Behavior Support Model. *Preventing School Failure, 54*(3), 152–158.

23   Cheney, D. A., Stage, S. A., Hawken, L. S., Lynass, L., Mielenz, C., & Waugh, M. (2009). A 2-year outcome study of the check, connect, and expect intervention for students at risk for severe behavior problems. *Journal of Emotional and Behavioral Disorders, 17*, 226–243.

24   Clark, H., Knab, J., & Kincaid, D. (2005). Person-centered planning. In M. Hersen, J. Rosqvist, A. Gross, R. Drabman, G. Sugai, & R. Horner (Eds.), *Encyclopedia of behavior modification and cognitive behavior therapy: Vol. 1. Adult clinical applications; Vol. 2: Child clinical applications; Vol. 3: Educational applications* (Vol. 1, pp. 429–431). Thousand Oaks, CA: Sage.

25   Colvin, G., Sugai, G., Good, R. H., & Lee, Y. (1997). Using active supervision and pre-correction to improve transition behaviors in an elementary school. *School Psychology Quarterly, 12*, 344–363.

26   Cooper, J. O., Heron, T. E., & Heward, W. L. (2007). *Applied behavior analysis* (2nd ed.). Upper Saddle River, NJ: Prentice Hall.

27   Council for Exceptional Children. (1987). *Academy for effective instruction: Working with mildly handicapped students.* Reston, VA: Author.

28   Crone, D. A., Hawken, L. S., & Horner, R. H. (2010). *Responding to problem behavior in schools: The Behavior Education Program* (2nd ed.). New York: Guilford Press.

29   Crone, D. A., Hawken, L. S., & Horner, R. H. (2015). *Building positive behavior support systems in schools* (2nd ed.). New York: Guilford Press.

30   Darch, C. B., & Kame'enui, E. B. (2004). *Instructional classroom management: A proactive approach to behavior management* (2nd ed.). Upper Saddle River, NJ: Pearson Education.

31   Doyle, P. M., Wolery, M., Ault, M. J., & Gast, D. L. (1988). System of least prompts: A literature review of procedural parameters. *Journal of the Association for Persons with Severe Handicaps, 13*, 28–40.

32   Dunlap, G., dePerczel, M., Clarke, S., Wilson, D., Wright, S., White, R., et al. (1994). Choice making to promote adaptive behavior for students with emotional and behavioral challenges. *Journal of Applied Behavior Analysis, 27*, 505–518.

33   Eber, L., Hyde, K., Rose, J., Breen, K., McDonald, D., & Lewandowski, H. (2009). Completing the continuum of schoolwide positive behavior support: Wraparound as a tertiary-level intervention. In W. Sailor, G. Dunlop, & G. Sugai (Eds.), *Handbook of positive behavior support* (pp. 671–703). New York: Springer.

34   Eber, L., Osuch, R., & Redditt, C. A. (1996). School-based applications of wraparound process: Early results on service provision and student outcomes. *Journal of Child and Family Studies, 5*, 83–99.

35   Eber, L., Sugai, G., Smith, C., & Scott, T. (2002). Blending process and practice to maximize outcomes: Wraparound and positive behavioral interventions and supports in the schools. *Journal of Emotional and Behavioral Disorders, 10*, 171–181.

36   Embry, D. D. (2002). The Good Behavior Game: A best practice candidate as a universal behavioral vaccine. Clinical *Child and Family Psychology Review, 5*, 273–297.

37   Engleman, Z., & Carnine, D. (1982). *Theory of instruction: Principles and applications*. New York: Irvington.

38   Fairbanks, S., Sugai, G., Guardino, D., & Lathrop, M. (2007). Response to intervention: Examining classroom behavior support in second grade. *Exceptional Children, 73*, 288–310.

39   Faul, A., Stepensky, K., & Simonsen, B. (2012). The effects of prompting appropriate behavior on the off-task behavior of two middle school students. *Journal of Positive Behavior Interventions, 14*, 47–55.

40   Ferguson, E., & Houghton, S. (1992). The effects of contingent teacher praise, as specified by Canter's assertive discipline programme, on children's on-task behaviour. *Educational Studies, 18*, 83–93.

41   Fixsen, D. L., Naoom, S. F., Blase, K. A., Friedman, R. M., & Wallace, F. (2005). *Implementation research: A synthesis of the literature* (FMHI Publication No. 231). Tampa: University of South Florida, Louis de la Parte Florida Mental Health Institute, National Implementation Research Network.

42   Flannery, K. B., Newton, S., Horner, R. H., Slovic, R., Blumberg, R., & Ard, W. R. (2000). The impact of person centered planning on the content and organization of individual supports. *Career Development for Exceptional Individuals, 23*, 123–137.

43   Forman, S. G. (1980). A comparison of cognitive training and response cost procedures in modifying aggressive behavior of elementary school children. *Behavior Therapy, 11*, 594–600.

44　Freeman, J., Simonsen, B., Briere, D. E., & MacSuga-Gage, A. S. (in press). Pre-service teacher training in classroom management: A review of state accreditation policy and teacher preparation programs. *Teacher Educational and Special Education.*

45　Frey, K. S., Nolen, S. B., Van Schoiack-Edstrom, L., & Hirschstein, M. K. (2005). Effects of a school-based social-emotional competence program: Linking children's goals, attributions, and behavior. *Applied Developmental Psychology, 26,* 171–200.

46　Gage, N. A., Lewis, T. J., & Stichter, J. P. (2012). Functional behavioral assessment-based intervention for students with or at risk for emotional and/or behavioral disorders in school: A hierarchical linear modeling meta-analysis. *Behavioral Disorders, 37,* 55–77.

47　Goh, A. E., & Bambara, L. M. (2012). Individualized positive behavior support in school settings: A meta-analysis. *Remedial and Special Education, 33,* 271–286.

48　Greene, R. J., & Pratt, J. J. (1972). A group contingency for individual misbehaviors in the classroom. *Mental Retardation, 20,* 33–35.

49　Greenwood, C. R., Delquadri, J. C., & Hall, R. V. (1989). Longitudinal effects of classwide peer tutoring. *Journal of Educational Psychology, 81,* 371–383.

50　Gresham, F. M., Sugai, G., & Horner, R. H. (2001). Interpreting outcomes of social skills training for students with high incidence disabilities. *Exceptional Children, 67,* 331–344.

51　Grossman, D. C., Neckerman, H. J., Koepsell, T. D., Liu, P. V., Asher, K. N., Beland, K., et al. (1997). Effectiveness of a violence prevention curriculum among children in elementary school: A randomized controlled trial. *Journal of the American Medical Association, 277,* 1605–1611.

52　Grossman, J., & Tierney, J. P. (1998). Does mentoring work?: An impact study of the Big Brothers Big Sisters program. *Evaluation Review, 22,* 403–426.

53　Hawken, L. S., Adolphson, S. L., MacLeod, K. S., & Schumann, J. (2008). Secondary-tier interventions and supports. In W. Sailor, G. Dunlap, Sugai, & R. Horner (Eds.), *Handbook of positive behavior support* (pp. 395–420). New York: Springer.

54　Hawken, L. S., & Horner, R. H. (2003). Evaluation of a targeted intervention within a schoolwide system of behavior support. *Journal of Behavioral Education, 12,* 225–240.

55　Hawken, L. S., MacLeod, K. S., & Rawlings, L. (2007). Effects of the Behavior Education Program on office discipline referrals of elementary school students. *Journal of Positive Behavior Interventions, 9,* 94–101.

56　Haydon, T., Conroy, M. A., Scott, T. M., Sindelar, P. T., Barber, B. R., & Orlando, A. M. (2009). A comparison of three types of opportunities to respond on student academic and social behaviors. *Journal of Emotional and Behavioral Disorders, 18,* 27–40.

57　Horner, R. H., & Albin, R. (1988). Research on general-case procedures for learners with severe disabilities. *Education and Treatment of Children, 11,* 375–388.

58　Horner, R. H., Sugai, G., & Anderson, C. M. (2010). Examining the evidence base for school-wide positive behavior support. *Focus on Exceptionality, 42,* 1–14.

59　Horner, R., Sugai, G., Smolkowski, K., Eber, L., Nakasato, J., Todd, A., et al. (2009). A randomized, wait-list controlled effectiveness trial assessing school-wide positive behavior support in elementary schools. *Journal of Positive Behavior Interventions, 11,* 133–145.

60　Horner, R. H., Vaughn, B. J., Day, H. M., & Ard, W. R. (1996). The relationship between setting events and problem behavior: Expanding our understanding of behavioral support. In L. K. Koegel, R. L. Koegel, & G. Dunlap (Eds.), *Positive behavioral support: Including people with difficult behavior in the community* (pp. 381–402). Baltimore: Brookes.

61　Infantino, J., & Little, E. (2005). Students' perceptions of classroom behaviour problems and the effectiveness of different disciplinary methods. *Educational Psychology, 25,* 495–508.

62　Ingersoll, R. M., & Smith, T. M. (2003). The wrong solution to the teacher shortage. *Educational Leadership, 60,* 30–33.

63　Ingram, K., Lewis-Palmer, T., & Sugai, G. (2005). Function-based intervention planning: Comparing the effectiveness of FBA indicated and contra-indicated intervention plans. *Journal of Positive Behavior Interventions, 7,* 224–236.

64　Kartub, D. T., Taylor-Green, S., March, R. E., & Horner, R. H. (2007). Reducing hallway noise: A systems approach. *Journal of Positive Behavior Interventions, 2,* 179–182.

65　Kennedy, C. H., Long, T., Jolivette, K., Cox, J., Tang, J. C., & Thompson, T. (2001). Facilitating general education participation for students with behavior problems by linking positive behavior supports and person-centered planning. *Journal of Emotional and Behavioral Disorders, 9*, 161–171.

66 Kerr, M. M., & Nelson, C. M. (2006). *Strategies for addressing behavior problems in the classroom* (5th ed.). Upper Saddle River, NJ: Pearson Education.

67 Kleinman, K. E., & Saigh, P. A. (2011). The effects of the Good Behavior Game on the conduct of regular education New York City high school students. *Behavior Modification, 35*, 95–105.

68 Lane, K. L., Wehby, J., Menzies, H. M., Doukas, G. L., Munton, S. M., & Gregg, R. M. (2003). Social skills instruction for students at risk for antisocial behavior: The effects of smallgroup instruction. *Behavioral Disorders, 28*, 229–248.

69 Lassen, S. R., Steele, M. M., & Sailor, W. (2006). The relationship of school-wide positive behavior support to academic achievement in an urban middle school. *Psychology in the Schools, 43*, 701–712.

70 Lazarus, B. D. (1993). Guided notes: Effects with secondary and postsecondary students with mild disabilities. *Education and Treatment of Children, 16*, 272–289.

71 Lewis, T. J., Jones, S. E. L., Horner, R. H., & Sugai, G. (2010). School-wide positive behavior support and students with emotional/behavioral disorders: Implications for prevention, identification and intervention. *Exceptionality: A Special Education Journal, 18*, 82–93.

72 Libby, M. E., Weiss, J. S., Bancroft, S., & Ahearn, W. H. (2008). A comparison of most-to-least and least-to-most prompting on the acquisition of solitary play skills. *Behavior Analysis in Practice, 1*, 37–43.

73 MacDuff, G. S., Krantz, P. J., & McClannahan, L. E. (2001). Prompts and prompt fading strategies for people with autism. In C. Maurice, G. Green, & R. M. Foxx (Eds.), *Making a difference: Behavioral intervention for autism* (pp. 37–50). Austin, TX: PRO-ED.

74 MacSuga, A. S., & Simonsen, B. (2011). Increasing teachers' use of evidence-based classroom management strategies through consultation: Overview and case studies. *Beyond Behavior, 20*, 4–12.

75 MacSuga-Gage, A. S., & Simonsen, B. (in press). Examining the effects of teacher-directed opportunities to respond and student outcomes: A systematic review of the literature. *Education and Treatment of Children.*

76 March, R. E., & Horner, R. H. (2002). Feasibility and contributions of functional behavioral assessments in schools. *Journal of Emotional and Behavioral Disorders, 13*, 158–170.

77 March, R. E., Horner, R. H., Lewis-Palmer, T., Brown, D., Crone, D., Todd, A. W., et al. (2000). *Functional Assessment Checklist for Teachers and Staff (FACTS).* Eugene: Department of Educational and Community Supports, University of Oregon.

78 Marzano, R. J. (2003). *What works in schools: Translating research into action.* Alexandria, VA: ASCD.

79 McIntosh, K., Bennett, J. L., & Price, K. (2011). Evaluation of social and academic efforts of school-wide positive behaviour support in a Canadian school district. *Exceptionality Education International, 21*, 46–60.

80 McIntosh, K., Campbell, A. L., Carter, D. R., & Dickey, C. R. (2009). Differential effects of a tier two behavior intervention based on function of problem behavior. *Journal of Positive Behavior Interventions, 11*, 68–81.

81 McIntosh, K., Filter, K. J., Bennett, J. L., Ryan, C., & Sugai, G. (2010). Principles of sustainable prevention: Designing scale-up of school-wide positive behavior support to promote durable systems. *Psychology in the Schools, 47*, 5–21.

82 Muscott, H. S., Mann, E. L., & LeBrun, M. R. (2008). Effects of large-scale implementation of schoolwide positive behavior support on student discipline and academic achievement. *Journal of Positive Behavior Interventions, 10*, 190–205.

83 Myers, D., Simonsen, B., & Sugai, G. (2011). Increasing teachers' use of praise with a response to intervention approach. *Education and Treatment of Children, 34*, 35–59.

84 Noell, G. H., Witt, J. C., Gilbertson, D. N., Rainer, S. D., & Freeland, J. T. (1997). Increasing teacher intervention implementation in general education settings through consultation and performance feedback. *School Psychology Quarterly, 12*, 77–88.

85 Nolan, J. D., Houlihan, D., Wanzek, M., & Jenson, W. R. (2014). The Good Behavior Game: A classroom-behavior intervention effective across cultures. *School Psychology International, 35*, 191–205.

86 Ota, K., & DuPaul, G. J. (2002). Task engagement and mathematics performance in children with attention-deficit hyperactivity disorder: Effects of supplemental computer instruction. *School Psychology Quarterly, 17*, 242–257.

87 Pavlov, I. P. (1960). *Conditioned reflex: An investigation of the physiological activity of the cerebral cortex.* Oxford, UK: Dover. (Original work published 1927)

88 Rathvon, N. (2008). *Effective school interventions: Evidence-based strategies for improving student outcomes* (2nd

ed.). New York: Guilford Press.

89 Reinke, W. M., Herman, K. C., & Sprick, R. (2011). *Motivational interviewing for effective classroom management: The classroom check-up*. New York: Guilford Press.

90 Reinke, W. M., Lewis-Palmer, T., & Merrell, K. (2008). The classroom check-up: A classwide teacher consultation model for increasing praise and decreasing disruptive behavior. *School Psychology Review, 37*, 315–332.

91 Riley, G. A. (1995). Guidelines for devising a hierarchy when fading response prompts. *Education and Training in Mental Retardation and Developmental Disabilities, 30,* 231–242.

92 Riley-Tillman, T. C., Kalberer, S. M., & Chafouleas, S. M. (2005). Selecting the right tool for the job: A review of behavior monitoring tools used to assess student response to intervention. *California School Psychologist, 10*, 81–91.

93 Scott, T. M., & Eber, L. (2003). Functional assessment and wraparound as systemic school processes: Primary, secondary, and tertiary systems examples. *Journal of Positive Behavior Interventions, 5*, 131–143.

94 Shapiro, E. S. (2013). *Behavior observation of students in schools (BOSS)*. San Antonio, TX: Pearson.

95 Simonsen, B., Eber, L., Black, A., Sugai, G., Lewandowski, H., Sims, B., et al. (2012a). Illinois state-wide positive behavior interventions and supports: Evolution and impact on student outcomes across years. *Journal of Positive Behavior Interventions, 14*, 5–16.

96 Simonsen, B., Fairbanks, S., Briesch, A., Myers, D., & Sugai, G. (2008). A review of evidence based practices in classroom management: Considerations for research to practice. *Education and Treatment of Children, 31*, 351–380.

97 Simonsen, B., MacSuga, A. S., Fallon, L. M., & Sugai, G. (2013). Teacher self-monitoring to increase specific praise rates. *Journal of Positive Behavior Interventions, 15*, 3–13.

98 Simonsen, B., MacSuga-Gage, A. S., Briere, D. E., Freeman, J., Myers, D., Scott, T., et al. (2014). Multitiered support framework for teachers' classroom-management practices: Overview and case study of building the triangle for teachers. *Journal of Positive Behavior Interventions, 16*, 179–190.

99 Simonsen, B., Myers, D., & Briere, D. E. (2011). Comparing a behavioral check-in/check-out (CICO) intervention with standard practice in an urban middle school using an experimental group design. *Journal of Positive Behavior Interventions, 13*, 31–48.

100 Simonsen, B., Myers, D., Everett, S., Sugai, G., Spencer, R., & LaBreck, C. (2012b). Explicitly teaching social skills school-wide: Using a matrix to guide instruction. *Intervention in School and Clinic, 47*, 259–266.

101 Simonsen, B., & Sugai, G. (2007). Using school-wide data systems to make decisions efficiently and effectively. *School Psychology Forum, 1*(2), 46–58.

102 Sinclair, M. F., Christenson, S. L., Evelo, D. L., & Hurley, C. M. (1998). Dropout prevention for youth with disabilities: Efficacy of a sustained school engagement procedure. *Exceptional Children, 65*, 7–21.

103 Sinclair, M. F., Christenson, S. L., & Thurlow, M. L. (2005). Promoting school completion of urban secondary youth with emotional or behavioral disabilities. *Exceptional Children, 71*, 465–482.

104 Skiba, R. J., Horner, R. H., Chung, C., Rausch, M., May, S. L., & Tobin, T. (2011). Race is not neutral: A national investigation of African American and Latino disproportionality in school discipline. *School Psychology Review, 40*, 85–107.

105 Skinner, B. F. (1953). *Science and human behavior*. New York: Macmillan.

106 Skinner, B. F. (1963). Operant behavior. *American Psychologist, 18*, 503–515.

107 Skinner, B. F. (1969). Contingency management in the classroom. *Education, 90*, 93–100.

108 Skinner, B. F. (1974). *About behaviorism*. New York: Random House.

109 Skinner, B. F. (1983). *A matter of consequences*. New York: New York University Press.

110 Smith, T. M., & Ingersoll, R. (2004). What are the effects of induction and mentoring on beginning teacher turnover? *American Education Research Journal, 41*, 681–714.

111 Snell, M. E., Voorhees, M. D., & Chen, L. Y. (2005). Team involvement in assessment-based interventions with problem behavior: 1997–2002. *Journal of Positive Behavior Interventions, 7*, 140–152.

112 Spaulding, S. A., Irvin, L. K., Horner, R. H., May, S. L., Emeldi, M., Tobin, T. J., et al. (2010). Schoolwide social-behavioral climate, student problem behavior, and related administrative decisions: Empirical patterns from 1510 schools nationwide. *Journal of Positive Behavior Interventions, 12*, 69–85.

113 Stokes, T. F., & Baer, D. M. (1977). An implicit technology of generalization. *Journal of Applied Behavior Analysis, 10*, 349–367.

114 Sugai, G., & Horner, R. H. (2006). A promising approach for expanding and sustaining school-wide positive behavior

support. *School Psychology Review, 35*, 245–259.

115 Sugai, G., & Horner, R. H. (2009). Responsiveness-to-intervention and school-wide positive behavior supports: Integration of multi-tiered system approaches. *Exceptionality: A Special Education Journal, 17*, 223–237.

116 Sugai, G., Horner, R. H., Algozzine, R., Barrett, S., Lewis, T., Anderson, C., et al. (2010). *School-wide positive behavior support: Implementers' blueprint and self-assessment*. Eugene: University of Oregon. Retrieved from *www. pbis.org/implementation/implementers_blueprint.aspx.*

117 Sugai, G., Horner, R. H., Dunlap, G., Hieneman, M., Lewis, T. J., Nelson, C. M., et al. (2000). Applying positive behavior support and functional behavioral assessment in schools. *Journal of Positive Behavior Interventions, 2*, 131–143.

118 Sugai, G., & Lewis, T. J. (1996). Preferred and promising practices for social skills instruction. *Focus on Exceptional Children, 29*, 1–16.

119 Sugai, G., O'Keefe, B. V., & Fallon, L. M. (2012). A contextual consideration of culture and school-wide positive behavior support. *Journal of Positive Behavior Interventions, 14*, 197–208.

120 Sumi, W. C., Woodbridge, M. W., Javitz, H. S., Thornton, S. P., Wagner, M., Rouspil, K., et al. (2013). Assessing the effectiveness of First Step to Success: Are short-term results the first step to long-term behavioral improvements? *Journal of Emotional and Behavioral Disorders, 21*, 66–78.

121 Suter, J. C., & Burns, E. J. (2009). Effectiveness of the wraparound process for children with emotional and behavioral disorders. *Clinical Child and Family Psychological Review, 12*, 336–351.

122 Sutherland, K. S., & Singh, N. N. (2004). Learned helplessness and students with emotional or behavioral disorders: Deprivation in the classroom. *Behavioral Disorders, 29*, 169–181.

123 Sutherland, K. S., & Wehby, J. H. (2001). The effect of self-evaluation on teaching behavior in classrooms for students with emotional and behavioral disorders. *Journal of Special Education, 35*, 2–8.

124 Sutherland, K. S., Wehby, J. H., & Copeland, S. R. (2000). Effects of varying rates of behavior-specific praise on the ontask behavior of students with EBD. *Journal of Emotional and Behavioral Disorders, 8*, 2–8.

125 Tanol, G., Johnson, L., McComas, J., & Cote, E. (2010). Responding to rule violations or rule following: A comparison of two versions of the Good Behavior Game with kindergarten students. *Journal of School Psychology, 48*, 337–355.

126 Tingstrom, D. H., Sterling-Turner, H. E., & Wilczynski, S. M. (2006). The Good Behavior Game: 1969–2002. *Behavior Modification, 30*, 225–253.

127 Trice, A. D., & Parker, F. C. (1983). Decreasing adolescent swearing in an instructional setting. *Education and Treatment of Children, 6*, 29–35.

128 Vincent, C. G., Randall, C., Cartledge, G., Tobin, T. J., & Swain-Bradway, J. (2011). Toward a conceptual integration of cultural responsiveness and schoolwide positive behavior support. *Journal of Positive Behavior Interventions, 13*, 219–229.

129 Waasdorp, T. E., Bradshaw, C. P., & Leaf, P. J. (2012). The impact of School-wide Positive Behavioral Interventions and Supports (SWPBIS) on bullying and peer rejection: A randomized controlled effectiveness trial. *Archives of Pediatrics and Adolescent Medicine, 116*, 149–156.

130 Walker, H. M., Horner, R. H., Sugai, G., Bullis, M., Sprague, J. R., Bricker, D., et al. (1996). Integrated approaches to preventing antisocial behavior patterns among school-age children and youth. *Journal of Emotional and Behavioral Disorders, 4*, 194–209.

131 Walker, H. M., Kavanagh, K., Stiller, B., Golly, A., Severson, H. H., & Feil, E. G. (1997). *First Step to Success: An early intervention program for antisocial kindergartners*. Longmont, CO: Sopris West.

132 Walker, H. M., Seeley, J. R., Small, J., Severson, H. H., Graham, B. A., Feil, E. G., et al. (2009). A randomized controlled trial of the First Step to Success early intervention: Demonstration of program efficacy outcomes in a diverse, urban school district. *Journal of Emotional and Behavioral Disorders, 17*, 197–212.

133 Walker, H. M., Severson, H. H., Feil, E. G., Stiller, B., & Golly, A. (1998). First Step to Success: Intervening at the point of school entry to prevent antisocial behavior patterns. *Psychology in the Schools, 35*, 259–269.

134 Wei, R. C., Darling-Hammond, L., & Adamson, F. (2010). *Professional development in the United States: Trends and challenges*. Dallas, TX: National Staff Development Council.

135 Wolf, M. M. (1978). Social validity: The case for subjective measurement or How applied behavior analysis is finding its heart. *Journal of Applied Behavior Analysis, 11*, 203–214.

監訳者あとがき

　日本の学校では、児童生徒が問題を起こすたびに、その指導に教師は多大な労力を割いてきた。しかしそれは、生徒指導を導く確固とした土台に立った対処ではなく、その場しのぎであったとも言える。本書の言葉を借りれば、「失敗するのを待っている」アプローチである。

　学校でのいじめや不登校、学級崩壊、教師の多忙化などが問題となっている。そんな中、問題の発生を事前に予防・軽減する方策を学校現場に確立することは、喫緊の課題となっている。その点で、アメリカでの近年における動きが注目されている。

　本書は、アメリカのシモンセンとマイアーズ（2015）による *Classwide Positive Behavior Interventions and Supports: A Guide to Proactive Classroom Management* の一部を割愛した日本語訳である。直訳すると『学級全体でのポジティブな行動の介入とサポート──予防的な学級経営の手引き』となる。

　近年、アメリカの学校ではできるだけネガティブな行動に目を向けないで、よりポジティブな行動に目を向ける生徒指導の方策が模索されている。その代表的な枠組みが、ここで紹介している PBIS なのである。好ましい行動を積極的に指導して、問題の発生を予防することを重視している。私たちはこれをわかりやすく「ポジティブ生徒指導」と呼んできた。ただ、PBIS には生徒指導と同時に、学力を高めるという目的も込められており、より広い指導体制と言われている。PBIS はすでに、全米の 2 万 5000 校以上で採用され、一般的な方策となっている。

　本書の特徴を述べると、次のようである。

- いじめや不登校、学級崩壊などの問題発生を事前に予防・軽減する方策を提案している。問題行動が生じた後の対処には、しばしば多大な労力と時間が必要となる。本書は日本の生徒指導には希薄な、予防の仕組み作りのヒントになる。
- 基礎から専門的な行動教育（応用行動分析）まで、広く紹介している（教師は、行動分析の基礎を修得していることが望ましい）。
- 「学級での実践」が中心。個々の教師が手軽に試してみることもできる。原書への読者の感想には、「学級 PBIS の必読書だ」との声が紹介されている。学校全体での PBIS 実施の有無にかかわらず、学級で使える内容である。
- PBIS は証拠・データに基づくアプローチである。
- 各章には学習のための具体的な課題も準備されていて、実践的に学ぶことが可能。
- 囲み記事、図などが適宜挿入されており、読者に親切。わかりやすい。

　なお、原書は 3 部構成で、第Ⅰ部、第Ⅱ部は日本の学校でも実践できる内容となっている。一方、第Ⅲ部は主にティア 2（小集団指導）、ティア 3（個別指導）の方策が詳しく書か

れているが、本訳書においてはこれらを割愛している。日本の学校の置かれた現状では、こうした手厚い指導は、スタッフ不足や多忙さのために、導入が難しいからである。また章の順番も、原著とは変更している。

　日本の学校でも PBIS に取り組んでみようという動きが、各地で次々と出てきている。本書を学校現場で生徒指導にあたっておられる先生方や校長先生、生徒指導主任、また生徒指導士、特別支援教育担当の方々におすすめしたい。教育委員会の指導主事の方など行政の担当者、教職を志望する学生・大学院生の方々にも読んでいただきたい。

　本書の訳出にあたって不明な点については、長年にわたって現地で指導してこられ学校事情にお詳しい先生に、確認をしていただいた。丁寧なご指導をいただいたアメリカ・ウィスコンシン州ケトルモレイン学校区自閉症コーディネーターの池田実先生に、感謝申し上げたい。

訳者を代表して

宇 田　　光
西 口 利 文

【訳者紹介】　五十音順

有門　秀記（ありかど　ひでき）
皇學館大学を経て、一般財団法人 生徒指導士認定協会理事。
［最終学歴］三重大学大学院教育学研究科修了。修士（教育学）。
［主な著書］『勉強ができなくなる方法 勉強ができるようになる方法』（皇學館大学出版部、2013 年）など。
＊翻訳担当：第 2 章

市川　哲（いちかわ　さとし）
大阪産業大学全学教育機構非常勤講師。兵庫教育大学大学院連合学校教育学研究科博士課程在学中。
［最終学歴］兵庫教育大学大学院修士課程（特別支援教育専攻）修了。修士（学校教育学）。
［主な訳書］『いじめ、学級崩壊を激減させるポジティブ生徒指導（PBS）ガイドブック──期待行動を引き出すユニバーサルな支援』（共訳、明石書店、2016 年）など。
＊翻訳担当：第 3 章

川島　一晃（かわしま　かずあき）
三重大学を経て、椙山女学園大学看護学部講師。臨床心理士、公認心理師。
［最終学歴］名古屋大学大学院教育発達科学研究科博士課程後期課程単位取得満期退学。修士（臨床心理学）。
［主な訳書］『いじめ、学級崩壊を激減させるポジティブ生徒指導（PBS）ガイドブック──期待行動を引き出すユニバーサルな支援』（共訳、明石書店、2016 年）など。
＊翻訳担当：第 6 章

高見　佐知（たかみ　さち）
大阪市教育センター・教育委員会指導主事を経て、（公財）未来教育研究所研究開発局長。
［最終学歴］京都大学大学院教育学研究科修士課程（専修コース）修了。修士（教育学）。
［主な訳書］『いじめ、学級崩壊を激減させるポジティブ生徒指導（PBS）ガイドブック──期待行動を引き出すユニバーサルな支援』（共訳、明石書店、2016 年）など。
＊翻訳担当：終章

福井　龍太（ふくい　りゅうた）
茨城県立医療大学人間科学センター助教・筑波大学非常勤講師・茨城大学非常勤講師。
［最終学歴］筑波大学大学院人文社会科学研究科文芸・言語専攻退学。修士（言語学）。
［主な論文］"Idiomaticity of the English Caused-Motion Construction and the Figure-Ground Organization of the Postverbal Elements"『茨城県立医療大学紀要』21, 2016:21:27–31 など。
＊翻訳担当：第 1 章

松山　康成（まつやま　やすなり）
大阪府寝屋川市立西小学校教諭。広島大学大学院教育学研究科（教育学習科学専攻）博士課程後期在学中。
［最終学歴］大阪教育大学大学院教育学研究科修士課程（実践学校教育専攻）修了。修士（教育学）。
［主な著書］『ポジティブな行動が増え、問題行動が激減！　PBIS 実践マニュアル＆実践集』（共著、ほんの森出版、2018 年）など。
＊翻訳担当：第 4 章

【著者紹介】

ブランディ・シモンセン（Brandi Simonsen）

ブランディ・シモンセン博士は、コネチカット大学の教育心理学部准教授で、行動教育研究センターの研究員。大学院の CW-PBIS コーディネーター。彼女はまた、PBIS の OSEP 技術支援センターの実施協力者、PBS 実行委員会委員としても活躍する。小学校教員と、中学校の特別支援教育教員の資格を持っている。

ダイアン・マイヤーズ（Diane Myers）

ダイアン・マイヤーズ博士は、テキサス州デントンにあるテキサス女性大学の教師教育学部において、特別支援教育の准教授。マサチューセッツ州、アサンプション・カレッジでの准教授としての 6 年間では、PBIS 応用研究課程における資格を創設した。大学教員となる前には、ミドルスクールで特別支援教育教員としての経験を持つ。

【監訳者紹介】

宇田　光（うだ　ひかる）

松阪大学を経て南山大学教職センター教授。
［最終学歴］名古屋大学大学院博士課程（教育心理学専攻）単位取得満期退学。
［主な著書・訳書］『いじめ、学級崩壊を激減させるポジティブ生徒指導（PBS）ガイドブック――期待行動を引き出すユニバーサルな支援』（監訳、明石書店、2016 年）、『大学生活を楽しむ護心術――初年次教育ガイドブック』（ナカニシヤ出版、2012 年）、『学校心理学入門シリーズ 2　授業改革の方法』（編著、ナカニシヤ出版、2007 年）、『大学講義の改革――BRD（当日レポート方式）の提案』（北大路書房、2005 年）、『学校を変えるカウンセリング――解決焦点化アプローチ』（監訳、金剛出版、2001 年）など。
＊翻訳担当：序章・第 5 章

西口　利文（にしぐち　としふみ）

中部大学を経て、大阪産業大学教職教育センター教授・学生相談室長（公認心理師）。
［最終学歴］名古屋大学大学院博士課程（教育心理学専攻）単位取得満期退学。博士（心理学）。
［主な著書］『教職のための課題探究によるアクティブラーニング』（編著、ナカニシヤ出版、2018 年）、『グループディスカッションのためのコミュニケーション演習――賛否両論図を用いたアクティブラーニング』（ナカニシヤ出版、2015 年）、『教育心理学』（編著、ナカニシヤ出版、2010 年）、『学校心理学入門シリーズ 3　臨床生徒指導』（編著、ナカニシヤ出版、2009 年）、『問題対処の教師行動』（学文社、2007 年）など。
＊翻訳担当：第 7 章

ポジティブ生徒指導・予防的学級経営ガイドブック
——いじめ、不登校、学級崩壊を予防する問題解決アプローチ

2020 年 6 月 30 日　初版第 1 刷発行

著　　者　ブランディ・シモンセン
　　　　　ダイアン・マイヤーズ
監訳者　　宇田光／西口利文
訳　　者　有門秀記／市川哲／川島一晃
　　　　　高見佐知／福井龍太／松山康成
発行者　　大江道雅
発行所　　株式会社　明石書店
　　　　　〒 101-0021　東京都千代田区外神田 6-9-5
　　　　　電話　03（5818）1171
　　　　　FAX　03（5818）1174
　　　　　振替　00100-7-24505
　　　　　http://www.akashi.co.jp
装丁・組版　明石書店デザイン室
印刷・製本　モリモト印刷株式会社

ISBN978-4-7503-5008-0

いじめ、学級崩壊を激減させる
ポジティブ生徒指導（PBS）ガイドブック
期待行動を引き出すユニバーサルな支援

メリッサ・ストーモント、チモシー・J.ルイス、
レベッカ・ベックナー、ナンシー・W.ジョンソン [著]
市川千秋、宇田光 [監訳]

◎A5判／並製／160頁　◎2,400円

生徒の問題行動に対し、叱ったり議論するのではなく、予防的に問題行動を起きにくくし、期待行動を子どもに教え、望ましい代替行動に取り組むように導く「ポジティブ生徒指導（PBS）」。幼稚園、小学校をはじめ中・高校までの現場教師・専門家向けに書かれたポジティブ生徒指導のテキストです。

《内容構成》

　　訳者まえがき
　　序
第1章　ポジティブ生徒指導により、問題行動を起きなくする
第2章　体制づくりを支援する
第3章　委員会を立ち上げ、引っ張る
第4章　期待行動を教える
第5章　適切な行動を支援する
第6章　矯正的な指導をする
第7章　データに基づいて意思決定する
第8章　小集団および個別支援の基盤をつくる

家庭や地域における発達障害のある子へのポジティブ行動支援PTR-F
子どもの問題行動を改善する家族支援ガイド
グレン・ダンラップほか著　神山努、庭山和貴監訳　◎2800円

教室の困っている発達障害をもつ子どもの理解と認知的アプローチ
非行少年の支援から学ぶ学校支援
宮口幸治著　◎1800円

教室の「困っている子ども」を支える7つの手がかり
この子はどこでつまずいているのか？
宮口幸治、松浦直己著　◎1300円

性の問題行動をもつ子どものためのワークブック
発達障害・知的障害の児童・青年の理解と支援
宮口幸治、川上ちひろ著　◎2000円

性問題行動のある知的障害者のための16ステップ〔第2版〕
「フットプリント」心理教育ワークブック
クリシャン・ハンセンティモシー・カー著　本多隆司、伊庭千惠監訳　◎2600円

性問題行動のある知的・発達障害児者の支援ガイド
性暴力被害とわたしの被害者を理解するワークブック
本多隆司、伊庭千惠著　◎2200円

レベル5は違法行為！
自閉症スペクトラムの青少年が対人境界と暗黙のルールを理解するための視覚的支援法
カーリ・ダン・ブロン著　門眞一郎訳　◎1600円

発達障害がある子のための「暗黙のルール」
〈場面別〉マナーと決まりがわかる本
ブレンダ・スミス・マイルズほか著　萩原拓監修　西川美樹訳　◎1400円

学校や家庭で教えるソーシャルスキル実践トレーニングバイブル
子どもの行動を変えるための指導プログラムガイド
ミッジ・オダーマン・モウヤーほか著　竹田契一監修　西岡有香訳　◎2800円

写真で教えるソーシャル・スキル・アルバム
自閉症のある子どもに教えるコミュニケーション・遊び・感情表現
ジェド・ベイカー著　門眞一郎、禮子・カースルズ訳　◎2000円

写真で教えるソーシャル・スキル・アルバム〈青年期編〉
自閉症のある人に教えるコミュニケーション／交友関係／学校／職場での対応
ジェド・ベイカー著　門眞一郎、佐々木欣子訳　◎2000円

応用行動分析学
ジョン・O・クーパー、ティモシー・E・ヘロン、ウイリアム・L・ヒューワード著　中野良顯訳　◎18000円

家庭・社会生活のためのABA指導プログラム
親と教師が今日からできる特別なニーズをもつ子どもの身辺自立から問題行動への対処まで
ブルース・L・ベイカー、アラン・J・ブライトマン著　井上雅彦監訳　◎2400円

子どもへの体罰を根絶するために
臨床家・実務者のためのガイダンス
エリザベス・T・ガースホフ、シャウナ・J・リー編　溝口史剛訳　◎2700円

ポジティブ・ディシプリンのすすめ
18歳までの子育てガイド　親力をのばす0歳から
ジョーン・E・デュラント著　セーブ・ザ・チルドレン・ジャパン監修　柳沢圭子訳　◎1600円

子どものいじめ問題ハンドブック
発見・対応から予防まで
日本弁護士連合会子どもの権利委員会編　◎2400円

〈価格は本体価格です〉